La España de las Comunidades Autónomas

PUENTE NUEVO

Band 1

PUENTE
PUENTE NUEVO
Band 1

Spanisches Unterrichtswerk

von
Petronilo Pérez,
Kurt Süß
und Ana Calvo

DIESTERWEG

PUENTE NUEVO

Band 1

von
Petronilo Pérez,
Kurt Süß
und Ana Calvo

Druck A [9] / Jahr 2011
Alle Drucke der Serie A sind im Unterricht parallel verwendbar.

Redaktion: Burgunde Niemczyk
Herstellung: Detlev Ehlen
Layout: Werkstatt für Gebrauchsgrafik, Berlin
Illustrationen: Bernhard Skopnik, Kassel
Umschlagentwurf: Grafik-Design Thomas Röder, Frankfurt am Main
Karten: Joachim Zwick, Gießen
Satz: Appl, Wemding
Druck und Bindung: westermann druck GmbH, Braunschweig

ISBN 978-3-425-**06681**-3

Índice

Apéndice

Symbole

Partnerarbeit

Gruppenarbeit

Text / Übung auf CD

Wiederholungsübung

Hinweis

Wörterbuch

Hinweise zur Benutzung von PUENTE NUEVO

Hör- und Lesetexte

- Alle Lektionstexte sind auf Tonträger. Das CD-Symbol kennzeichnet daher nur die zusätzlichen (Hör)texte und -übungen.
- Bei den kursiv gesetzten Texten auf den Doppelseiten zu Beginn der *Unidades* 2, 3, 4, 7 und 8 handelt es sich um erweiterte Bildlegenden, die die Fotos erläutern. Es handelt sich dabei um wissenswerte Hintergrundinformationen, die eigenständig erarbeitet werden können. Das Vokabular wird daher im Anhang angegeben, ist aber nicht verbindlich.
- Bei Gedichten, Liedern und zusätzlichen Lesetexten verweist ein Symbol darauf, dass unbekannte Vokabeln nicht im Verzeichnis stehen, sondern im Wörterbuch nachgeschlagen werden müssen.

Rubriken

Ein fester Bestandteil der Unidades sind die Rubriken:

- *Conviene saberlo* mit kurzen landeskundlichen Hinweisen aus dem Bereich des Alltagslebens in Spanien und Lateinamerika,
- *¡Tenlo en cuenta!* mit nützlichen Hinweisen und Lerntipps,
- *Esto te ayuda …* mit einer Zusammenstellung von Redemitteln.

Übungen

- Der Pfeil hinter der Überschrift verweist auf den entsprechenden Abschnitt in der Grammatik.
- Die Arbeitsanweisungen sind zunächst zweisprachig, später einsprachig. Eine alphabetisch geordnete Zusammenstellung von Arbeitsanweisungen findet sich im Kapitel *Expresiones útiles en clase* im Anhang.

Grammatik

- Die Zusammenstellung des grammatischen Stoffes erfolgt jeweils am Ende einer Unidad.
- Die unregelmäßigen Verben des 1. Bandes sind im Anhang in einer Konjugationstabelle aufgelistet.
- Ein Grammatikindex mit Angabe der Fundstellen findet sich am Ende des Anhangs.

Lexikon

Das landeskundliche Lexikon *Nombres y lugares* enthält Informationen zu den im Buch vorkommenden Personen, Städten, Ländern usw.

Wortschatz

Der Wortschatz gliedert sich in 2 Teile:

- den chronologischen Wortschatz nach Unidades (zum Lernen),
- das zweisprachiges alphabetische Register (zum Nachschlagen).

Aussprache und Rechtschreibung werden in einer vorgeschalteten Tabelle erläutert.

Trujillo en fiestas

Esto es Trujillo, un pueblo de Extremadura, una región en el oeste de España. Bueno, en realidad no es un pueblo, es una pequeña ciudad.

Esta es la Plaza del pueblo con la iglesia al fondo. En la torre de la iglesia hay un nido de cigüeña.

Este señor es Francisco Pizarro, el conquistador del Perú. Pizarro es el hombre más famoso de Trujillo.

A finales de agosto son las fiestas de Trujillo. Durante las fiestas hay mucha gente de fuera.

Javier, Carmen, Miguel
y otros amigos en la fiesta.
Javier es de Trujillo y Carmen también.
Los otros no son del pueblo, son de fuera.

Esta es la orquesta de la fiesta.
Son músicos jóvenes.
El de la guitarra es alto y rubio.
A lo mejor es extranjero.
La música es excelente.
Son canciones muy modernas.

A 1.1 Bien dicho

a) Escucha las siguientes palabras y repítelas.
Höre dir die folgenden Wörter an und sprich sie nach.

[χ]	[k]	[θ]	[r]	[rr]
Trujillo	conquistador	ciudad	durante	torre
Argentina	pequeño	Pizarro	Paraguay	Pizarro
San José	canciones	canción	fuera	rubio
extranjero	cinco	cinco	Aragón	realidad
región	Cuba	Cecilia	María	Puerto Rico
San Juan	cuatro	Zaragoza	toro	Rosa
[g]	**[gw]**	**[λ]**	**[ñ]**	
guitarra	cigüeña	Trujillo	España	
amigos	Guatemala	Mallorca	mañana	
Miguel		paella	año	
		calle	español	
		Medellín		

b) ¿Qué conclusiones puedes sacar?
Welche Schlüsse kannst du daraus ziehen?

! ¡

¡Tenlo en cuenta!
La pronunciación correcta

rr = la erre doble
Das **rr** wird mit der Zungenspitze gebildet: Der Luftstrom wird unterbrochen, indem die Zunge an den oberen Zahndamm stößt und dabei vibriert.
Wenn du damit Probleme hast, versuche es mit folgendem Vorgehen:
sage zuerst **D**ora, dann **dr**oga, dann **r**osa.

ñ = eñe
Bei der Aussprache von **ñ** kannst du dich an dem Namen *Anja* orientieren.
Das Zeichen **ll** entspricht dem palatalen Laut [λ]: Ma**ll**orca / ca**ll**e / bote**ll**a.
Notfalls kann man **ll** als [j]-Laut aussprechen, etwa wie bei *jung*.

A 1.2 Uno o muchos ▶ G 1.1 / 1.2

Muchas de estas palabras te suenan. ¿Cómo son en singular o en plural?
Viele dieser Wörter bzw. Ausdrücke kommen dir bekannt vor.
Wie heißen sie im Singular oder Plural?

un millón de turistas · las playas · una señorita · el vino
los ecologistas · las catástrofes · el euro
un volcán · el teatro · un tema · los alemanes
los toros · el futbolista · el presidente
la universidad · un espectáculo · los conflictos · el auto
los jóvenes · los problemas · la paella
la moda · un sombrero · los europeos

Conviene saberlo
Las fiestas en España

Fiestas finden meist im Sommer statt. Da sie auf eine kirchliche Tradition zurückgehen – vergleichbar mit der deutschen Kirmes –, gehören auch Gottesdienste und Prozessionen dazu. Rings um den Festplatz werden Buden, Karussels und die Musikbühne aufgebaut. Der Tanz auf dem Platz beginnt kurz vor Mitternacht und endet in den frühen Morgenstunden.

A 1.3 Combina ▶ G 1.3 / 1.4

Forma frases con *es* o *son*.

Bilde Sätze mit es / son.

la música
los amigos de Javier
el músico de la guitarra
estos chicos
la fiesta
la orquesta
estos jóvenes

(no)
es
son

jóvenes
moderna
amigos de Miguel
alto y rubio
de fuera
en agosto
excelente

!¡

¡Tenlo en cuenta!
Vocabulario

Lerne Substantive immer mit dem Artikel.
Du behältst neue Wörter leichter,
wenn du sie im Kontext lernst:
un pueblo de Extremadura /
la gente de fuera / el hombre más famoso.

A 1.4 Hay mucha gente de fuera

Forma frases con *hay*.

Hay ist unveränderlich!

en agosto
durante las fiestas
en la torre de la iglesia
en la plaza

(no)
hay

música
nidos de cigüeña
mucha gente de fuera
muchas fiestas en España

A 1.5 El álbum de fotos ▶ G 1.3 / 1.6

Tú estás enseñando fotos a unos amigos.
Du zeigst Freunden Fotos und erklärst, was zu sehen ist.

| Mira, esta soy yo con Ana y Luis.

① Marisa con Miguel

② los músicos de la orquesta

③ un nido de cigüeña

④ Trujillo, un pueblo de Extremadura

⑤ Pizarro, el hombre más famoso de Trujillo

A 1.6 La cuestión es *ser* ▶ G 1.3

a) **En vez del símbolo, pon una forma del verbo *ser*.**
Ersetze das Symbol durch eine Form des Verbs ser.

1. Trujillo ◆ un pueblo de Extremadura.
2. Javier y Ana ◆ de Trujillo.
3. Miguel, ¿tú también ◆ de este pueblo?
   – No, yo no ◆ del pueblo, ◆ de Madrid.
4. Pizarro ◆ el hombre más famoso de Trujillo.
5. Nosotros ◆ los músicos de la fiesta.
6. Las canciones ◆ muy modernas.
7. Muchos extranjeros ◆ rubios.

8. Y vosotros, ¿ ◆ músicos? – No, nosotros no ◆ músicos.
9. La plaza del pueblo ◆ pequeña.
10. La iglesia de Trujillo no ◆ moderna.

b) Welche Beziehung besteht zwischen dem Adjektiv und dem Substantiv?
Vergleiche mit dem Deutschen / deiner Muttersprache / anderen Fremdsprachen.

A 1.7 Javier es de Trujillo ▶ G 1.3

Dialoga con tu compañero/a.
Sprich mit deinem Partner / deiner Partnerin.

– Yo soy Javier, soy de Trujillo, un pueblo de Extremadura.
¿Y tú?
– Yo …

A 1.8 Las regiones de España

Extremadura es una región o Comunidad Autónoma de España.
En España hay 17 Comunidades Autónomas.
Son más o menos como los *Bundesländer* en Alemania.

Andalucía
Aragón
Asturias
Baleares
Canarias
Cantabria
Cataluña / Catalunya
Castilla – La Mancha
Castilla y León
Extremadura
Galicia
La Rioja
País Vasco / Euskadi
Madrid
Murcia
Navarra
Valencia

En el mapa las regiones no llevan nombre.
Pregunta a tus compañeros/as.
Auf der Karte sind die Namen der Regionen nicht eingetragen.
Frage deine Gesprächspartner/innen danach.

– ¿Qué región es el número ocho?
– No sé, ¿es Cataluña?
– No, no es Cataluña. La región número ocho es Castilla y León.

G 1.1 El artículo — Der Artikel

el amigo	**los** amigos	**un** amigo	**maskulin** (männlich); bestimmt / unbestimmt
la plaza	**las** plazas	**una** plaza	**feminin** (weiblich); bestimmt / unbestimmt

unos amigos
(ein paar) Freunde
unas chicas
Mädchen

Beachte:
unos / unas entspricht dem deutschen *einige / ein paar,* jedoch auch dem **unbestimmten Plural** ohne Artikel.

G 1.2 Plural de sustantivos y adjetivos — Plural der Substantive und Adjektive

amig**o** fiest**a**	amig**os** fiest**as**	Wörter, die auf **Vokal** enden, bilden den Plural durch angehängtes **-s**.
conquistado**r** ciuda**d** españo**l**	conquistado**res** ciuda**des** españo**les**	Wörter, die auf **Konsonant** enden, bilden den Plural durch angehängtes **-es**.
jove**n** canció**n** alemá**n**	jóve**nes** cancio**nes** alema**nes**	Beachte die unterschiedliche Akzentsetzung zwischen Singular und Plural. ▶ G 1.5
andalu**z** feli**z**	andalu**ces** feli**ces**	Wörter, die auf **-z** enden, bilden den Plural auf **-ces**.

G 1.3 El verbo *ser* y los pronombres personales sujeto — Das Verb ser und die Subjektpronomen

yo	**soy**
tú	**eres**
él / ella / usted	**es**
nosotros /-as	**somos**
vosotros /-as	**sois**
ellos / ellas / ustedes	**son**

Mit Ausnahme von usted / ustedes werden die Subjektpronomen meist nur dann gebraucht, wenn sie Unterschiede hervorheben sollen.
Anrede: du / ihr → **tú / vosotros/as**
Sie → **usted / ustedes**

In den meisten Ländern Lateinamerikas ist vosotros/as und die entsprechende Verbform nicht gebräuchlich, stattdessen wird **ustedes** benutzt.

Zum Gebrauch von **ser** ▶ G 3.3

G 1.4 La negación (I) — Die Verneinung

¿Es extranjero? – **No, no** es extranjero.
Miguel **no** es de Trujillo, es de Madrid.

no = nein / nicht
In der Bedeutung von *nicht* steht **no** immer **vor dem Verb.**

Die Verneinung (II) ▶ G 2.4

G 1.5 Las reglas de acentuación (I) — Die Regeln der Akzentsetzung

amigo, plaza, gente, joven, chicos	Bei Wörtern, die auf **Vokal**, **-n** oder **-s** enden, wird die **vorletze Silbe** betont.
hotel, señor, conquistador ciudad, realidad, usted	Endet das Wort auf Konsonant (außer **-n** und **-s**), so wird die **letzte Silbe** betont.
Perú, región, Hernán Cortés carácter, jóvenes, música,	Alle Wörter, deren Betonung nicht einer dieser beiden Regeln entspricht, tragen **Akzent** auf dem betonten Vokal.
canción – canciones joven – jóvenes	Beachte, dass aufgrund der Betonungsregel manche Wörter im Plural den Akzent verlieren bzw. ein Akzent gesetzt werden muss.

G 1.6 El pronombre demostrativo — Das Demonstrativpronomen

Este es Pizarro. **Esta** es la plaza del pueblo. **Estos** son Miguel y sus amigos. **Estas** son las canciones de moda.	**este / esta es; estos / estas son** entsprechen dem deutschen Ausdruck *das ist / sind*. Die Demonstrativpronomen richten sich in Geschlecht und Zahl nach der Person oder Sache, auf die sie sich beziehen.
Ésta es Ana. / **Éste** es mi amigo.	Sie können auch mit Akzent geschrieben werden.
Esto es Trujillo. **Esto** es una iglesia. ¿Qué es **esto**?	Die Neutrumform **esto** steht bei Definitionen oder Fragen meist mit dem unbestimmten Artikel bzw. ohne Artikel. Esto wird nie mit Akzent geschrieben.

G 1.7 Los números cardinales (I) — Die Grundzahlen

0	**cero**	6	**seis**	11	**once**	16	**dieciséis**
1	**uno/a**	7	**siete**	12	**doce**	17	**diecisiete**
2	**dos**	8	**ocho**	13	**trece**	18	**dieciocho**
3	**tres**	9	**nueve**	14	**catorce**	19	**diecinueve**
4	**cuatro**	10	**diez**	15	**quince**	20	**veinte**
5	**cinco**						

En la plaza hay **un** músico. En el pueblo sólo hay **una** iglesia. ¿Cuántas orquestas? **Una.**	Die **Zahl 1** ist **veränderlich:** Vor **Substantiv** entspricht die Zahl **1** dem unbestimmten Artikel: **un /una.**
¿Cuántos músicos hay en la plaza? **Uno.**	Steht die maskuline Form allein, so lautet sie **uno.**
el uno, el cuatro, el cinco	Die Zahlwörter sind maskulin.

Die Grundzahlen (II) ▶ G 3.4 / Die Grundzahlen (III) ▶ G 4.6

En un pueblo de Extremadura

Extremadura es una región con poca industria. También es la patria de famosos conquistadores como Francisco Pizarro y Hernán Cortés.

El monasterio de Guadalupe es el centro religioso de Extremadura. La Virgen de Guadalupe es también la patrona de México.

Los alcornoques son árboles típicos de Extremadura. De su corteza se extrae el corcho.

El cerdo ibérico o pata negra se cría también en Extremadura. El jamón de estos cerdos es caro, pero muy apreciado por su excelente calidad.

Mérida, en tiempos de los romanos Emérita Augusta, es la capital política de Extremadura. En Mérida hay importantes ruinas de edificios romanos como el teatro, el anfiteatro y el Acueducto de los Milagros. También el puente sobre el Río Guadiana es romano.

Cumpleaños feliz

En la plaza hay mucha gente. Son las fiestas del pueblo. La música es súper y el ambiente fenomenal. Mientras Toño y sus amigos compran unos boletos en la tómbola, llega Raquel con un paquetito en la mano.

Raquel: Oye, Toño, hoy es tu cumpleaños, ¿no? Toma, esto es para ti.
Toño: ¿Un regalo para mí? ¿Qué es, un cedé?
Raquel: Una sorpresa.
Toño: *(le da un beso)* Muchas gracias, Raquel.
Raquel: De nada.
Miguel: ¿Es tu cumpleaños? ¡Pues felicidades, chaval!
Chicos: *(cantan)*
¡Cumpleaños feliz,
cumpleaños feliz,
te deseamos todos,
cumpleaños feliz!
Javier: Bueno, ¿qué?, ¿no invitas?
Toño: Sí, venga, ¿qué tomáis?

Me gusta mucho

Mientras miran cómo baila la gente, Miguel y Javier charlan con Katja.

Miguel	¿Qué, Katja, te gusta la música?
Katja	Claro que sí, me gusta mucho, es súper. Estos músicos tocan muy bien.
Javier	Oye, tú hablas muy bien el español, ¡eh!
Katja	Más o menos. Estudio español en mi colegio.
Miguel	¿Y las fiestas en tu país son como aquí?
Katja	No, son muy diferentes. También hay música, pero la gente no baila en la plaza.
Javier	¿No bailan? Pues qué aburrido, ¿no?

Una presentación

Poco después llega Ana acompañada de una chica alta y morena.

Ana	Hola, chicos, ¿qué tal?
Toño	Con esta música, fenomenal, ¿y tú?
Ana	Bien, muy bien. Bueno, esta es una amiga alemana. Se llama Katja.
Toño	Yo me llamo Toño. Soy primo de Ana.
Miguel	Y yo Miguel.
Raquel	Yo soy Raquel. Y tú ¿de qué parte de Alemania eres?
Katja	De Colonia, de la zona del Rin. Vosotros ¿sois todos de aquí?
Toño	¡No, qué va! Muchos somos de fuera. Yo, por ejemplo, soy andaluz.
Miguel	Yo tampoco soy de aquí. Paso las vacaciones en casa de mis abuelos.
Ana	Pues yo sí, yo soy de Trujillo.
Raquel	Y yo también.

A 2.1 Bien dicho

a) Escucha las siguientes palabras y repítelas.

[ ]	[tʃ]	[je] [jo] [ju]	[we]	[b/β]
hola	mucho	ambiente	bueno	vacaciones
hoy	chaval	vacaciones	pueblo	tómbola
hay	Chile	ciudad	abuelos	jóvenes
hablan	chica			hablas

b) ¿Qué conclusiones puedes sacar?

A 2.2 ¿De dónde es Toño?

¿Qué te llama la atención?

Schau dir folgende Fragewörter an; was fällt dir auf?

¿quién?	**¿qué?**	**¿cómo?**	**¿cuándo?**	**¿dónde?**	**¿de dónde?**	**¿por qué?**
wer?	was?	wie?	wann?	wo?	woher?	warum?

A 2.3 ¡Qué preguntas!

Contesta las preguntas sobre los textos.

Beantworte die Fragen zu den Texten.

Cumpleaños feliz

1. ¿Por qué hay mucha gente en la plaza de Trujillo?
2. ¿Qué compran Toño y sus amigos en la tómbola?
3. ¿Para quién es el paquetito de Raquel?
4. ¿Hay un CD en el paquetito?
5. ¿Por qué cantan los chicos "el cumpleaños feliz"?
6. ¿Qué damos a un amigo cuando es su cumpleaños?

Una presentación

1. ¿Quién es Katja?
2. ¿Cómo es Katja?
3. ¿Qué son Ana y Toño?
4. ¿De qué parte de Alemania es Katja? – ¿Y tú?
5. ¿Dónde pasa Miguel las vacaciones? – ¿Y tú?

Me gusta mucho

1. ¿Bailan Miguel y Javier con Katja?
2. ¿Cómo es la música?
3. ¿Bailan los alemanes en la plaza de su pueblo durante las fiestas?
4. ¿Cómo habla Katja el español?
5. ¿Son las fiestas en Alemania como en España?
6. ¿Por qué habla Katja español?
7. ¿Toca una orquesta en la fiesta de tu pueblo?

Conviene saberlo

¡Felicidades, chaval!

In Spanien ist es üblich, jemanden, dem man zum Geburtstag gratuliert, sanft am Ohrläppchen zu ziehen.

!¡

¡Tenlo en cuenta!
Llega con un paquetito en la mano

Wörter, die auf **-o** enden, sind im Spanischen meist maskulin.
Ausnahmen: **la mano, la foto** (=la fotografía), **la moto** (= la motocicleta).
Wörter, die auf **-a** enden, sind nicht unbedingt feminin, z.B. **el día**.
Es gibt viele Endungen auf **-ma**, die im Spanischen männlich,
im Deutschen sächlich sind, z.B. **el problema, el tema, el sistema, el dilema, el drama**.

A 2.4 Combina ▶ G 1.3

Forma frases.

una fiesta sin música		estudiantes
los amigos de Toño		altos y rubios
los músicos de la orquesta	**(no)**	muy aburrida
estos chicos	**ser**	muy jóvenes
Katja		una región muy bonita
la zona del Rin		alemana

A 2.5 Dos y dos son cuatro ▶ G 1.7

a) **Di un número del 1 al 18. Tu compañero/a suma 2 y dice el nuevo número.**
Nenne eine Zahl zwischen 1 und 18.
Dein Partner / deine Partnerin zählt zwei dazu und sagt die neue Zahl.

b) **Toma dos dados, tira los dados.**
Tu compañero/a dice los números de cada dado y la suma.
Du würfelst mit zwei Würfeln. Dein Partner / deine Partnerin nennt die einzelnen Zahlen und die Summe von beiden.

dos y cuatro: seis

A 2.6 Cómo es y cómo son ▶ G 1.1 / 1.2 / 2.1

a) **En vez del símbolo, pon el artículo. ◆ = un / una**
Setze statt des Symbols den Artikel.

1. Es ◆ fiesta fenomenal.
2. Es ◆ músico muy joven.
3. Es ◆ chica extranjera.
4. Es ◆ zona muy bonita.
5. Es ◆ pueblo muy famoso.
6. Es ◆ amigo alemán.

b) **Forma el plural.**
Bilde den Plural.

A2.7 Yo sí y tú también ▶ G 2.4

Reacciona con *sí / también* o con *no / tampoco*.
Gilt die Aussage auch für dich / für euch?
Reagiere entsprechend.

1. Katja es alemana. — Yo …
2. Miguel no es de Trujillo. — Nosotros/as …
3. Toño es andaluz. — Yo …
4. Toño no habla alemán. — Nosotros/as …
5. El músico de la guitarra es alto. — Yo …
6. Katja habla bien el español. — Yo …
7. Raquel no es de Extremadura. — Nosotras …
8. Trujillo es un pueblo bonito. — Mi pueblo …

A2.8 ¿Qué es, qué no es, de dónde es? ▶ G 1.2 / 2.1

Formula frases con *ser*.
Bilde Sätze mit ser. Angleichung der Adjektive nicht vergessen!

1. Estos chicos ◆ (moreno y alto); ◆ de Trujillo.
2. Katja ◆ una amiga de Ana; ◆ de Colonia.
3. Los amigos de Toño no ◆ de Trujillo.
4. Miguel y Toño ◆ (andaluz).
5. La música ◆ (moderno).
6. Mis amigos no ◆ muy (alto).
7. Los músicos de la orquesta ◆ (joven).
8. En Alemania las fiestas ◆ (diferente).
9. Nosotras no ◆ (alemán), ◆ (español).
10. Oye, ¿vosotras ◆ (argentino)?

A2.9 Me llamo Miguel ▶ G 2.1 / 2.3

En el campamento de verano todos se presentan.
Im Sommerferienlager stellt jeder sich vor.

> Yo me llamo Toño. Soy andaluz. Me gusta la música.
> También me gusta bailar.

Ahora tú.

italiano/a turco/a griego/a portugués / portuguesa

polaco/a rumano/a

A2.10 Una foto en familia

Compara los apellidos.
¿Qué conclusiones puedes sacar?
¿Cómo son los apellidos en tu país?
Vergleiche die Nachnamen. Was fällt dir auf?
Wie ist die Namensgebung in deinem Land?

Roberto Gómez Alonso (el padre)

Blanca Rubio Casal (la madre)

Luis Gómez Rubio (el hijo mayor)

Juanito Gómez Rub (el hijo pequeño)

Maite Gómez Rubio (la hija)

A2.11 ¿Es exacta la información? ▶ G2.2 / 2.4

Confirma o rectifica la información.

Bestätige oder verbessere die Aussage.

> Katja no habla español.
> Sí, Katja habla español muy bien.

1. Ana es la amiga de Toño.
2. La gente baila en la plaza del pueblo.
3. Los músicos de la fiesta tocan mal.
4. Katja es alta y rubia.
5. Las fiestas en Alemania son como las fiestas en España.
6. El ambiente en la plaza de la fiesta es muy aburrido.
7. Toño no invita a sus amigos.
8. Los amigos de Toño son todos de Trujillo.
9. Los chicos compran unos boletos en el bar del pueblo.
10. En la fiesta hay poca gente de fuera.

A2.12 Somos muy curiosos ▶ G2.2

a) Pregunta a tus compañeros/as.

Fragt euch gegenseitig. Wer tut was?

bailar flamenco

> – ¿Tú bailas flamenco?
> – ¿Flamenco? ¿Yo? ¡No, qué va!
> Yo no bailo flamenco.

tocar la guitarra
ser de Berlín
hablar inglés
bailar bien
estudiar alemán

b) Formula ahora preguntas con *¿Te gusta/n ...?*

> – ¿Te gusta estudiar?
> – Sí, me gusta mucho.
> – No, no me gusta nada.

> – ¿Te gustan los chicos morenos?
> – Sí, me gustan.
> – No, no me gustan.

estudiar – los chicos morenos – Berlín – bailar – hablar idiomas – la música pop – cantar – los regalos

A2.13 Las formas son las formas ▶ G2.2 / 2.3

Completa las frases con la forma correcta del verbo adecuado.

Finde das passende Verb und setze es in die richtige Form.

1. Nosotros ◆ las fiestas en casa de los abuelos.
2. Los músicos de la orquesta ◆ en la plaza.
3. ¡Tú ◆ muy bien el español, Katja!
4. Durante las fiestas, la gente ◆ en la plaza del pueblo.
5. Los amigos de Toño ◆ "el cumpleaños feliz".
6. Raquel, Ana y Katja ◆ unos boletos en la tómbola.
7. Katja ◆ español en su colegio.
8. Bueno, venga, hoy ◆ yo porque es mi cumpleaños, ¿qué ◆ (vosotros)?
9. Esta chica es una amiga alemana, ◆ Katja.

bailar
cantar
comprar
estudiar
hablar
invitar
llamarse
pasar
tocar
tomar

A 2.14 Todo en orden ▶ G 2.3 / 2.4

Formamos frases. La parte en negrita es el comienzo de la frase. (5 minutos)
Wir bilden Sätze und beginnen mit den hervorgehobenen Wörtern. (5 Minuten)

las fiestas
el regalo alto y rubio pasar andaluz
tomar tocar
Toño **la orquesta** alemán y español **la fiesta**
unos boletos cantar hablar
ser rubio comprar invitar
se llama **Miguel** en casa de Ana en la plaza del pueblo
el cumpleaños feliz muy bien para Toño
Katja en la tómbola a los amigos
los amigos pasar **Toño**
bailar **la gente**

A 2.15 ¿Trabajas o estudias? ▶ G 2.2 / 2.3

Completa las frases con la forma correcta del verbo adecuado.

Ana ◆ con una amiga alemana. La amiga se ◆ Katja.
Ana Mi primo Javier y yo ◆ las vacaciones en casa de los abuelos. Hoy ◆ su cumpleaños.
Los amigos ◆ "el cumpleaños feliz".
Ana Toma, estos regalos ◆ para ti.
Javier Gracias, Ana. Bueno, hoy ◆ yo. ¿Qué ◆ (vosotros)?
Toño Yo ◆ una coca-cola, y tú, ¿qué ◆, Ana?
Ana Yo, una fanta.
Miguel ¿Por qué no ◆ (nosotros) unos boletos en la tómbola?
Chicos Bueno.
Katja Estos músicos ◆ muy bien, ¿verdad? La música me ◆.

cantar
comprar
gustar
invitar
llamar
llegar
pasar
ser (2x)
tocar
tomar (3x)

A 2.16 La música es muy buena ▶ G 2.6

Completa las frases. ◆ = *muy – mucho/a, muchos/as*

1. En Extremadura hay ◆ nidos de cigüeña.
2. Katja es una chica ◆ alta.
3. La región del Rin es ◆ bonita.
4. Los abuelos compran ◆ regalos para Javier.
5. En la plaza hay ◆ gente.
6. Las fiestas en España me gustan ◆.
7. La orquesta toca ◆ bien.
8. Ana toma ◆ coca-cola.
9. Katja habla ◆ bien el español.
10. Nosotros no bailamos ◆.

A 2.17 Con tus propias palabras

Tú ya sabes decir bastantes cosas en español. Escribe unas frases sobre tu pueblo, sobre la fiesta de tu pueblo y sobre tus amigos.
Compara con las de tu compañero/a.
Du kannst schon einiges auf Spanisch sagen. Schreibe einige Sätze über deinen Wohnort, über die Feste, über deine Freunde. Vergleicht miteinander.

A 2.18 Dilo en español

Sag es auf Spanisch.

1. Ana spricht mit Katja; Katja ist ihre Freundin.
2. Während Toño und Raquel tanzen, trinken Miguel und Ana Cola.
3. Sind das eure Lose?
4. Das ist unser Geschenk für dich.
5. Ist das deine Gitarre, Raquel?
6. Toño und Miguel kaufen ein Geschenk für mich.
7. Während Ana Lose kauft, wartet (esperar) Katja.
8. Das sind unsere Freunde aus Madrid.
9. Während des Festes sind viele Auswärtige in Trujillo.
10. Ana ist meine Cousine.
11. Während der Ferien lernen wir nicht.
12. Meine Großeltern sind aus Trujillo.

E 2 Esto te ayuda ...

para saludar a alguien jdn. begrüßen	Hola, ¿qué tal?	Bien. Bien, gracias. Hoy regular.
para informarse sobre alguien sich über jdn. erkundigen	¿Quién es? / ¿Cómo se llama? ¿De dónde es?	
para darle algo a alguien jdm. etwas geben	Esto es	para ti. para Carlos. para tu novia. para vosotros.
para despedirse sich verabschieden	Adiós. Hasta mañana. Hasta luego. Chao, nos vemos. *(in Lateinamerika)*	
para expresar agrado / desagrado sagen, dass etwas gefällt / nicht gefällt	Me gusta (mucho). No me gusta (nada).	

G 2.1 La concordancia de los adjetivos — Die Veränderlichkeit der Adjektive

el chico alt**o** un**a** chic**a** rubi**a**	**los** chic**os** alt**os** un**as** chic**as** rubi**as**	Das Adjektiv richtet sich in Geschlecht und Zahl nach dem Substantiv. Adjektive, deren **maskuline Form** auf **-o** endet, bilden die **feminine Form** auf **-a.**
Singular es **un** músico excelente **el** chico es joven **un** señor feliz	 es **una** orquesta excelente **la** chica es joven **una** señora feliz	Bei Adjektiven, die auf einen anderen Vokal oder auf Konsonant enden, sind die maskuline und feminine Form gleich.
Plural son **unos** músicos excelent**es** **los** chicos son jóven**es** **unos** señores feli**ces**	 son **unas** orquestas excelent**es** **las** chicas son jóven**es** **unas** señoras feli**ces**	
españo**l** / españo**la** alemá**n** / alema**na**	españo**les** / españo**las** alema**nes** / alema**nas**	**Ausnahme:** Adjektive, die von Länder- und Städtenamen abgeleitet sind. **Stellung:** Das Adjektiv steht meist nach dem Substantiv.

G 2.2 La primera conjugación — Die Verben auf -ar

hablar
habl**o**
habl**as**
habl**a**
habl**amos**
habl**áis**
habl**an**

Beachte: Die Betonung liegt auf der unterstrichenen Silbe.

G 2.3 *llamarse* — heißen

Yo **me** llamo …	Ich heiße …
¿Cómo **te** llamas?	Wie heißt du?
Él / Ella **se** llama …	Er / Sie heißt …
¿Cómo **se** llama usted?	Wie heißen Sie?

G 2.4 La negación (II) — Die Verneinung

Yo **no** soy de Trujillo, soy de Oviedo. Yo **tampoco** soy de Trujillo, soy andaluz.	Ebenso wie **no** *(nicht)* steht **tampoco** *(auch nicht)* in der Regel **vor** dem Verb.

G 2.5 Los posesivos Die Possessivbegleiter

Miguel es **mi** amigo. Estas son **nuestras** amigas.	**mi**	**nuestro/a**	Possessivbegleiter stehen **vor** dem Substantiv und richten sich in der Zahl nach diesem.
¿Cómo se llama **tu** prima? ¿Dónde pasas **tus** vacaciones?	**tu**	**vuestro/a**	Nur **nuestro/a** und **vuestro/a** unterscheiden zwischen maskuliner und femininer Form.
¿Es esta **vuestra** guitarra? **Sus** amigos compran boletos.	**su**	**su**	Im **Plural** wird jeweils **-s** angehängt.

Possessivpronomen/Possessivbegleiter ▶ G 11.6

G 2.6 *muy ≠ mucho*

Katja es **muy** alta. La orquesta toca **muy** bien.	**muy**	➢ **vor** dem **Adjektiv** oder **Adverb**
En la fiesta hay **mucho** ambiente. En la plaza hay **mucha** gente. **Muchos** chicos son de fuera. Katja pasa **muchas** horas en el colegio.	**mucho/a** **muchos/as**	➢ **vor** dem **Substantiv**
Miguel no habla **mucho**.	**mucho**	➢ **nach** dem **Verb**

G 2.7 Las reglas de acentuación (II) Die Regeln der Akzentsetzung

¿**qué** tal? ¿**quién**? ¿por **qué**? ¡**qué** va!	**Fragewörter** und **Ausrufe** werden immer **mit Akzent** geschrieben.
El pueblo es grande. (der) **Tu** amigo/a es joven. (dein/e) Este es **mi** amigo Pablo. (mein) **Si** hay música, bailamos. (falls) **Se** llama Raquel. (sich) Toño está **solo** en casa. (allein)	**Él** es de Trujillo. (er) ¿**Tú** hablas español? (du) ¿Este regalo es para **mí**? (mich) ¿Bailas? **Sí.** (ja) No **sé**. (Ich weiß es nicht.) Ana habla **sólo** español. (nur) Der Akzent hat auch die Funktion, die unterschiedliche Bedeutung von gleichlautenden, meist einsilbigen Wörtern zu markieren **(Unterscheidungsakzent).**
Ávila, Ángel, CÓRDOBA	Auch auf **Großbuchstaben** wird Akzent gesetzt.

G 2.8 *durante ≠ mientras*

Durante las fiestas hay mucha gente de fuera. Casi todas las fiestas son **durante el verano.**	*während* + Substantiv: **durante**
Mientras compran unos boletos, llega Raquel. **Mientras miran** cómo baila la gente, charlan con Katja.	*während* + Verb: **mientras**

Unidad 3

Graciela y su viaje de estudios al Perú

Preparando el viaje

Graciela es chilena y estudia en el colegio Pablo Neruda de Antofagasta. Es la mayor de cuatro hermanos y está en el último año de Educación Media. A final de curso, en enero, su colegio organiza un viaje al Perú para los que terminan. Es un viaje cultural a Cuzco y a otros grandes centros del antiguo imperio inca. La profesora de historia prepara en clase el viaje con ellos.

Profesora: Bueno, ustedes van a buscar información sobre los lugares que vamos a visitar, ¿de acuerdo?

Graciela: ¿Todos juntos?

Profesora: No, vamos a formar cuatro grupos. El grupo número uno se informa sobre Cuzco y sus alrededores. El grupo número dos, sobre Machu Picchu. El grupo número tres, sobre el Lago Titicaca y la gente del campo; y el grupo número cuatro, sobre la vida y la situación social en el Perú, ¿de acuerdo?

Todos: Sí, de acuerdo.

Pablo: ¿Y dónde buscamos, en Internet?

Profesora: Sí, en Internet o en los libros de la biblioteca. Bien, pues si no hay más preguntas, vamos a formar los grupos …

Una clase con diapositivas

Dos semanas después, la profesora pone las diapositivas y los grupos presentan su información.

Grupo 1

Cuzco

Cuzco es la antigua capital del Perú, el centro de la cultura inca. Está a más de tres mil metros de altura. En quechua se llama Qosqo y significa "ombligo del mundo". El centro de Cuzco es la Plaza de Armas. En esta plaza hay buenos ejemplos de la impresionante arquitectura inca.

Grupo 2

Machu Picchu

Machu Picchu es la ciudad mágica de los incas. Su historia está llena de misterios que quizás nunca vamos a conocer realmente. A Machu Picchu van muchos turistas. El viaje en tren desde Cuzco es largo, pero muy interesante.

El mercado

Esto es un mercado. Las mujeres llevan ropa de colores muy vivos. En el mercado la gente vende los productos del campo y artesanía hecha a mano. Para muchos peruanos lo que venden en el mercado es su única fuente de ingresos.

Grupo 3

El Lago Titicaca
El Titicaca es un lago de 8000 km^2 (ocho mil kilómetros cuadrados) y más de treinta islas. Es el lago navegable más alto del mundo y la frontera natural entre Perú y Bolivia. El agua es muy fría y el aire pobre en oxígeno. En esta región las condiciones de vida son muy duras y la gente muy pobre. Los indígenas viven de la pesca, de las papas y de la lana y la carne de alpacas y llamas. Algunos indígenas viven en islas de juncos que flotan sobre las aguas del lago.

Grupo 4

Músicos en una calle
La música está presente en todas partes. Muchos jóvenes tocan en las plazas para los turistas. Así ganan un poquito de dinero para vivir.

Grupo de indígenas
Si ustedes escuchan a los indígenas, no van a entender su conversación. Es que muchos indígenas en el Perú no hablan o hablan muy poco el castellano. Ellos hablan quechua o aymará, las lenguas originales del Perú.

Casas pobres
En el Perú hay grandes diferencias sociales entre ricos y pobres. Los chicos que son de familia rica van a colegios de élite y luego van a estudiar a Estados Unidos, pero muchos otros son pobres y sólo logran aprender a leer y a escribir.

Graciela ahorra para el viaje

Graciela está muy entusiasmada con la idea de ir al Perú, pero necesita dinero para ayudar a sus papás a pagar el viaje. Por eso trabaja. A veces de niñera, y a veces da clases particulares de matemáticas a otros chicos de su colegio. No gana mucho, pero ella está contenta.

Mamá: ¡Graciela, mi amor!
Graciela: Sí, mamá.
Mamá: ¿Qué hora es? Mi reloj está parado.
Graciela: Son las cinco y media, ¿por qué?, ¿a quién esperas?
Mamá: A tus hermanos. Ya es tarde y todavía no están aquí. Estoy un poco preocupada. … Y tu clase particular ¿a qué hora es hoy?
Graciela: No es hoy, mamá, es mañana a las cuatro y media.
Mamá: Ah, bueno. Entonces esta tarde vas a estudiar, ¿no?
Graciela: Sí, hasta las ocho sí, pero luego voy a casa de los Valdivia. Ellos están invitados a una fiesta y yo voy a cuidar a la niña. ¡Es una guagua más linda …! A mí me gusta mucho jugar con ella. Además los Valdivia son muy generosos y pagan bien, ¿sabes?
Mamá: ¿Y a qué hora vas a regresar?
Graciela: No sé.
Mamá: Si regresas muy tarde, mañana estás cansada en clase y vas a sacar malas notas.
Graciela: Ay, mamá, tú siempre con tus preocupaciones. Por favor, ya soy mayorcita y no necesito dormir tanto.

Actividades 3

A 3.1 ¡Qué preguntas!

Contesta las preguntas sobre los textos.

Preparando el viaje

1. ¿Dónde estudia Graciela?
2. ¿Cuántos hermanos son en casa?
3. ¿Dónde buscan los chicos información sobre el Perú?
4. ¿El viaje al Perú es para todos los chicos y chicas del colegio?
5. ¿Cómo preparan el viaje en clase?
6. Las vacaciones en Chile son en diciembre y en enero, ¿sabes por qué?

Graciela ahorra para el viaje

1. ¿Por qué trabaja Graciela?
2. ¿Cómo gana dinero Graciela para el viaje?
3. ¿Trabajas tú a veces?
4. ¿Cuánto gana Graciela con sus clases?
5. ¿Por qué está la mamá un poco preocupada?
6. ¿Cómo llaman en Chile a un bebé?
7. ¿Por qué no están los Valdivia en casa?
8. Según la mamá, ¿qué pasa si Graciela regresa muy tarde?
9. ¿Por qué está contenta Graciela con el trabajo en casa de los Valdivia?
10. ¿Por qué no necesita Graciela dormir tanto?

¡Es una guagua más linda!

Conviene saberlo
Trabaja de niñera

In Spanien und Lateinamerika werden für manche Dinge verschiedene Wörter benutzt.
Ein Baby heißt in Spanien **bebé**, in Chile **guagua.**

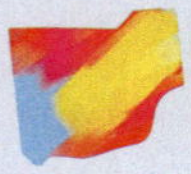

In Guatemala und auf den Kanarischen Inseln ist **la guagua** der Autobus.

Für Babysitter sagt man in Chile **niñera**, in Spanien **canguro**.

Necesitamos una canguro para el fin de semana.

A 3.2 Contrastes ▸ G 1.4 / 2.4

Contesta con una frase completa con *sí / no / también / tampoco.*
Beantworte die Fragen mit einem vollständigen Satz.

Ana baila muy bien la samba. ¿Y tú?	Yo **también** bailo bien la samba. Yo **no** bailo bien la samba.
Toño no habla muy bien el inglés.	Yo **sí** hablo bien el inglés. Yo **tampoco** hablo bien el inglés.

1. Graciela es de Antofagasta, ¿y tú? – Yo …
2. Graciela da clases de Matemáticas, ¿y vosotros? – Nosotros …
3. Yo toco muy bien la guitarra, ¿y tú?
4. Katja invita a sus amigas el día de la fiesta, ¿y tú?
5. Muchos españoles son morenos, ¿y vosotras?
6. Durante las fiestas la gente baila en la plaza del pueblo, ¿y vosotros?
7. Nosotros cantamos muy bien, ¿y tú?
8. Estos chicos no son españoles, ¿y vosotras?

A 3.3 Es muy difícil, hay muchos problemas ▶ G 2.6

Completa las frases con *muy* o con la variante correcta de *mucho*.

1. Graciela trabaja ◆ horas los fines de semana.
2. A mí me gusta ◆ hablar con chicos interesantes.
3. – Hola, ¿cómo estás? – Gracias, ◆ bien.
4. En el Perú hay ◆ monumentos incas.
5. Graciela y sus amigas son ◆ simpáticas.
6. Nosotros, a final de curso, estudiamos ◆.
7. Graciela compra ◆ recuerdos del Perú para sus hermanos.
8. En la Plaza de Armas de Cuzco hay ◆ turistas extranjeros.
9. La casa de los Valdivia está ◆ cerca del colegio de Graciela.
10. Tu regalo me gusta ◆, Ana, estoy ◆ contento.

A 3.4 Dilo en español

1. In den Sommerferien werden wir eine Reise nach Peru machen.
2. Unsere Geschichtslehrerin fährt mit uns. Wir werden Cuzco und andere Inkastädte besichtigen (visitar).
3. Die Reise ist sehr teuer (caro), darum gebe ich Privatunterricht, um etwas Geld zu verdienen.
4. Manchmal hüte ich das Baby der Familie Valdivia. Sie sind sehr großzügig und zahlen gut.
5. Ich verdiene nicht viel mit meiner Arbeit, aber ich bin zufrieden.
6. Manchmal komme ich sehr spät nach Hause zurück.
7. Meine Mutter macht sich Sorgen (se preocupa), weil (porque) sie meint (cree que), ich schreibe dann schlechte Noten in der Schule, aber ich brauche nicht so viel Schlaf.
8. Am Nachmittag werde ich lernen, weil ich am Abend zu den Valdivias gehe.

A 3.5 ¿Qué hora es? ▶ G 3.1

a) Di qué hora es.

Sag, wie spät es ist.

b) ¿A qué hora?

Fragt euch gegenseitig, um wie viel Uhr etwas geschieht.

> ¿(tocar) – la orquesta? – 23:30
> – ¿A qué hora toca la orquesta?
> – Toca a las once y media.

1. ¿(ser) – la fiesta? 20:00
2. ¿(ser) – mañana la clase de español? 11:00
3. ¿(llegar) – vosotros al colegio? 09:15
4. ¿(estudiar, nosotros) – para el examen? 17:00
5. Oye, Pablo – ¿(hablar, tú) – con Graciela? 21:00
6. ¿(estar) – ustedes en casa mañana? 18:00
7. ¿(ir) – a bailar tus amigos? 01:00

A 3.6 ¿Dónde está? ▶ G 3.2

Testet eure Geographiekenntnisse.

Buenos Aires　Nueva York　Córdoba　La Habana

Los Alpes　La Torre Eiffel　El volcán Popocatépetl　El Lago Titicaca

A 3.7 ¿Cómo estás? ▶ G 3.2

¿Cómo o dónde están estas personas?

Wie fühlen sich diese Personen oder wo sind sie?

nosotros los hermanos de Graciela Graciela la mamá la fiesta yo	**(no) estar**	cansados preocupada muy bien en clase contento invitados a una fiesta muy entusiasmada

A 3.8 Ser o estar, esa es la cuestión ▶ G 3.2 / 3.3

Completa la frase con *ser* o *estar*.

Achte auf die richtige Endung der Adjektive!

1. Graciela ◆ una chica chilena, de Antofagasta; ahora ◆ en casa de los Valdivia.
2. Las fiestas en mi país no ◆ (aburrido). Muchas fiestas ◆ en verano.
3. Los chicos del curso de Graciela ◆ (entusiasmado) con el viaje al Perú.
4. Cuzco ◆ una ciudad muy importante en Perú.
5. Los hermanos de Graciela ◆ (alto) y (moreno); ahora ◆ en el colegio.
6. Graciela ◆ de Antofagasta, pero sus padres ◆ de la región de Los Lagos.
7. Hoy (nosotros) ◆ muy (cansado).
8. Mis amigos y yo ◆ (alemán). Esta tarde ◆ (invitado) a un cumpleaños.

¡!

Tenlo en cuenta

Zur Vermeidung von Fehlern empfehlen wir dir, die Adjektive immer zusammen mit dem dazugehörigen Verb (ser bzw. estar) zu lernen: ser joven, ser alto, ser alemán, estar cansado, estar contento, estar preocupado.

A 3.9 Cuestión de gustos

¿Qué te gusta? ¿Qué no te gusta?
Was magst du und was nicht?

A mí me gusta(n) ...
A mí me gusta(n) mucho ...

¿Y a ti?

A mí no me gusta(n) ...
A mí no me gusta nada ...

A mí **también.**
A mí **no.**

A mí **tampoco.**
A mí **sí.**

las fiestas / el fútbol / la playa / el español / estudiar los fines de semana / los viajes / los chicos morenos / la música clásica / bailar / cantar / Berlín

A 3.10 ¿Cuándo es tu cumpleaños? ▸ G 3.4

Habla con los compañeros de la clase.

– ¿Cuándo es tu cumpleaños?
– Mi cumpleaños es **el 23 de febrero,** ¿y el tuyo?
– El mío es el 12 de junio.
– ¿En qué día cae?
– Este año cae en viernes.

Los meses		**Los días de la semana**	
enero	**agosto**	**lunes**	**L**
febrero	**septiembre**	**martes**	**M**
marzo	**octubre**	**miércoles**	**M**
abril	**noviembre**	**jueves**	**J**
mayo	**diciembre**	**viernes**	**V**
junio		**sábado**	**S**
julio		**domingo**	**D**

b) **Esta es la agenda de Carlos. Compara con la tuya.**
Vergleiche den Terminkalender von Carlos mit deinem.

14-2 San Valentín
28-2 examen de inglés
25-4 cumpleaños de mamá
5-5 día de la madre
29-6 comienzo de las vacaciones
7/8/9-8 fiestas del pueblo
20-9 comienzo del colegio
15-10 concierto rock
1-11 no hay clase
6-12 fiesta de la Constitución – no hay clase
del 22-12 al 8-1 vacaciones de Navidad

2003

enero

L	M	M	J	V	S	D
		1	2	3	4	5
6	7	8	9	10	11	12
13	14	15	16	17	18	19
20	21	22	23	24	25	26
27	28	29	30	31		

febrero

L	M	M	J	V	S	D
					1	2
3	4	5	6	7	8	9
10	11	12	13	14	15	16
17	18	19	20	21	22	23
24	25	26	27	28		

marzo

L	M	M	J	V	S	D
					1	2
3	4	5	6	7	8	9
10	11	12	13	14	15	16
17	18	19	20	21	22	23
24	25	26	27	28	29	30
31						

abril

L	M	M	J	V	S	D
	1	2	3	4	5	6
7	8	9	10	11	12	13
14	15	16	17	18	19	20
21	22	23	24	25	26	27
28	29	30				

mayo

L	M	M	J	V	S	D
			1	2	3	4
5	6	7	8	9	10	11
12	13	14	15	16	17	18
19	20	21	22	23	24	25
26	27	28	29	30	31	

junio

L	M	M	J	V	S	D
						1
2	3	4	5	6	7	8
9	10	11	12	13	14	15
16	17	18	19	20	21	22
23	24	25	26	27	28	29
30						

julio

L	M	M	J	V	S	D
	1	2	3	4	5	6
7	8	9	10	11	12	13
14	15	16	17	18	19	20
21	22	23	24	25	26	27
28	29	30	31			

agosto

L	M	M	J	V	S	D
				1	2	3
4	5	6	7	8	9	10
11	12	13	14	15	16	17
18	19	20	21	22	23	24
25	26	27	28	29	30	31

septiembre

L	M	M	J	V	S	D
1	2	3	4	5	6	7
8	9	10	11	12	13	14
15	16	17	18	19	20	21
22	23	24	25	26	27	28
29	30					

octubre

L	M	M	J	V	S	D
		1	2	3	4	5
6	7	8	9	10	11	12
13	14	15	16	17	18	19
20	21	22	23	24	25	26
27	28	29	30	31		

noviembre

L	M	M	J	V	S	D
					1	2
3	4	5	6	7	8	9
10	11	12	13	14	15	16
17	18	19	20	21	22	23
24	25	26	27	28	29	30

diciembre

L	M	M	J	V	S	D
1	2	3	4	5	6	7
8	9	10	11	12	13	14
15	16	17	18	19	20	21
22	23	24	25	26	27	28
29	30	31				

A 3.11 En cadena ▸ G 3.4

Tú dices un número de dos cifras. Tu compañero/a toma la última cifra y forma otro número de dos cifras. Y así sucesivamente.
Du nennst eine zweistellige Zahl.
Der / Die Nächste bildet aus der letzten Ziffer eine neue zweistellige Zahl usw.

79 – 91 – 15 – 53 – 37 – 7...

A 3.12 Son sus compañeros de colegio ▶ G 3.5

Completa las frases. ◆ = *de / del / a / al.*

Ergänze die Sätze mit der richtigen Präposition und versuche ihre Funktion zu erkennen.

1. Graciela invita ◆ sus amigas a tomar algo.
2. Estos son los amigos ◆ hermano de Graciela.
3. Yo doy clases de matemáticas ◆ dos alumnos de mi colegio.
4. Graciela y sus compañeros están en la Plaza de Armas de Cuzco y esperan ◆ la profesora.
5. Esta guitarra no es ◆ Graciela, es ◆ su hermano.
6. Este poncho es ◆ Perú.
7. El día de la fiesta, la gente baila en la plaza ◆ pueblo.
8. Nosotros vamos ◆ colegio en autobús.
9. Graciela cuida ◆ la niña de los Valdivia.
10. Los padres pagan ◆ Graciela el viaje al Perú, pero ella ayuda ◆ sus papás con su dinero.

A 3.13 Con tus propias palabras

a) Escribe lo que sabes de Graciela y su familia o sobre el Perú. Compara con tus compañeros.

Was weißt du noch über Graciela und ihre Familie bzw. über Peru? Schreibe es auf und vergleiche dann mit den anderen.

b) Un e-mail de Merche
Merche es una chica chilena que va a venir a tu casa como alumna de intercambio. Ella te ha escrito este e-mail.

Merche wird als Austauschschülerin nach Deutschland kommen und bei dir wohnen. Sie hat dir diese E-Mail geschickt.

Querida familia en Alemania:

Yo me llamo Mercedes Barrios Guzmán, pero todos me llaman Merche. Tengo 17 años y soy la mayor de 4 hermanos. Soy morena y no muy alta. Mi padre es funcionario y mi mamá trabaja en casa. Vivimos en Antofagasta, una pequeña ciudad en el norte de Chile. Yo estudio inglés y alemán en mi colegio. Todavía no hablo muy bien el alemán, pero me gustan mucho los idiomas. También me gusta mucho la música, leer y bailar. Me alegro de poder ir a Alemania y de vivir en casa de ustedes. Hasta pronto.

Besos.
Merche

Du antwortest Merche und schickst ihr eine E-Mail. Du stellst dich vor und erzählst von dir, von deiner Familie, von deiner Schule, von deinen Freunden usw.

A 3.14 ¿Adónde vas? ▶ G 3.6

Formula preguntas con *ir a / ir en*. Tu compañero/a contesta.
Achte auf die richtige Verbform und die passende Präposition.

– ¿Adónde van Ana y Katja?
– Van a la plaza con unos amigos.
– ¿Cómo van?
– A pie.

1. Ana y Katja	la fiesta
2. nosotros	la plaza
3. Miguel	la casa de Ana
4. tú	el colegio
5. muchos alemanes	España
6. ustedes	Cuzco

A 3.15 Vamos a ver ▶ G 3.6

a) **Formula preguntas con *ir a* + infinitivo. Usa diferentes personas. Tu compañero/a contesta.**
Bildet Fragesätze mit ir a + Infinitiv und beantwortet sie mit der gleichen Struktur. Verwendet verschiedene Personen.

¿cuándo? hablar del viaje con tus padres (tú)
– ¿Cuándo vas a hablar del viaje con tus padres?
– Esta tarde voy a hablar con ellos.

¿cuánto?	necesitar dinero para el viaje	
¿a qué hora?	estudiar español hoy	Graciela
¿a quién?	invitar a tu cumpleaños	los hermanos de Graciela
¿cuándo?	dar hoy tu clase particular	ellos / ellas
¿quién?	organizar la fiesta	tú
¿cuánto?	ganar dinero con las clases	vosotros/as
¿cuántos días?	estar en el Perú	
¿cómo?	ir a Machu Picchu	

b) Completa la frase con la estructura del futuro próximo.
Ergänze die Aussage mit der richtigen Form der nahen Zukunft.

1. Katja estudia mucho, pronto – hablar – el español perfectamente.
2. ¿No – invitar (tú) – a Javier a tu cumpleaños?
3. ¿Qué cosas – llevar (nosotros) – para el viaje?
4. ¿Qué orquesta – tocar – en la fiesta este año?
5. Si regresan ustedes tarde de la discoteca, mañana – estar – muy cansados.

c) ¿Qué vais a hacer?
Sprecht über eure Pläne oder Vorhaben in naher Zukunft.

mañana | el fin de semana | el día de tu cumpleaños | esta tarde | después de clase

A 3.16 Todo oídos. Una postal desde el Perú

a) Graciela ha escrito una postal a su amiga Pamela desde el Perú. Escucha lo que escribe Graciela y contesta luego las preguntas. No tienes que entender todo.
Graciela hat ihrer Freundin Pamela eine Ansichtskarte aus Peru geschickt.
Hör dir den Text an und beantworte dann die Fragen.
Du musst nicht jedes Wort verstehen.

1. ¿Dónde está Graciela?
2. ¿Cómo es la guía?
3. ¿Por qué están contentos Graciela y sus compañeros con la guía?
4. ¿Qué va a comprar Graciela en el mercado?
5. En Cuzco hay muchos turistas, ¿son todos gringos?
6. ¿Cuándo van a ir a Machu Picchu? ¿Van a ir en autobús?

b) Ahora escribes tú una postal a un/a amigo/a que habla español y le cuentas algo de tu ciudad.
Nun schreibst du einem spanischsprechenden Freund bzw. einer Freundin eine Ansichtskarte von deiner Stadt und erzählst etwas darüber.

A 3.17 Las técnicas modernas tienen sus ventajas

Buscad en Internet o en otras fuentes más información sobre el Perú y presentadla en clase.
Sucht im Internet oder in anderen Quellen weitere Informationen über Peru und stellt das Ergebnis im Unterricht vor.

E 3 Esto te ayuda …

para preguntar por el estado de ánimo y la salud fragen, wie es jdm. geht	¿Cómo estás? ¿Cómo está usted? ¿Cómo estáis? ¿Cómo están ustedes?
para preguntar por la hora nach der Uhrzeit fragen	¿Qué hora es, por favor?
para preguntar a qué hora es algo fragen, um wie viel Uhr etwas geschieht	¿A qué hora llega Miguel? ¿A qué hora es el baile?
para preguntar si algo gusta o no fragen, ob etwas gefällt oder nicht	¿A ti te gusta(n) …? – Sí, a mí me gusta(n) (mucho). – No, a mí no me gusta(n) (nada).
para preguntar la fecha del cumpleaños nach dem Geburtstag fragen	¿Cuándo es tu cumpleaños? ¿Qué día es tu cumpleaños? – Mi cumpleaños es el doce de mayo.
para preguntar por planes futuros nach Zukunftsplänen fragen	– ¿Qué vas a hacer mañana / esta tarde? Voy a ir a la discoteca con unos amigos.
cuando no se sabe la respuesta wenn man die Antwort nicht weiß	No sé. Lo siento, no lo sé. Creo que sí. / Creo que no.

G 3.1 La hora — Die Uhrzeit

¿Qué hora es?
Wie viel Uhr ist es?

Es la una menos cuarto.
Es ist Viertel vor eins.

Es la una y veinticinco.
Es ist fünf vor halb zwei.

Son las cuatro y media.
Es ist halb fünf.

Son las cinco en punto.
Es ist genau fünf Uhr.

en punto

menos cuarto

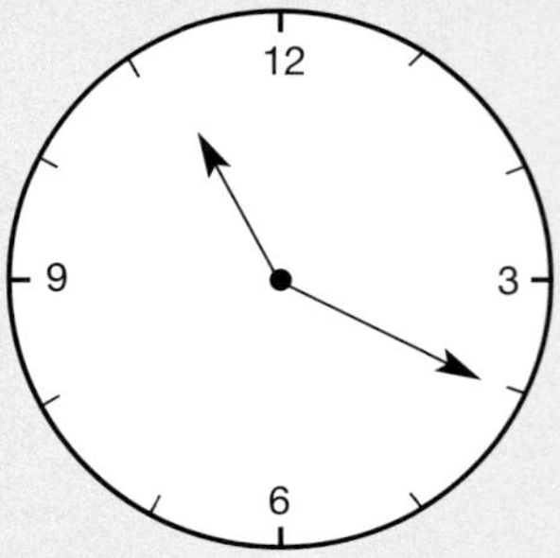

y cuarto

y media
Son las once **y** veinte.

¿A qué hora?
Um wie viel Uhr?

A la una y cuarto.
Um Viertel nach eins.

A la una y media.
Um halb zwei.

A las tres y veinte.
Um zwanzig nach drei.

A las doce menos cinco.
Um fünf vor zwölf.

10:05	Son las diez y cinco **de la mañana**.
12:45	Es la una menos cuarto **de la tarde**.
21:25	Son las nueve y veinticinco **de la noche**.

G 3.2 El verbo *estar* — Das Verb estar

estoy **estás** **está** **estamos** **estáis** **están**	Miguel está content**o**. Graciela está cansad**a**. Nosotros estamos invitad**os**.	In Verbindung mit **estar** richtet sich das **Adjektiv in Geschlecht und Zahl** nach dem Substantiv.

G 3.3 El uso de *ser* y *estar* — Der Gebrauch von ser und estar

ser

Este chico **es** músico.	➢ Beruf
Toño **es** español, **es** de Trujillo.	➢ Nationalität / Herkunft
Katja no **es** católica.	➢ Religion
La guitarra **es** de Ana.	➢ Besitz
Carmen **es** joven y muy simpática.	➢ Charaktereigenschaften / Erkennungsmerkmale
¿Qué hora **es**? – **Son** las dos.	➢ Uhr-, Tages- und Jahreszeit

estar

Trujillo **está** en Extremadura. Los chicos **están** en la plaza.	➢ Ortsangabe
Graciela **está** cansada. Nosotros **estamos** contentos.	➢ Zustand / Befinden
Los Valdivia **están** invitados a una fiesta.	➢ Ergebnis einer Handlung

G 3.4 Los números cardinales (II) Die Grundzahlen

21 **veintiuno/a**	30 **treinta**
22 **veintidós**	31 **treinta y uno/a**
23 **veintitrés**	32 **treinta y dos**
24 **veinticuatro**	--------------------
25 **veinticinco**	40 **cuarenta**
26 **veintiséis**	50 **cincuenta**
27 **veintisiete**	60 **sesenta**
28 **veintiocho**	70 **setenta**
29 **veintinueve**	80 **ochenta**
	90 **noventa**

Beachte die Endung bei Zahlen, die auf **eins** enden:

21 días = veinti**ún** días
21 noches = veinti**una** noches
31 chicos = treinta y **un** chicos
31 chicas = treinta y **una** chicas

Die Grundzahlen (I) ▶ G 1.7 / Die Grundzahlen (III) ▶ G 4.6

G 3.5 Las preposiciones *a* y *de* Die Präpositionen a und de

Graciela espera **al** alumno de matemáticas. Toño invita **a** sus amigos a su cumpleaños. Ana presenta **a** Katja.	**a**	➢ **direktes** Objekt bei Personen[1] (wen?)
Graciela da clase **a** dos chicos.		➢ **indirektes** Objekt (wem?)
Vamos **a** la universidad.		➢ **Richtung** (wohin?)
La fiesta es **a** las ocho.		➢ **um** (Uhrzeit) (a + el → **al**)
La guitarra es **de** Miguel.	**de**	➢ **Besitz**
Katja es **de** Colonia.		➢ **Herkunft**
Este señor es el padre **del** chico.		➢ entspricht dem deutschen **Genitiv** (de + el → **del**)

1 Joven familia busca niñera para los fines de semana.
Wenn es sich um unbekannte Personen handelt (z. B. bei Anzeigen), entfällt das **a**.

G 3.6 El verbo *ir* Das Verb ir

voy **vas** **va** **vamos** **vais** **van**	Voy **a** la Plaza de Armas.	➢ **ir a + Substantiv** (zur Angabe des Ziels)
	Vamos **a** preparar el viaje. Vas **a** sacar malas notas.	➢ **ir a + Infinitiv** (Absicht / wollen / nahe Zukunft = Ersatz für Futur)
	Graciela va **a** Cuzco **en** avión	➢ **ir en coche / tren / autobús / avión** mit dem Auto / Zug / Bus / Flugzeug fahren
	– ¿Vais **a pie**? – Sí, **vamos andando.**	➢ **ir a pie / ir andando** zu Fuß gehen

Ausdruck: **vamos a ver** = mal sehen

Unidad 4

Sola en el extranjero

La Mezquita de Córdoba, construida entre los años 758 y 793. En el centro de la Mezquita hay una catedral católica construida por los cristianos en el siglo XVI.

Un patio andaluz.

El puente romano sobre el Guadalquivir.

Bettina llega a Córdoba

Bettina es alemana, tiene 17 años y vive con su madre en Múnich. Sus padres están separados. Estudia español en su colegio y en las vacaciones de verano va a hacer un curso de tres semanas en una escuela de idiomas de Córdoba para aprender mejor el español. Es la primera vez que va sola al extranjero y está algo nerviosa. Va a vivir en casa de la familia Quintero.
Durante el viaje lee una revista y escribe algunas cosas en su diario. Desde el aeropuerto de Málaga envía por el móvil un mensaje a su mamá. Cuando llega a Córdoba, baja del autobús. Coge la mochila y sale de la estación para ir a casa de los Quintero. Va andando porque no tiene dinero para un taxi. Saca el plano de Córdoba y busca la calle, pero tiene problemas. Después de media hora, pregunta a una chica que pasa por allí.

Bettina ¿La calle Manolete, por favor?
Chica 1 Lo siento, no soy de aquí.

Poco después pregunta a otra chica.

Chica 2 ¿Qué calle buscas?
Bettina La calle Manolete.
Chica 2 Manolete … Manolete …. Ah, sí, ya sé. No está muy lejos, a unos doscientos o trescientos metros de aquí. Mira, útomaslaprimerabocacallealaizquierdayluegosiguestodorectohastaqueveasunaplazaconunaestatua…
Bettina Perdón, no comprendo, más despacio por favor …
Chica 2 ¡Ah, eres extranjera! Perdona. … Mira, …. tú tomas esta primera calle a la izquierda hasta el puente del Guadalquivir, … pasas el puente y luego …. y luego preguntas otra vez.
Bettina Gracias.
Chica 2 Venga. ¿Qué haces en Córdoba? ¿Turismo?
Bettina No, voy a hacer un curso de español.
Chica 2 Ah, qué bien. Pues nada, suerte.

Conviene saberlo
La familia Quintero vive en el número 49, 4° A.

Wenn du jemanden in Spanien besuchen willst, musst du außer dem Straßennamen und der Hausnummer auch die Nummer und den Buchstaben der Wohnung kennen, da an der Haustür üblicherweise kein Name steht.

En casa de los Quintero

Bettina llega por fin a la calle Manolete. Los Quintero viven en el número 49, 4° A. Bettina toca el timbre. Se oye una voz por el telefonillo.

Voz: Síííí....
Bettina: Hola, soy Bettina, la chica alemana.
Voz: Ah, sube, hija, sube. Vivimos en el cuarto derecha.

Bettina abre la puerta y sube en el ascensor. La señora ya está esperando delante de la puerta. Saluda a Bettina con un beso.

Rosa: Bienvenida a Córdoba y a nuestra casa.
Bettina: Gracias.
Rosa: Pasa, pasa. ... Yo me llamo Rosa, y tú ... Bettina, ¿verdad?
Bettina: Sí.
Rosa: ¡Juliaaa! ... ¡Borjaaaa! .... Son mis hijos. Están viendo la tele, una serie que ponen todos los sábados. En vez de estudiar, están toda la tarde delante de la tele.

Llegan Julia y Borja.

Rosa: Mira, esta es Julia y este es Borja.
Julia y Borja: Hola.
Julia: ¿Qué tal el viaje?
Bettina: Bien.
Rosa: ¿Estás cansada?
Bettina: Sí, un poco.
Rosa: ¿Tienes hambre? ... ¿Quieres comer algo?
Bettina: No, gracias, sólo tengo sed.
Rosa: ¿Qué quieres? ¿Una coca-cola, un zumo de naranja, un vaso de leche...?
Bettina: Un vaso de agua, por favor.

Rafael Quintero Lorca
Rosa Fontana Galadí
c./Manolete, 49, 4°A
14635 Córdoba
Tel. 957/678403

Conviene saberlo
No llevan el mismo apellido

In Spanien haben Eheleute unterschiedliche Nachnamen. Auf Visitenkarten stehen die Nachnamen beider Eheleute.

Bei der Vorstellung als Ehepaar wird der erste Nachname des Mannes als Familienname genannt: *Los señores Quintero.*

A4.1 ¡Qué preguntas!

Contesta las preguntas sobre los textos.

Bettina llega a Córdoba

1. ¿Por qué vive Bettina sólo con su mamá?
2. ¿Por qué va Bettina a Córdoba?
3. ¿Por qué está nerviosa?
4. ¿Va a vivir en un hotel?
5. ¿Cómo va Bettina desde Alemania hasta Málaga?
6. ¿Qué hace Bettina durante el viaje?
7. ¿Qué problema tiene cuando llega a Córdoba?
8. ¿Qué hace para llegar a la calle que busca?
9. ¿Cómo habla la chica?
10. ¿Por qué otra ciudad de Andalucía pasa el Guadalquivir? Mira el mapa del libro.

En casa de los Quintero

1. ¿Dónde vive la familia Quintero?
2. ¿Cómo sube Bettina al piso?
3. ¿Cómo saluda doña Rosa a Bettina?
4. ¿Tienen hijos los señores Quintero?
5. ¿Por qué no quiere comer Bettina?
6. ¿Qué quiere beber Bettina?

Conviene saberlo
Un vaso de agua

Wenn du bei einer spanischen Familie zu Besuch bist und um Wasser bittest, erhältst du oft Leitungswasser. Spanier mögen in der Regel kein Mineralwasser mit Kohlensäure. Wenn ein spanischer Gast dich um ein Glas Wasser bittet und du kein stilles Wasser da hast, kannst du ruhig Leitungswasser bringen.

A4.2 Perdón, me he equivocado ▶ G 3.4

Llamas a un amigo / una amiga, pero te equivocas.
Du rufst einen Freund / eine Freundin an, aber du verwählst dich.

riiing … riiing … riiing
Isabel ¡Diga!
Voz Hola, ¿está Julia?
Isabel ¡Julia? Oye, aquí no vive ninguna Julia.
Voz ¿Ah no? ¿No es ese el número [4 93 56 02] cuatro, noventa y tres, cincuenta y seis, cero dos?
Isabel No, no, qué va. Este es el [4 93 65 02] cuatro, noventa y tres, sesenta y cinco, cero dos.
Voz Uy, perdona, me he equivocado.
Isabel Vale, no importa.

	gewählte Nr.	richtige Nr.
1. Toño	5 80 31 74	5 08 31 64
2. Julia	2 57 91 06	2 57 80 16
3. Graciela	76 31 08	76 21 18
4. Borja	3 49 45 93	3 49 55 63

Beachte:
Die Telefonnummern werden in der Regel paarweise angegeben. Bei ungerader Ziffernfolge steht die erste Ziffer allein.

A4.3 Hoy no, mañana ▶ G 3.6

Formulad pequeños diálogos con *ir a* + infinitivo.
Formuliert mit den folgenden Angaben kleine Dialoge in der nahen Zukunft.

> ¿cómo? – ir – Bettina – Córdoba? – avión
> – ¿Cómo va a ir Bettina a Córdoba?
> – Creo que va a ir en avión.

	1. Bettina – hacer – un curso de español	Córdoba
¿dónde?	2. Julia y Borja – estudiar	después de ver la tele
¿cuándo?	3. Vosotros – pasar – las vacaciones	Trujillo
¿a qué hora?	4. Vosotros – estar – en casa mañana por la tarde	18.30
¿qué?	5. Bettina – vivir – en Córdoba	los Quintero
	6. Tú – tomar – un café o una coca-cola	coca-cola

Conviene saberlo
Para tomar un taxi

Wenn du in Spanien ein Taxi nimmst, steige immer hinten ein.
Es ist nicht üblich, neben dem Fahrer zu sitzen, es sei denn, es fahren mehr als zwei Personen mit.

A4.4 Tenemos que estudiar ▶ G 4.1 / 4.2

a) **Formula frases afirmativas o negativas con *tener* o *tener que*.**
Bilde bejahte oder verneinte Sätze mit tener oder tener que.

		estudiar más
		una moto
		invitar a tus amigos
¿quién?		un regalo para ti
los señores Quintero		dos hijos
Bettina	tener	vacaciones en agosto
yo		18 años
Julia	tener que	hambre
ustedes		esperar a Bettina
nosotros		clase de español
tú		una mochila muy moderna
		comprar un regalo para Julia
		un piso cerca del Guadalquivir

b) **Escribe tú ahora lo que tienes que hacer durante el día o durante la semana.**

c) **Compara ahora con tu compañero/a.**

A4.5 ¿Cuántos kilómetros hay de … a …?

Elige dos ciudades del mapa. Pregunta a tu compañero/a dónde están y a cuántos kilómetros está una de otra.

Wähle zwei Städte auf der Karte. In welchem Land liegen sie und wie weit sind sie voneinander entfernt?

Buenos Aires – Montevideo
– ¿Dónde está Buenos Aires?
– En la Argentina.
– ¿Y Montevideo?
– Montevideo está en Uruguay.
– ¿Cuántos kilómetros hay de Buenos Aires a Montevideo?
– De Buenos Aires a Montevideo hay 225 kilómetros.

Distancias aproximadas entre algunas ciudades:

Quito – Cuzco	1.590 km
Caracas – Ciudad de México	4.200 km
Buenos Aires – Santiago	1.130 km
Buenos Aires – Punta Arenas	2.240 km
La Habana – Ciudad de Panamá	1.560 km
Bogotá – La Paz	2.360 km
Montevideo – Asunción	1.100 km
Tegucigalpa – Santo Domingo	1.950 km
Santiago – La Paz	1.780 km
San Juan – La Habana	1.690 km

A4.6 ¿A qué hora comemos hoy? ▶ G4.3 / 4.4

a) **Formula preguntas. Tu compañero/a contesta con frases completas.**
Fragt euch gegenseitig, um wie viel Uhr etwas stattfindet und antwortet in ganzen Sätzen.

1. comer – los españoles	(entre … 13.00 y … 15.00)
2. salir – el autobús para Córdoba	(13.30)
3. tener (tú) – clase hoy	(de 8.15 a 14.10)
4. ir – Graciela a casa de los Valdivia	(21.00)
5. ver (vosotros) – la tele normalmente	(de 21.30 a 23.30)
6. coger – ustedes – el autobús	(6.20)

b) **¿Cómo es el horario en tu colegio, en tu casa, en tu país, etc.? Habla con tu compañero/a.**

A 4.7 Bien dicho ▶ G 4.1 / 4.2 / 4.3 / 4.4

Con los siguientes elementos hacemos frases.
Después comparamos con los demás.
Bilde aus den folgenden Elementen so viele Sätze wie möglich.
Vergleicht eure Sätze miteinander.

		tomar	sed
en Alemania		tener	al piso en el ascensor
yo		saber	tocar la guitarra
vosotros/as		vivir	música clásica
él / ella		ver	a las doce o doce y media
nosotros/as	(no)	oír	el autobús para ir a Córdoba
Bettina		comer	una serie americana en la tele
los señores Quintero		abrir	la nueva lección de español
		hacer	en el cuarto piso
		subir	un curso de español
		aprender	la puerta del piso

A 4.8 Un mundo de fantasía

Elige un objeto y escribe con tu compañero/a un texto o diálogo fantástico sobre este objeto. Utilizad los verbos indicados. (10 minutos)
Wählt einen Gegenstand und erfindet dazu eine kurze Geschichte bzw. einen Dialog.
Verwendet u.a. die angegebenen Verben.
Ihr habt 10 Minuten Zeit.

leer
ver
hacer
oír

A 4.9 ¿Qué estás haciendo? ▶ G 4.7

Was antworten die Personen am Telefon?

A4.10 Todos los días voy al colegio ▶ G 4.5

Completa las frases. ◆ = *todo el / toda la / todos los / todas las*

1. Cuando llega a casa de los Quintero, Bettina saluda a ◆ familia.
2. Borja estudia matemáticas ◆ tardes.
3. ◆ extranjeros que van a Córdoba visitan la Mezquita.
4. Bettina no comprende ◆ palabras en español.
5. ◆ días mando un mensaje a mi mamá, dice Bettina.
6. Los chicos están en el colegio ◆ mañana.
7. Borja y Julia ven la serie americana ◆ días.
8. Nosotros no estamos ◆ día delante de la tele.
9. No ◆ jóvenes van los fines de semana a la discoteca.
10. Bettina lee durante ◆ viaje.

A4.11 Oiga, por favor, ¿sabe usted dónde está …?

Pregunta a tu compañero/a por el camino.

Erkundige dich nach dem Weg.

– Perdona, ¿para ir a la estación de autobuses?
– Sí. Mira, tomas la primera a la izquierda hasta el semáforo; allí giras a la derecha y luego sigues todo recto hasta el final de la calle. Allí está la estación de autobuses.
– Gracias.
– Venga, de nada.

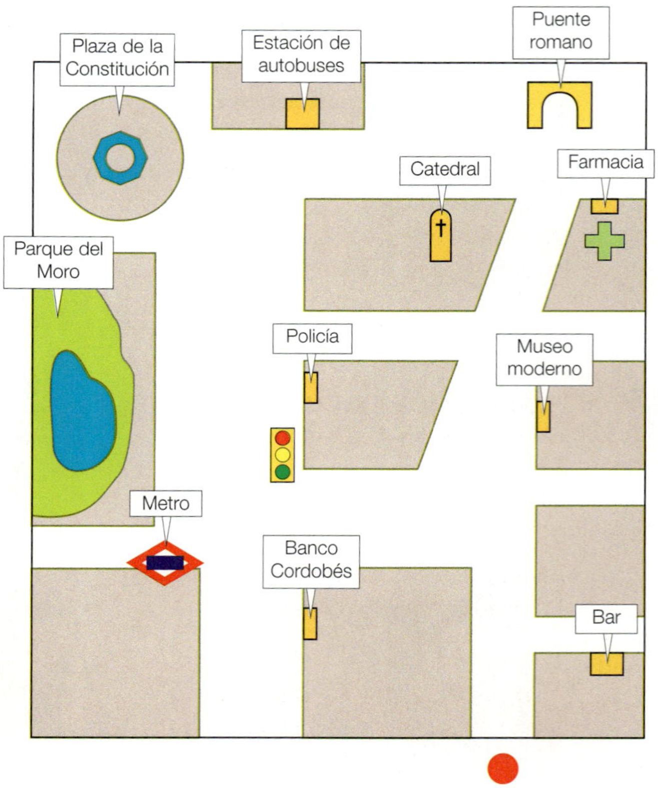

tomas	la primera a la derecha la segunda a la izquierda la tercera a la derecha la cuarta a la izquierda
pasas	por delante de el puente
vas hasta	el final de la calle el semáforo
giras	a la izquierda a la derecha
sigues todo recto	

a la izquierda — todo recto — a la derecha — el semáforo

A4.12 **Se busca**

a) **Tú inventas datos sobre estas personas.**
Macht Angaben über diese Personen (Name, Alter, Nationalität, Wohnort, Eigenschaften).

b) **Pregunta a tu compañero/a qué datos tiene y compara.**

c) **Una de tus personas habla con una de tu compañero/a. Escribid juntos el diálogo.**

E4 **Esto te ayuda ...**

para preguntar por una calle o dirección nach einer Straße oder Adresse fragen	Por favor, ¿para ir a ... ? Por favor, ¿dónde está ... ? ¿La calle ... por favor?
para indicar que no se sabe algo sagen, dass man etwas nicht weiß	Lo siento, no lo sé. Lo siento, no soy de aquí. Lo siento, no conozco esta ciudad.
pedir a alguien que hable más despacio jdn. bitten, langsamer zu sprechen	Más despacio, por favor, no comprendo. Perdón, más despacio, no te comprendo.
para dar la bienvenida a alguien jdn. willkommen heißen	Bienvenido/a. Bienvenidos/as.
para preguntar en general sich erkundigen, wie etwas war	¿Qué tal | el viaje? la clase? hoy?
para ofrecer algo de comer o beber jdm. etwas zu essen oder zu trinken anbieten	¿Tienes hambre, quieres comer algo? ¿Tienes sed, quieres beber algo? ¿Qué quieres beber?
para manifestar agrado Wohlgefallen ausdrücken	¡Qué bien!
para preguntar la edad jdn. nach dem Alter fragen	¿Cuántos años tienes? ¿Cuántos años tiene usted?
para desear suerte jdm. Glück wünschen	¡Pues nada, suerte!

G4.1 El verbo *tener* Das Verb tener

tengo tienes tiene tenemos tenéis tienen	No **tengo** problemas. **Tenemos** hambre. Mis padres también **tienen** móvil. ¿Cuántos años **tienes**? **Tengo** 16 años. Bettina **tiene** 17 años.	➢ **haben / besitzen** ➢ **Angabe des Alters: tener** + Anzahl der Jahre **Beachte:** Die **Betonung** liegt auf der unterstrichenen Silbe

G4.2 *tener que*

Tengo que estudiar español. **Tienes que ver** Córdoba de noche.	➢ **tener que + Infinitiv** = müssen

G4.3 La segunda y tercera conjugación Die Verben auf -er und -ir

comer	vivir	
como comes come comemos coméis comen	vivo vives vive vivimos vivís viven	**Beachte:** Die Betonung liegt auf der unterstrichenen Silbe.

G4.4 Die Verben saber / ver / hacer / poner / coger / oír

saber	ver	hacer	poner	coger	oír	
sé sabes sabe sabemos sabéis saben	**veo** ves ve vemos veis ven	**hago** haces hace hacemos hacéis hacen	**pongo** pones pone ponemos ponéis ponen	**cojo** coges coge cogemos cogéis cogen	**oigo** **oyes** **oye** oímos oís **oyen**	**Beachte die 1. Person Singular** Bei **oír** wird außerdem **i** zu **y,** wenn es unbetont zwischen zwei Vokalen steht.

G4.5 *toda la tarde – todos los sábados* ganz / alle

Mañana tengo clase **todo el día**. Están **toda la tarde** delante de la tele. **Todos los sábados** vemos esta serie. **Todas las chicas** de mi curso son altas.	Nach **todo/a, todos/as** steht das Substantiv mit Artikel. **todo el / toda la** = *ganz* **todos los / todas las** = alle bzw. jede/r/s

G4.6 *medio y otro* — Der Gebrauch von medio/a und otro/a

Después de **media hora**, pregunta a una chica. Luego pregunta **a otra** chica. **La otra** chica sí sabe dónde está la calle Manolete.	Bei **medio/a** und **otro/a** entfällt der unbestimmte Artikel. Der bestimmte Artikel kann stehen.

G4.7 El presente continuo: *estar* + gerundio — Die Verlaufsform

Bettina **está mirando** el plano de Córdoba. Borja y Julia **están viendo** la tele. Rosa **está abriendo** la puerta del piso.	**estar + gerundio = Verlaufsform** Die Verlaufsform bezeichnet eine Handlung, die gerade bzw. zur Zeit stattfindet. Das gerundio ist **unveränderlich.**

Bildung des Gerundio

mir**ar**	→ mir**ando**	Verben auf **-ar** → **-ando**
com**er**	→ com**iendo**	Verben auf **-er** / **-ir** → **-iendo**
abr**ir**	→ abr**iendo**	
le-er	→ leyendo	**Beachte:** Bei Verben auf **-er** und **-ir**, deren **Stamm auf Vokal** endet, wird das gerundio mit **-y-** geschrieben:
cre-er	→ creyendo	Bettina está leyendo una revista.
o-ír	→ oyendo	

G4.8 Los números cardinales (III) — Die Grundzahlen

100 cien	**cien** (genau 100)
101 ciento un/o/a	**ciento** (von 101–199)
105 ciento cinco	Vergleiche: 100 € = **cien** euros
145 ciento cuarenta y cinco	160 € = **ciento** sesenta euros
	Die **Hunderter ab 200** sind **veränderlich**:
200 doscient**os/as**	doscient**os** alumn**os**
300 trescient**os/as**	trescient**as** págin**as**
400 cuatrocient**os/as**	cuatrocient**as** person**as**
500 quinientos/as	quinient**os** libr**os**
600 seiscient**os/as**	
700 setecient**os/as**	
800 ochocient**os/as**	
900 novecient**os/as**	
1.000 mil	**mil** ist **unveränderlich:**
1.001 mil uno	4.500 cuatro **mil** quinientos habitantes
2.000 dos mil	Beachte die Schreibweise: Je drei Ziffern werden
3.000 tres mil	durch Punkt getrennt.
100.000 cien mil	100.000 € = **cien mil** euros
1.000.000 un millón (de…)	
100.000.000 cien millones (de…)	100.000.000 € = **cien millones de** euros

Die Grundzahlen (I) ▶ G 1.7 / Die Grundzahlen (II) ▶ G 3.4

Unidad 5

El primer día en Córdoba

Bettina y Julia se hacen amigas

Julia y Bettina en seguida se hacen amigas. Después de saludarla y de charlar un rato con ella, Julia la acompaña a su habitación.

Julia Mira, el baño está aquí, enfrente de la cocina. Y esta es tu habitación. ¿Qué te parece? ¿Te gusta?

Bettina Sí.

Julia Pero ¿te gusta de verdad?

Bettina Sí, sí, me gusta mucho.

Julia Ah, para cerrar la puerta hay que empujar un poco. Mi padre siempre dice que va a arreglarla, pero nunca tiene tiempo.

Bettina No importa.

Julia Y a propósito de cerrar, todavía no tienes las llaves de casa, ¿verdad?

Bettina No, todavía no.

Julia Espera un momento. …… Mamááá, ¿dónde están las llaves de casa para Bettina?

Mamá *(desde el fondo)* En el salón, al lado del teléfono.

Julia va al salón y regresa con las llaves en la mano.

Julia Aquí las tienes. Esta es para la puerta de la calle y esta otra para el piso. Bueno, pues ya ves lo que hay: una cama, un armario para la ropa, una mesa, una cadena …

Bettina ¿Una cadena? No comprendo.

Julia Un equipo de música. ¿Cómo se dice en alemán, *miusic*?

Bettina *Stereoanlage.*

Julia ¿Estero…qué? ¡Qué palabras más raras tenéis en alemán! Bueno, pues ahora me voy y te dejo sola. Seguramente quieres ducharte y descansar un rato. Todavía hace mucho calor. Luego damos una vuelta por el centro, tienes que ver Córdoba de noche. Es preciosa.

Siempre lo que tú quieres

A las ocho y media de la noche llega Borja de entrenar. Es el portero del equipo de fútbol del colegio. Todos los sábados tienen entrenamiento. Tira la bolsa y las zapatillas de deporte en el pasillo y se mete en la ducha.

Mamá *(delante de la puerta del baño)* Pero, Borja, hijo, ¿cuántas horas necesitas para ducharte? Anda, cierra ya el agua, que hay poca y es cara.

Después de ducharse, Borja sale del baño y se sienta en el sofá al lado de Julia y Bettina. Bettina y Julia están viendo la televisión. Bettina no entiende mucho, pero el programa tampoco es tan interesante. Borja coge el mando y cambia de canal.

Julia ¡Ehhhh, oye, guapo, que estamos viendo un concurso!

Borja Pero es que en Telecinco ponen el partido Barça – Madrid. Comienza ahora mismo.

Julia Ah, ¿y a mí qué? Venga, dame el mando.

Borja ¡Jo, tía, aquí siempre tenemos que ver lo que tú quieres!

Julia Y tú sólo piensas en el fútbol. Venga, dame el mando.

Borja ¡Toma, pesada! .... ¿Está ya la cena, mamá?

Mamá Sí, ahora mismo. Estoy terminando de hacer la tortilla. Ya podéis sentaros a la mesa.

Los tres se levantan del sofá y se sientan a la mesa.

En cada país sus costumbres

Borja ¡Hmmm, tengo un hambre ....! ¿Y tú, Bettina?

Bettina Sí, yo también. Ya es bastante tarde.

Julia ¿Tarde? ¿Pues a qué hora cenáis en Alemania?

Bettina A las siete o así.

Borja ¿A las siete? ¿Tan pronto? ¿Y qué cenáis?

Bettina No cenamos tortilla, cenamos otras cosas, pero no sé las palabras en español.

Julia Ah, pues tienes que aprenderlas: jamón, queso, chorizo ... ¿Cenáis jamón y queso?

Bettina Sí, jamón, queso y otras cosas, pero no sé decirlas en español.

Borja Y bebéis cerveza, claro.

Bettina ¿Por qué todos piensan que sólo bebemos cerveza? No es verdad. En mi casa bebemos agua mineral o té.

Borja ¿Té? ¿Bebéis té con la comida?

Bettina Sí, en mi casa sí. Y el pan tampoco es como aquí.

Borja ¿Ah no? ¿Cómo es?

Bettina Negro.

Borja ¿Pan negro, té y clima frío? Yo creo que nunca voy a ir a Alemania.

A 5.1 ¡Qué preguntas!

Contesta las preguntas sobre los textos.

Bettina y Julia se hacen amigas

1. ¿Qué pasa con Julia y Bettina?
2. ¿Dónde está el baño en casa de los Quintero?
3. ¿Qué pasa con la puerta de la habitación?
4. ¿Por qué no la arregla el papá de Julia?
5. ¿Cuántas llaves necesita Bettina y para qué?
6. ¿Qué le parece a Julia la palabra "Stereoanlage"?
7. Bettina está cansada del viaje, ¿qué hace?
8. ¿Para qué dan una vuelta por el centro?
9. ¿Cómo es la temperatura cuando Bettina llega a Córdoba?
10. ¿Está Julia toda la tarde con Bettina en su habitación?

Siempre lo que tú quieres

1. ¿Qué hace Borja todos los sábados?
2. ¿Por qué debe cerrar Borja el agua en la ducha?
3. ¿Tienes tú en tu casa ese problema?
4. ¿Qué hace Borja cuando llega al salón?
5. ¿Por qué protesta Julia?
6. ¿Qué programa quiere ver Borja?
7. ¿Para qué necesitamos un mando?
8. ¿Qué hacen los chicos después de ver el concurso en la tele?

En cada país sus costumbres

1. ¿Qué hacemos cuando tenemos hambre?
2. ¿A qué hora cenan en casa de los Quintero?
3. ¿A qué hora cenáis en tu casa?
4. ¿Por qué no dice Bettina las cosas que ella cena en Alemania?
5. ¿Qué piensan los españoles de los alemanes?
6. ¿Cómo es el pan en España y cómo en Alemania?
7. ¿Qué beben en casa de los Quintero para cenar?
8. ¿Por qué no quiere ir Borja a Alemania?

Conviene saberlo
¿A qué hora cenáis en Alemania?

Die Essenszeiten und -gewohnheiten in Spanien und Deutschland unterscheiden sich sehr. In Spanien spielt das Frühstück kaum eine Rolle. Es besteht lediglich aus Café mit Keksen, Toast oder **churros** und wird oft in einer Bar eingenommen. Das Mittagessen ist gewöhnlich zwischen 13 und 15 Uhr, das Abendessen nie vor 20 Uhr, eher gegen oder sogar nach 21 Uhr.

!¡ ¡Tenlo en cuenta!
El agua es cara y hay poca.

Beginnt ein feminines Substantiv mit **a** oder **ha** bei Betonung auf der ersten Silbe, so steht im Singular der maskuline Artikel: **el agua**.
Das Adjektiv behält die feminine Endung:
el agua fría (das kalte Wasser) – **el hacha pequeña** (das kleine Beil).
Im Plural bleibt der feminine Artikel: **las aguas sucias** (Abwasser).

Ausnahme: Der Buchstabe **h** steht mit dem femininen Artikel: **la hache**.

A 5.2 La vida es muy diferente ▶ G 4.3 / 4.4

a) Este es el correo electrónico o *emilio* que Juanjo, un chico español que está haciendo un curso de alemán en Berlín, manda a sus padres. Formula tú su texto.

Juanjo macht gerade in Berlin einen Deutschkurs.
Er schickt eine E-Mail an seine Eltern. Formuliere sie.

Queridos papás:

(Estar, yo) bien. La familia (ser) muy maja. (Vivir, ellos) en un piso muy bonito y grande. También mi habitación (ser) grande con una cama enorme. Thomas y Anja, los dos hijos, (saber) hablar un poco de español. La madre, la Sra. Fischer, no (hablar) castellano. Con ella (tener, yo) que hablar siempre en alemán, pero a veces no me (comprender, ella). (Comer, nosotros) a las doce y (cenar, nosotros) a las seis. La comida no me (gustar) mucho, no (ser) como en España. Aquí sólo (comer, ellos) un plato y no tres como (comer) nosotros. Además casi no (comer, ellos) pan blanco y en las comidas (tomar, ellos) té o (beber, ellos) agua mineral ¡con gas!

Sólo (preguntar, ellos) una vez si (querer, tú) más. La señora Fischer no (ser) como mamá, que pregunta mil veces si (querer, tú) más, si todavía (tener, tú) hambre. No, aquí sólo (preguntar, ellos) una vez y ya está.

Me (levantar) todos los días a las seis y media y (desayunar, yo) a las siete. Ellos (desayunar) mucho, pero yo no. No me (gustar) mucho el café alemán, pero el *muesli* sí. Vosotros ya (saber) qué es el *muesli*, ¿no? (Estudiar, yo) mucho y (estar, yo) contento aquí. Ya (saber) decir muchas cosas en alemán. Hasta pronto.

Un abrazo
Juanjo

b) Lee otra vez el *emilio* de Juanjo y apunta todas las cosas que según él son diferentes en España. Compara con tu compañero/a.

Lies die E-Mail von Juanjo noch einmal und schreibe auf, welche Dinge seiner Meinung nach in Spanien anders sind.

A 5.3 Doña Rosa la saluda con un beso ▶ G.5.2 / 5.3

Dialogamos. En la respuesta usamos el pronombre *lo / la / los / las*.

Fragt euch gegenseitig. Ersetzt in der Antwort die hervorgehobenen Satzteile durch das entsprechende Pronomen und bildet vollständige Sätze.

1. ¿Adónde – acompañar – Julia **a Bettina**? – a su habitación
2. ¿Por qué – invitar – Borja **a sus amigos**? – porque es su cumpleaños
3. ¿Quién – tener – **el mando** de la tele? – Borja
4. ¿Dónde – esperar – Bettina **a sus amigos**? – en la plaza del pueblo
5. ¿Dónde – dejar – Borja **la bolsa de deporte**? – en el pasillo
6. ¿Quién – estar – buscando **las llaves**? – buscando yo
7. ¿Quién – hacer – **la tortilla**? – la madre de Julia
8. ¿Entender – Bettina **lo que dicen en la tele**? – No, …
9. ¿Cuándo – aprender – Bettina **las palabras**? – esta tarde
10. ¿Cómo – saludar – doña Rosa **a Bettina**? – con un beso

A 5.4 Situaciones de la vida diaria

Jorge, un chico español está en Alemania para hacer un curso de alemán. Vive en tu casa. Tú hablas con él en español. ¿Cómo reaccionas tú en las siguientes situaciones?

Jorge, ein Austauschschüler aus Spanien, wohnt bei dir. Du sprichst immer Spanisch mit ihm. Wie drückst du dich aus?

1. El día que llega a tu casa, tú abres la puerta.
2. Tú quieres saber muchas cosas de Jorge, de su familia, de sus hobbies, de su colegio …
3. Tú le enseñas tu casa y su habitación.
4. Tú le explicas cómo se llaman las cosas que hay en la habitación.
5. Es el cumpleaños de Jorge.
5. Jorge te cuenta algo en español y habla muy rápido.
6. Con el álbum de fotos tú presentas a tu familia, a tus amigos, …

A 5.5 En casa de los Quintero

Mira los dibujos y di lo que ves o lo que las personas están haciendo.

Sieh dir die Zeichnungen an und beschreibe, was du siehst bzw. was die Personen tun.

al lado de

encima de

a la izquierda de

a la derecha de

en el suelo

A 5.6 ¿En qué piensas? ▸ G 5.7

Completad los diálogos.

1.
– Bettina, ¿cuándo (pensar) hacer el curso de español?
– (Pensar, yo) hacerlo en agosto, después de final de curso.
– ¿Y (tener, tú) ya el dinero para pagarlo?
– Todavía no, pero ya (comenzar, yo) a ahorrar.

2.
– ¿A qué hora (comenzar) hoy tu entrenamiento, Borja?
– Los sábados (comenzar, nosotros) a las seis y media de la tarde.

3.
– ¿En qué (pensar), Bettina?
– En nada.
– ¿(Querer) ver la tele conmigo?
– ¿Qué (poner)?
– Un concurso.
– Yo seguramente no (entender) nada.
– Sí, seguro que (entender), tú ya hablas bastante bien el español.
Bettina y Julia se (sentar) en el sofá, Julia (encender) la tele
y las dos ven el concurso juntas. Efectivamente Bettina (entender) muy poco.

A 5.7 El que busca, encuentra

a) Busca en los textos de la lección las correspondencias a las partes en cursiva.
Suche in den Lektionstexten die Entsprechung für die kursivgeschriebenen Satzteile.

1. Julia *habla* un rato con Bettina.
2. ¿Qué *opinas de* tu habitación?
3. Espera *un poco*.
4. Un *equipo de música*.
5. *Más tarde* vamos *a ver* el centro.
6. Todos los sábados tiene *que entrenar*.
7. El programa es *bastante aburrido*.
8. Sí, *en seguida* está.
9. Borja *quiere comer*.
10. Julia *va con* Bettina a la habitación.
11. No *tiene importancia*.
12. *Junto al* teléfono.
13. En Córdoba hace *35 grados*.
14. Córdoba es una ciudad *muy bonita*.
15. *Va a* la ducha.
16. *Pone otro* canal.
17. Toma, *antipática*.
18. No es *cierto*.

b) ¿Qué dicen Julia y Borja de Alemania?

c) ¿Qué dicen los alemanes de España y de los españoles?

A 5.8 Tengo que llamar a mi mamá por teléfono ▶ G 5.6

En el texto faltan las preposiciones *por* o *para*.

Im Text fehlen die Präpositionen.

1. La señora Quintero hace una tortilla ◆ la cena.
2. ¿Vamos a Sevilla ◆ la autopista, papá?
3. Borja tiene entrenamiento los sábados ◆ la tarde.
4. Julia compra un CD ◆ su hermano, pero Borja ya lo tiene, Julia va a cambiarlo ◆ otro.
5. Mira, esta llave es ◆ la puerta del piso.
6. Yo mañana tengo clase sólo ◆ la mañana.
7. Bettina hace el curso de español ◆ sacar mejores notas en el colegio.
8. Julia y Bettina dan una vuelta ◆ el centro de Córdoba ◆ ver la ciudad de noche.
9. Muchas gracias ◆ todo, doña Rosa.
10. Julia navega muchas horas ◆ la red.
11. ¿ ◆ quién es este té? – Es ◆ Bettina, ella no bebe vino.
12. Bettina dice que ◆ ella es normal tomar té con las comidas.
13. Borja dice que no quiere ir a Alemania ◆ el clima.
14. Bettina pregunta a una chica ◆ la calle Manolete.
15. Borja quiere una bolsa de deporte nueva ◆ su cumpleaños.
    Ahora hay bolsas muy modernas ◆ treinta o cuarenta euros.

A 5.9 ¿Qué te parece?

Tú formulas una pregunta y tu compañero/a contesta.

– ¿Qué te parece este concurso de la tele?
– Me parece aburrido.

– ¿Qué te parecen mis amigos?
– Me parecen muy simpáticos.

habitación	grande – pequeño/a
familia	caro/a – barato/a
Córdoba	bonito/a – feo/a
la ópera	bueno/a – malo/a
hermano/a	simpático/a – antipático/a
la música pop	interesante – aburrido/a
esta clase	moderno/a – pasado/a de moda
los Beatles	
la ciudad donde vives / estudias	

Conviene saberlo

Están viendo la tele. Ponen el partido Barça – Madrid

In spanischen Familien ist das Fernsehgerät oft den ganzen Tag eingeschaltet, auch wenn niemand hinsieht, sogar während der Mahlzeiten. Die Lautstärke ist nicht gerade gering.

Die bekanntesten spanischen Fußballmannschaften sind *Fútbol Club Barcelona*, genannt *Barça*, und Real Madrid – die ewigen Rivalen.

A5.10 ¿Dónde está la Mezquita, por favor? ▶ G5.5

Tú buscas algo, necesitas algo o quieres saber algo. Formula la pregunta correcta.

– ¿Hay un banco por aquí cerca, por favor?
– Sí, al final de la calle hay uno.
– No, en esta calle no hay bancos.

Para la pregunta:		Para la respuesta:
	las llaves del piso	en el pasillo
	una farmacia	una en la plaza
	el baño	enfrente de la cocina
	el mando de la tele	en el sofá
¿dónde está(n)?	muchos puentes en Córdoba	quince o veinte
¿dónde hay?	hoy para cenar	tortilla y jamón
¿qué hay?	Borja y Julia	en el salón
¿hay?	mis CD	encima de la cama
	vasos para beber agua	en la cocina
	más queso	sí, todavía un poco
	la bolsa de deporte	en la habitación de Borja
	la tortilla	encima de la mesa
	hoy en la tele	un partido de fútbol

A5.11 Formula las frases ▶ G5.1 / 5.7

1. Nosotros – levantarse – todos los días [8.30].
2. Yo – ducharse – antes de ir al colegio.
3. Borja y Julia no siempre – entenderse – bien.
4. ¿Por qué no – lavarse (tú) – las manos?
5. ¿Dónde – sentarse – nosotros? – Yo – sentarse – en el sofá y tú – sentarse – en la silla.
6. – ¿Por qué no – ducharse (vosotros) – en el club? – Porque allí no hay agua caliente. – Pues yo siempre – ducharse – con agua fría.
7. ¿– Sentarse (nosotros) – ya a la mesa? – Sí, ya podéis – sentarse –; en seguida está la cena.
8. – Bueno, adiós, – irse (yo). – ¿Por qué – irse (ustedes) – tan pronto?
9. Todas las personas – lavarse – los dientes antes de ir a la cama.
10. Bettina y Julia – arreglarse – para salir a dar una vuelta por el centro.
11. Pero, Borja, hijo, ¿por qué – levantarse – tan tarde?

A5.12 En Córdoba hace mucho calor

Mira el mapa y di el tiempo que hace en los diferentes países de Europa.

En Córdoba hace buen tiempo.
Hace sol y mucho calor.
Hoy hace 40 grados a la sombra.
En Córdoba llueve poco
y casi nunca nieva.

Temperaturas	
Atenas	36°
Bruselas	14°
Budapest	26°
Estocolmo	8°
Lisboa	28°
Londres	17°
Madrid	34°
Moscú	22°
Oslo	11°
París	15°
Praga	18°
Roma	32°
Viena	24°

hace	frío calor sol viento buen tiempo mal tiempo	llueve está lloviendo nieva está nevando
	25 grados sobre cero 2 grados bajo cero	al sol a la sombra

Conviene saberlo
Estoy terminando de hacer la tortilla.

Je nach dem, in welchem Land man Tortilla bestellt, erhält man etwas völlig anderes: In Spanien wird die Tortilla – aus Kartoffeln, Zwiebeln und Eiern – in der Pfanne zubereitet. Es gibt sie oft zum Abendessen oder als kleinen Imbiss in Bars.

In Mexiko, Zentralamerika und auf den Antillen ist die Tortilla ein Grundnahrungsmittel und dient als Beilage zu anderen Gerichten. Sie ist dünn und besteht aus Maismehl und Wasser ohne Salz.

In Argentinien und Chile ist Tortilla so wie in Spanien, sie kann aber auch ein flaches rundes Brot aus Weizen- oder Maismehl sein.

A5.13 Una receta

Hacemos una tortilla. Aquí tienes la receta.

ingredientes:

patatas (~ 300 gramos)
huevos (4)
cebolla (1)
sal y aceite

Pelas las patatas, las lavas y las cortas como para patatas fritas. Les pones sal. Pelas la cebolla y la cortas en trocitos pequeños. Fríes las patatas y la cebolla en una sartén con bastante aceite. En un plato bates los huevos y les pones sal. Cuando las patatas ya están bien fritas, quitas el resto del aceite y añades los huevos batidos. Con una cuchara o paleta de cocina le das forma. Después de unos minutos le das la vuelta con ayuda de un plato y la dejas unos cinco minutos más sobre el fuego.
¡Ya está! ¡Que aproveche!

TORTILLA DE PATATAS

E5 Esto te ayuda …

para preguntar la opinión
jdn. fragen, ob etwas gefällt oder nicht
¿Qué te parece?
¿Te gusta …?
¿Te gusta de verdad?

para preguntar cómo se dice algo
fragen, wie etwas heißt
¿Cómo se dice … en español?
Se dice ….

para enseñar algo a alguien
jdm. etwas zeigen
Mira, aquí tienes …
Mira, aquí está el / la …
Bueno, ya ves lo que hay …

para demostrar extrañeza
Verwunderung ausdrücken
¡Qué raro!
¡Qué palabras más raras!
¡Qué país más raro!

para preguntar si algo está terminado
fragen, ob etwas fertig / erledigt ist
¿Está la cena?

para manifestar desagrado o enfado
Ärger ausdrücken
¡Uf, qué día! / ¡Vaya día!
¡Uf, qué examen! / ¡Vaya examen!
Siempre hay que hacer lo que tú quieres.
¡Qué pesado/a!

para manifestar indiferencia o desinterés
Gleichgültigkeit ausdrücken
¡Y a mí qué!
A mí no me importa.
A mí me da igual.

para quitarle importancia a una cosa
etwas ist nicht von Bedeutung
No importa.

G5.1 Los verbos reflexivos — Die reflexiven Verben

ducharse	**decidirse**	▶ G 2.3
me ducho	**me** decido	Einige Verben sind im Deutschen reflexiv,
te duchas	**te** decides	im Spanischen nicht und umgekehrt:
se ducha	**se** decide	**sich** ausruhen = **descansar**,
nos duchamos	**nos** decidimos	**levantar*se*** = aufstehen.
os ducháis	**os** decidís	
se duchan	**se** deciden	

afeitarse	sich rasieren	**ducharse**	sich duschen	**mirarse** al espejo	sich im Spiegel betrachten
arreglarse	sich zurechtmachen	**lavarse**	sich waschen		
decidirse	sich entscheiden	**levantarse**	aufstehen		

irse: **ir** wird reflexiv gebraucht, wenn man kein Ziel angibt: **me voy** = ich gehe jetzt

G5.2 El pronombre personal complemento directo — Das Personalpronomen als direktes Objekt

El Sr. Quintero entra en casa y Bettina **lo** saluda.
Borja entra con la bolsa y **la** deja en el pasillo.
¿Quieres venir a Alemania, Borja? **Te** invito.
Bettina, ¿**nos** acompañas luego al centro?

Diese Formen des Pronomens werden **nur in Verbindung mit einem Verb** gebraucht, nie nach einer Präposition.

me	mich	**nos**	uns
te	dich	**os**	euch
lo	ihn / es	**los**	sie *(m.)*
la	sie	**las**	sie *(f.)*

Bis auf **lo** / **la** / **los** / **las** haben die Personalpronomen die gleichen Formen wie die Reflexivpronomen. ▶ G 5.1

G5.3 El pronombre en la frase — Die Stellung des Pronomens im Satz

Doña Rosa **la** saluda con un beso.
Borja toma el regalo de Bettina y **lo** abre.
Julia abre el periódico para leer**lo**.

Das Pronomen steht **vor der konjugierten Verbform** oder wird **an den Infinitiv und das gerundio angehängt.**

No sé las palabras, tengo que aprender**las**.
No sé las palabras, **las** tengo que aprender.
La Sra. Quintero **la** está esperando arriba.

In Strukturen mit **konjugiertem Verb und Infinitiv** oder **gerundio** kann das Pronomen vor dem konjugierten Verb oder an den Infinitiv bzw. das gerundio angehängt stehen.

La Sra. Quintero está esper**á**ndo**la** arriba.

Wird es an das **gerundio** angehängt, steht **Akzent**.

Zwei Pronomen im Satz ▶ G 7.4

G5.4 El verbo *decir* — Das Verb decir

digo	**decimos**
dices	**decís**
dice	**dicen**

– ¿Cómo se dice ordenador en alemán?
– Se dice *Rechner* o *Computer*.
– ¿Me dice usted su nombre, por favor?

G 5.5 *está / están ↔ hay*

¿Dónde **está** el mando de la tele? ¿Dónde **está** Córdoba? Nuestro piso no **está** en el centro. – ¿Sabes tú dónde **están** mis llaves? – ¿Tus llaves? Yo no sé dónde **están**.	Die Frage **„wo ist?"** wird mit **está** / **están** formuliert, wenn man nach Personen oder Sachen fragt, die **bestimmt, konkret, bekannt** sind (Eigenname, bestimmter Artikel, Possessiv). In der Antwort steht ebenfalls **estar**.
¿Dónde **hay** un teléfono, por favor? En mi curso **hay** cinco alemanes. ¿Cuántos chicos **hay** en clase? En Córdoba **hay** muchos turistas. Ya no **hay** más tortilla, lo siento.	**Hay** entspricht meist dem deutschen **„es gibt".** Mit **hay** wird nach Personen / Dingen gefragt, die **nicht bestimmt** sind (unbestimmter Artikel, kein Begleiter, Mengenangaben). In der Antwort steht ebenfalls **hay**.

G 5.6 Las preposiciones *por* y *para* — Die Präpositionen por und para

Hoy no voy en bicicleta **por el frío**. Bettina llama a su mamá **por teléfono**. Pregunta a una chica que pasa **por allí**. Julia navega mucho **por internet**. Tiene entrenamiento los sábados **por la tarde**. **Gracias por** el regalo. ¿Cuánto tienes que **pagar por** el curso? Voy a **cambiar** este libro **por** otro. Bettina **pregunta por** la calle Manolete.	**por**	➢ Ursache / Beweggrund *wegen* ➢ Mittel (wodurch?) / *per* (*Fax*, *E-Mail* usw.) ➢ Ortsangabe *durch, an … vorbei* ➢ Angabe des Zeitraums ➢ nach: gracias ➢ nach pagar, cambiar, preguntar in Verbindung mit Substantiv oder Pronomen
Hace un curso **para aprender** mejor el español. Bettina va a comprar un regalo **para** Borja. Tengo billete de vuelta **para** el 23 de agosto. **Para** Bettina beber té con las comidas es normal.	**para**	➢ Zweck (wozu?) *um … zu* ➢ Bestimmung (für wen?) ➢ Termin (für wann?) ➢ persönliche Ansicht

G 5.7 Verbos de irregularidad común — Klassenverben e → ie

comenzar	comienzo comienzas comienza comenzamos comenzáis comienzan	**entender**	entiendo entiendes entiende entendemos entendéis entienden	Bei einigen Verben diphthongiert in den **stammbetonten Formen** der Stammvokal **e** zu **ie**. Die endbetonten Formen diphthongieren nicht.

Zu dieser Gruppe gehören u. a.:

cerrar	schließen	**pensar**	denken / gedenken
comenzar	beginnen, anfangen	**despertar(se)**	aufwecken / aufwachen
encender	anzünden, einschalten	**sentarse**	sich setzen

Unidad 6

Chicos con clase

Todos los días el mismo ritual

Son las ocho y veinticinco. Los chavales bajan de los autobuses que acaban de llegar y entran en el instituto corriendo y gritando. Es la llegada de los chicos del primer ciclo de la ESO.

A la misma hora, pero por otra puerta, entran los mayores. La entrada (8.30) y la salida (14.30) son los únicos momentos en que todos los alumnos del instituto hacen lo mismo. El resto del día casi nunca se ven porque no tienen nada en común. Los separa el horario y la edad. Los pequeños con los pequeños, los mayores con los mayores.

El recreo de los pequeños es a las 12.15; el de los mayores, a las 11.00.

Malditos exámenes

Después del recreo, los de segundo de ESO tienen examen de matemáticas. Todos están ya sentados en su sitio preparados para empezar. No falta nadie. Mientras esperan nerviosos, juegan con el bolígrafo, con el lápiz o con la goma que tienen sobre la mesa. "Calculadoras fuera", ordena el profesor. Dos o tres meten la calculadora otra vez en la mochila. El profesor les entrega la hoja con los problemas: "Marisol le da tres séptimos de su dinero a Nuria y se queda con 16 euros. ¿Cuánto dinero tiene Marisol y cuánto le da a Nuria?" Para no suspender, algunos tratan de copiar de su vecino o de sacar las chuletas que llevan escondidas en la manga, pero es un riesgo. Si el *profe* los pilla, les pone un cero por copiar.

Asignatura pendiente

En el bar, cumbre de repetidores. Allí se encuentran Eva, Marino y Cristian. Todos ellos están haciendo el bachillerato. Les quedan un par de asignaturas pendientes de las que tienen que examinarse en septiembre. Por la mañana asisten a clase, por la tarde hacen los deberes que tienen para el día siguiente y el resto del tiempo trabajan "para pagarse los vicios". Eva es camarera, Marino reparte pizzas y Cristian entrena a chicos en un equipo de baloncesto.

El drama de cada junio

"El chico está insoportable, no le puede usted ni hablar. ¡Y todo por los malditos exámenes", dice el padre de un chico que está preparando la prueba de acceso a la universidad. Porque con junio no sólo vuelve el calor, sino una enfermedad juvenil que se llama exámenes. Para los que se examinan estos días, la llegada del verano no significa vacaciones, sino empollar. Si no aprueban, no pueden comenzar la carrera y tienen que esperar un año más.

Inmaculada de la Fuente, *El País*

A 6.1 ¡Qué preguntas!

Contesta las preguntas sobre los textos.

1. ¿A qué hora llegan y en qué llegan los chicos de ESO al instituto? ¿Y tú?
2. ¿Entran y salen del colegio a la misma hora los pequeños y los mayores?
3. ¿Por qué no se ven los pequeños y los mayores durante el resto del día?
4. ¿Qué hacen los de segundo de ESO después del recreo? ¿Están contentos?
5. ¿Qué hacen algunos alumnos para no suspender el examen? ¿Por qué es un riesgo?
6. ¿Son Eva, Marino y Cristian buenos estudiantes? ¿Por qué?
7. Si no aprueban todas las asignaturas en junio ¿tienen que repetir todo el año? ¿Cómo es en tu país?
8. ¿Qué hacen cuando no van a clase?
9. ¿ Es junio un buen mes para estudiar? ¿Por qué sí / por qué no?

A 6.2 A ver si nos entendemos ▶ G 5.6

Formula frases con los siguientes elementos.

las clases		sentarse	8.30 de la mañana
nosotros		querer	hacer un curso de inglés en Dublín
los pequeños	(no)	comenzar	la primera fila
algunos		entender	hacer el examen con la calculadora
yo		pensar	este problema de matemáticas

Conviene saberlo
Cumbre de repetidores

Das spanische Schulsystem sieht vor, dass Schüler, die im Juni nicht in allen Fächern bestehen, vor Schulbeginn im September eine Nachholprüfung in diesen Fächern ablegen müssen.

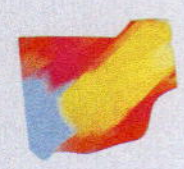

Pro Zyklus (Primaria und ESO) darf ein Schuljahr nur einmal wiederholt werden. Wenn danach die Noten weiterhin schlecht sind, wird der Schüler / die Schülerin dennoch versetzt. Falls ein Schüler das letzte Jahr der ESO wiederholt und dennoch nicht besteht, verlässt er die Schule ohne Abschlusszeugnis.

Conviene saberlo
Algunos sacan la calculadora, pero luego vuelven a meterla en la mochila.

Viele spanische Grundschulkinder tragen keine Schultaschen. Orthopäden haben die Eltern darauf hingewiesen, dass die jahrelange Belastung des Rückens schädlich für die Wirbelsäule sei und haben empfohlen, Trolleys (el carrito) zu benutzen. Deshalb gehen jetzt viele Kinder mit Trolleys zur Schule. Die Lehrer sind wegen des Lärms wenig erfreut über diese Lösung.

A 6.3 Las clases de lengua me gustan ▶ G 5.1 / 5.2 / 6.3

Usad el pronombre correcto.

1.
– ¿Qué ◆ parece la clase de hoy, Eva?
◆ parece muy interesante.
– A mí también.

2.
– ¿Dónde está Marisol? No ◆ veo.
– Está al lado de Cristian, ¿ ◆ ves?
– Ah sí, ahora ◆ veo.

3.
– ¿Cuándo hacemos los deberes?
¿◆ hacemos juntos?
– Sí, podemos hacer ◆ después de clase.

4.
– A ver, ¿a quién ◆ gusta nadar?
– A mí no ◆ gusta nadar,
pero a Joaquín ◆ gusta mucho.

5.
– ¿Cuándo estudias la lección?
– ◆ estudio esta tarde.

6.
– ¿Va a aprobar Ruth todas las asignaturas en junio?
– Sí, creo que ◆ va a aprobar todas.

7.
– Oye, ¿ ◆ puedes dejar un bolígrafo?
– Sí, claro que ◆ dejo uno.

8.
Nuria ◆ da parte de su dinero a Marisol.

9.
A los chicos ahora no ◆ puede usted hablar.

10.
– ¿A vosotros ◆ gusta hacer los deberes?
– No mucho; ◆ gusta más navegar por Internet.

11.
– Yo siempre tengo que decir ◆ a mis padres qué notas tengo. ¿Y tú?
– Yo también. Pero, cuando suspendes, ¿qué ◆ dices?
– Si no me preguntan, no ◆ digo nada.

A 6.4 Aquí algo acaba de pasar ▶ G 6.1

Mira los dibujos. Formula una frase con la estructura de *acabar de* + infinitivo. Usa un verbo que dé sentido.

| La niña acaba de romper un vaso.

A 6.5 Siempre dice lo contrario ▶ G 6.2

a) Tú afirmas una cosa y tu compañero/a dice justamente lo contrario.

– Yo creo que tú sabes *algo*.
– Pues no, lo siento, yo no sé *nada*.

1. Yo creo que Eva – estudiar – *siempre* los domingos por la tarde.
2. Vosotros – saber – *algo*, estoy seguro.
3. Yo creo que – ir – a llegar *todos* antes de las ocho.
4. Cristian y Marino *siempre* os – contar – *algo*, ¿no es así?
5. Tú profesora de inglés *siempre* – venir – a clase en tejanos, ¿es cierto?
6. Yo estoy seguro de que *todos* – saber – dónde estamos, ¿y tú?

b) Dilo en castellano.

1. Cristian kommt nie zu spät.
2. Marino und Eva sagen nie etwas.
3. Wir sehen niemanden in der Cafeteria.
4. Ich schreibe nie ab.
5. Wollen sie nichts essen?
6. Habt ihr nichts zu trinken da?

A 6.6 ¿Qué pasa si no apruebas? ▶ G 6.4

Completa las frases con la forma correcta del verbo.

1. – ¿Cuánto ◆ estos bolígrafos?	costar
– Este rojo ◆ 2 euros, los otros son más baratos, ◆ sólo 1,50.	
2. – Escucha, Cristian, el lunes no ◆ (yo) ir a la universidad.	poder
– ¿Y por qué no ◆ (tú)?	
– Es que el fin de semana voy a casa de mis abuelos y no ◆ (yo) hasta el martes.	volver
3. – ¿Qué pasa si no ◆ (tú) todas las asignaturas en junio?	aprobar
– Si no ◆ (yo) todo en junio, tengo que examinarme otra vez en septiembre.	
4. – ¿ ◆ (nosotros) el fin de semana al tenis?	jugar
– Si quieres, ◆ (nosotros) jugar, pero yo realmente no ◆ muy bien.	poder
– No importa.	
5. – ¿Cuándo ◆ Marino y Cristian de clase?	volver
– No sé, siempre ◆ bastante tarde.	
6. – ¿Cuándo le ◆ (tú) el CD a Eva?	devolver
– Mañana. Mañana ◆ (yo) todos los CD que tengo de amigos.	
7. – ¿Dónde nos ◆ (nosotros)?	encontrar
– ◆ (nosotros) encontrarnos delante del cine.	poder
8. – ¿No te ◆ (tú) hoy con Eva?	encontrar
– No, hoy no me ◆ encontrar con ella, nos ◆ (nosotras) mañana.	poder

A 6.7 ¿Me prestas un boli?

Observa los objetos dibujados y di cuál de ellos necesitas en cada momento.

1. Con él escribes el examen o tus deberes.
2. En ellos escribes los deberes, las palabras y otras cosas que aprendes en clase.
3. En la clase de dibujo los usas, uno para hacer el dibujo, el otro para corregir algo.
4. En ellos están las lecciones y los temas que tienes que aprender.
5. La necesitas cuando quieres hacer una línea recta, muy recta.
6. Allí metes tus libros cuando vas al colegio o vuelves a casa.
7. Es muy útil o necesaria para hacer los deberes de matemáticas.
8. Algunos las llevan a clase, pero es un gran riesgo si te ve el profesor.

A 6.8 ¿Quién es el campeón? ▶ G 6.5

a) Lee el texto.

Joaquín, Chelo, Ruth, Teresa y José pasan la tarde nadando en la piscina. Después de nadar, siempre discuten sobre quién de ellos es el que mejor nada y nunca se ponen de acuerdo. ¿Puedes ayudarles tú?
Chelo atraviesa la piscina más veces que Ruth, pero menos que Teresa.
Joaquín hace más largos que Chelo, pero no tantos como José.
José atraviesa la piscina más veces que Teresa y esta, como ya sabes, más que Ruth, aunque Ruth no aguanta tanto como Chelo.

b) Erstelle ein Säulendiagramm zu diesem Text.

A 6.9 ¡Qué comparaciones! ▶ G 6.5

Compara ahora entre estos chicos y chicas. La mejor nota es un 10, la peor es un 0.

nadar
Luis nada **mejor que** Eva, que Iván y que Carina.
Carina nada **peor que** los otros tres.
Eva nada **tan** bien **como** Iván, pero **peor que** Luis.

	nadar	hablar inglés	bailar	llegar puntual	horas que estudia	simpático/a
Eva	8	8	10	9	7	9
Luis	10	7	8	7	9	10
Iván	8	7	9	7	6	9
Carina	7	10	8	10	9	6

A6.10 Dilo en castellano ▶ G6.5

1. Der Unterricht beginnt in Deutschland früher (antes) als in Spanien.
2. Die Schüler gehen hier mehr Jahre in die Schule als in den anderen europäischen Ländern. Dort dauert die Schule nicht so lange (= so viele Jahre) wie in Deutschland.
3. Für uns sind Fremdsprachen nicht so schwer wie Mathematik. In Mathe schreiben wir nicht so gute Noten wie in anderen Fächern.
4. Diese Hausaufgaben sind schwerer als du denkst.
5. Niemand lernt so viel wie Ruth und niemand schreibt so gute Noten wie sie.
6. In meiner Schule dürfen wir nicht mehr als drei Klassenarbeiten in der Woche schreiben.
7. Ruth spielt viel besser Tennis, als sie sagt.
8. Am Donnerstag haben wir nicht so viele Unterrichtsstunden wie am Dienstag.

Conviene saberlo
Las vacaciones de verano

Die Sommerferien beginnen in Spanien Ende Juni und dauern bis Mitte September.
An Weihnachten (Navidad) sind die Ferientermine ähnlich wie in Deutschland.
Osterferien gibt es nur während der Karwoche (la Semana Santa).
Zu Pfingsten (Pentecostés) gibt es keine Ferien.

In den lateinamerikanischen Ländern der südlichen Hemisphäre Chile, Argentinien und Uruguay (el Cono Sur) beginnen die Sommerferien kurz vor Weihnachten und dauern bis Mitte Februar.

A6.11 El horario de Víctor, un chico de 4 ° de ESO

Mira el horario de Víctor y compara con tu horario.
Forma frases comparativas; utiliza diferentes estructuras.

Colegio San Agustín, C. / Padre Damián, Madrid (colegio privado)

Horario de Clases de 4 ° de ESO Víctor Rodríguez del Río

Horas	Lunes	Martes	Miércoles	Jueves	Viernes
08:30–09:30 1ª	Biología y Geología	Lengua Castellana y Literatura	Ciencias Sociales y Geografía	Física y Química	Biología y Geología
09:30–10:30 2ª	Matemáticas	Lengua optativa: Francés	Biología y Geología	Lengua optativa: Francés	Inglés
10:30–11:30 3ª	Inglés	Informática	Tutoría del profe	Lengua Castellana y Literatura	Educación Física
11:30–12:00			**Recreo**		
12:00–13:00 4ª	Ciencias Sociales y Geografía	Inglés	Religión	Educación Física	Matemáticas
13:00–14:00 5ª	Física y Química	Religión	Lengua Castellana y Literatura	Ciencias Sociales y Geografía	Física y Química
14:00–15:45			**Almuerzo**		
15:45–16:45 6ª	Reflexión Ética		Matemáticas	Informática	
16:45–17:45 7ª	Lengua Castellana y Literatura		Reflexión Ética	Matemáticas	

En muchos colegios hay clase también por la tarde, aunque no todas las tardes.

A 6.12 Tú eres un campeón

Escribe cuatro o cinco cosas que tú haces y compara con tus amigos o tus hermanos. Formula frases en comparativo.

Yo sé tocar el piano.
En mi familia / en mi curso nadie toca el piano tan bien como yo. Yo toco el piano mejor que mi hermano.

A 6.13 El sistema escolar de varios países

a) Compara los sistemas entre sí y con el de tu país.
Vergleiche die Schulsysteme dieser Länder miteinander und mit deinem (Bundes)Land.

1. ¿Cuántos años dura el colegio?
2. ¿A qué edad empiezan los niños a ir al colegio?
3. ¿Qué niveles hay?
4. ¿Pasan directamente del colegio a la universidad?
5. ¿Qué pasa con el uniforme escolar?

edad	España		Inglaterra		México		Argentina	
17	C	2°				3°		3°
16		1°		6°	C	2°	C	2°
15		4°		5°		1°		1°
14	B	3°	B	4°		3°	B	9°
13		2°		3°	B	2°		8°
12		1°		2°		1°		7°
11		6°		1°		6°		6°
10		5°		6°		5°	A	5°
9		4°		5°		4°		4°
8	A	3°		4°	A	3°		3°
7		2°	A	3°		2°		2°
6		1°		2°		1°		1°
5	Preescolar			1°	Preescolar		Nivel Inicial	

Explicación

España (desde 1992):
- **A = Educación Primaria**
- **B = Educación Secundaria Obligatoria (ESO)**
- **C = Bachillerato**

Inglaterra:
- **A = Primary schools**
- **B = Secondary schools**

Uniforme escolar en general.

México:
- **A = Primaria**
- **B = Secundaria**
- **C = Preparatoria** (varias modalidades con diferentes asignaturas)

Uniforme escolar en general.

Argentina: (desde 1993)
- **A = Educación General Básica** (EGB), 9 años obligatorios **Nivel Primario** (desde el 1° al 7°)
- **B = Nivel Secundario** (desde el 8° hasta el final; 5 cursos obligatorios)
- **C = Polimodal** (los tres últimos años del Nivel Secundario)

Uniforme escolar en general.

b) Tú tienes un amigo o una amiga hispanohablante con quien intercambias e-mails. Tú amigo/a no conoce Europa y quiere saber cómo es el sistema escolar en tu país. Escríbele un e-mail y cuéntale cómo es.

G 6.1 El pasado inmediato — Die unmittelbare Vergangenheit

Los chicos **acaban de llegar** al colegio. **Acabamos de salir** de clase. El examen **acaba de empezar**.	**acabar + de + Infinitv** drückt aus, was gerade eben bzw. vor kurzem geschehen ist.

G 6.2 Doble negación — Die doppelte Verneinung

Para el examen están todos, **no** falta **nadie**. Algunos alumnos **no** saben **nada**. Marisol y Nuria **no** llegan **nunca** tarde a clase. Aquí **nadie** sabe **nada**. Yo **nunca** copio en los exámenes.	**Nada / nadie / nunca** stehen meist **nach dem Verb, no** muss dann **vor dem Verb** stehen. **Nadie** und **nunca** stehen gelegentlich vor dem Verb; dann entfällt das **no**.

G 6.3 El pronombre personal complemento indirecto — Das Personalpronomen als indirektes Objekt

Eva **me** deja la bicicleta. ¿**Te** gustan las matemáticas? Marisol **le** da el libro.	**me** **te** **le**	**nos** **os** **les**	➢ Vergleiche die Formen mit denen des direkten Objekts. ▶ G 5.2 ➢ Stellung im Satz. ▶ G 5.3

¿Cuánto dinero **le** da Marisol **a Nuria**? **A los chicos** ahora no **les** puede usted ni hablar. **A mí** no **me** dice qué nota tiene en Matemáticas. Yo siempre **les** cuento **a mis padres** lo que hago.	Zusätzlich zum Pronomen steht normalerweise das **indirekte Objekt** mit der Präposition **a**.

¡!

¡Tenlo en cuenta !
El *laísmo* y el *leísmo*

laísmo: In manchen Regionen Spaniens – z.B. in Madrid – wird statt **le** fälschlicherweise **la** für das indirekte Objekt gebraucht, wenn es sich um ein Femininum handelt.

leísmo: statt **lo** wird **le** als direktes Objekt gebraucht. Das gilt in Spanien als korrekt, solange es sich um männliche Personen handelt:
Acaba de llegar Juan, voy a saludar**lo** / … voy a saludar**le**.
Bei der höflichen Anrede ist es sogar die Norm:
Disculpe, señor, pero no **le** comprendo.
In Lateinamerika ist dies nicht so geläufig.
Bei Sachen (maskulin) sollte immer **lo** verwendet werden.

G 6.4 Verbos de irregularidad común -o → -ue   Klassenverben

aprobar	**poder**	**jugar**	
apr**ue**bo	p**ue**do	j**ue**go	Bei einigen Verben diphthongiert
apr**ue**bas	p**ue**des	j**ue**gas	in den stammbetonten Formen
apr**ue**ba	p**ue**de	j**ue**ga	der Stammvokal: **-o** → **-ue**.
aprobamos	podemos	jugamos	Einzelfall: **jugar** **-u** → **-ue**.
aprobáis	podéis	jugáis	Die endbetonten Formen
apr**ue**ban	p**ue**den	j**ue**gan	diphthongieren nicht. ▶ G 5.6

Zu dieser Gruppe gehören u. a.:

costar	→ c**ue**sta	kosten	**encontrar(se)**	→ se enc**ue**ntra	(sich) treffen, finden
contar	→ c**ue**nta	zählen, erzählen	**volver**	→ v**ue**lve	zurückkommen

G 6.5 La comparación   Der Vergleich

Steigerung

Chelo atraviesa **más** veces la piscina **que** Ruth.
Chelo la atraviesa **menos** veces **que** Teresa.
Cristian habla **mejor** el español **que** el alemán.
En matemáticas Eva saca **peores** notas **que** en inglés.
Los chicos de 3° son **mayores que** los de primero.
Algunos días tenemos **más de** 6 clases.
Este problema es **más** difícil **de lo que** tú crees.

más / menos, **mejor / mejores**, **peor / peores**, **mayor / mayores** } **que** / **de**[1] / **de lo que**[2]

[1] **de** steht nur bei Mengenangaben.

[2] **de lo que** steht nur, wenn ein konjugiertes Verb folgt.

Sonderformen

bueno / bien → **mejor**
malo / mal → **peor**
grande → **mayor** (größer / älter)

Beachte:
es gefällt mir besser = me gusta **más**

Gleichheit

Marino no es **tan** alto **como** David.
Nuria no tiene **tanto** dinero **como** Marisol.
Este mes no tienen **tantos** exámenes **como** el pasado.
Los pequeños no tienen **tantas** clases **como** los mayores.

Cristian no estudia **tanto como** Eva.

tan + Adjektiv / Adverb, **tanto/a** + Substantiv, **tantos/as** + Substantiv, **tanto** (als Adverb) } **como**

Unidad 7

Elena en Madrid

Calle de Alcalá

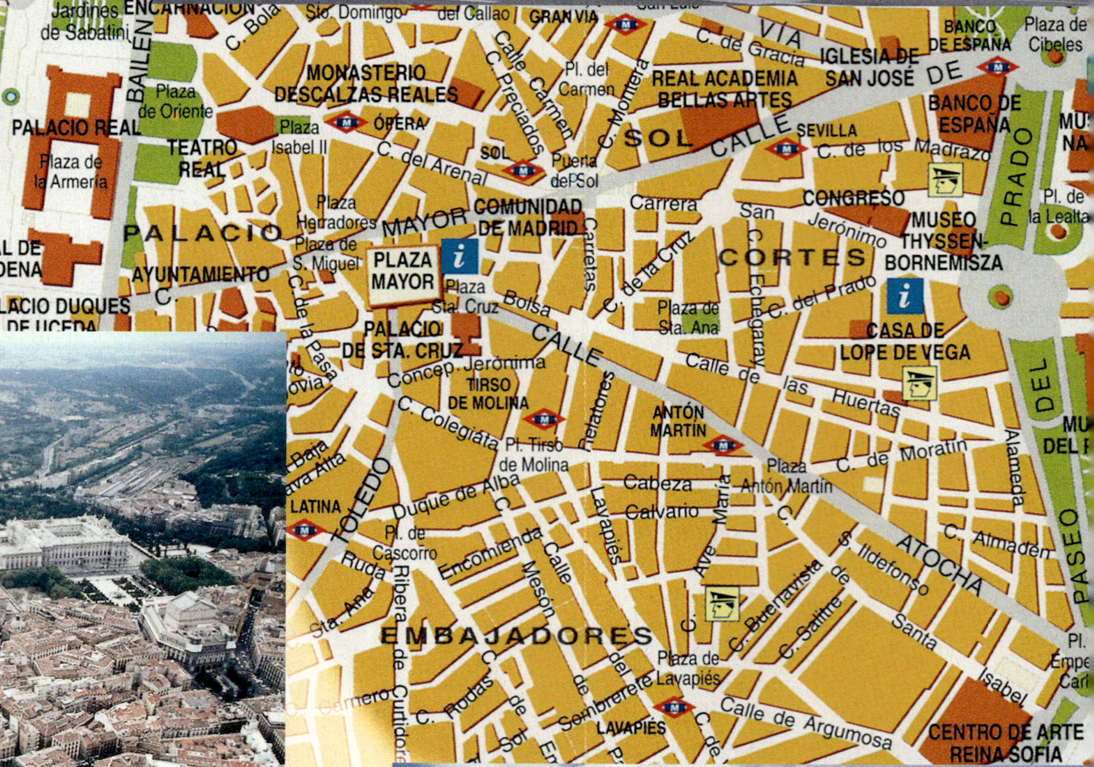

Plaza Mayor · Vista aérea

Plaza Mayor

Puerta del Sol

Parque del Retiro

Museo del Prado

Los planes para el fin de semana

Elena está de visita en Madrid, en casa de su tía Inés. Le encanta la ciudad y sale sola a dar una vuelta. Hay tanto que ver: edificios preciosos, amplias avenidas, gente interesante, bares y restaurantes …, en fin, mucha vida.
Después de un rato, se sienta en una terraza para descansar y tomar un refresco. Quiere hacer tantas cosas en Madrid, que no sabe por dónde empezar. Se hace una lista:

- ir de compras
- domingo: Rastro (desayunar churros)
- Plaza Mayor (terraza – ver turistas)
- ir de tapas … ¿con Sara?
- salir por la noche (¿cine?, ¿concierto?, ¿discoteca?…)
- Retiro
- ¿Prado? ¿Reina Sofía?

¿Qué comemos hoy?

Elena ha regresado a casa y está con su tía Inés en la cocina.

Inés Sobrina, corazón, ¿qué hacemos hoy de comer? ¿Qué te apetece?
Elena No sé, cualquier cosa, pero nada de carne.
Inés ¿Cómo que nada de carne?
Elena Es que me he hecho vegetariana. Ya no como carne.
Inés ¿Que te has hecho qué …?
Elena Vegetariana, tía, vegetariana.
Inés ¿Vegetariana tú? Pero si siempre te ha gustado tanto la carne …
Elena Sí, ya, pero es que he visto algunos reportajes y he hablado mucho con mis amigos del tema. Además, ¿tú has leído lo que ponen en los periódicos?
Inés Pues hija, no sé qué decirte. Bueno, pues entonces, ¿qué comemos?
Elena ¡Qué sé yo! ¿Qué te parece si hacemos algo a base de verduras?
Inés Bueno, vale. Pero entonces vas tú al mercado a hacer la compra.

Elena de compras

Elena sale de casa camino del mercado. Su tía vive cerca del centro. Hay tantas tiendas: zapaterías, librerías, tiendas de discos, boutiques … . En una de ellas ve una blusa que le gusta. Entra.

Elena Buenas.
Chica Hola, buenas.
Elena Mira, he visto en el escaparate una blusa roja que me gusta.
Chica En rojo como esa sólo tengo la que está en el escaparate, pero si es de tu talla, te la traigo. ¿Qué talla usas?
Elena La 38.
Chica Pues sí, creo que es una 38. Un momentito, que voy a ver.

La chica trae la blusa del escaparate y se la enseña a Elena.

Chica ¿Quieres probártela?
Elena Bien, vale.
Chica Pues pasa al probador y pruébatela.

Elena sale del probador con la blusa puesta.

Chica Te queda de maravilla, y el color te va muy bien.

Elena se mira al espejo. Luego mira la etiqueta con el precio. Se asusta un poco.

Elena ¿Y cuánto has dicho que cuesta?
Chica Bueno, vale 55,90 euros, pero ahora, en las rebajas, te la puedo dejar en 45 euros.
Elena ¿Puedo pagar con tarjeta?
Chica Sí, claro.

Elena sale de la boutique con una bolsa. Poco más adelante ve una tienda de discos. Por supuesto que entra.

A 7.1 Con otras palabras

**a) Tú quieres contarle a alguien lo que pone en la lección.
Resume en castellano el contenido de los dos primeros textos.
Lee tu resumen a los demás.**

b) Schau dir den Dialog von Text 2 genau an. An welchen Elementen erkennt man, dass es sich um einen umgangssprachlichen Dialog handelt?
Schreibe dir diese Elemente heraus. Wie würdest du den Dialog auf Deutsch formulieren?

A 7.2 Siempre lo contrario

Di lo contrario.

| La casa de su tía está *cerca* del centro. → La casa de su tía está *lejos* del centro.

1. En Madrid hay *mucho* que ver.
2. Elena *entra en* una cafetería.
3. ¿A qué hora *empiezan* las clases?
4. Cuando salgo por Madrid compro *algo*.
5. Elena *sale* de la boutique.
6. En mi curso hay gente *interesante*.
7. Elena *siempre* come carne.

A 7.3 Ha sido un día normal ▶ G 7.1

a) Apunta en perfecto lo que ha hecho hoy esta persona.

despertarse

levantarse

ducharse

desayunar

ir en metro al colegio

estudiar para el examen

comer en casa

salir por la tarde

estar viendo la tele un rato

acostarse

**b) ¿Qué has hecho tú hoy?
Apunta lo que has hecho tú hoy y compara con tu compañero/a.**

A 7.4 Todo perfecto ▶ G 7.1 / 7.2

Habla con tu compañero.
Formula en perfecto una de las posibles preguntas con los siguientes elementos.
Tu compañero/a contesta y formula una nueva pregunta a otro compañero/a.

– ¿Has ido a Berlín este año?

– Sí.	– No.
– Sí, varias veces.	– Todavía no.
– Sí, una vez.	– Nunca.
– Sí, dos / tres / cuatro … veces.	– Hasta ahora no.

Recuerda:
Hast du diese Woche ein gutes Buch **gelesen**?

¿**Has leído** un buen libro esta semana?

estar ir	vosotros ustedes él	esta semana alguna vez hoy esta mañana este mes este año	a en	Latinoamérica la escuela Madrid el Retiro el Prado la universidad el mercado España …

A 7.5 Cuestión de orden ▶ G 7.1

Formula frases correctas con el verbo en perfecto.

1. una comida – hacer – ellas – hoy – vegetariana
2. Elena – es – que – vegetariana – decir
3. volver – nosotros – Madrid – de – esta mañana
4. de la mañana – el mercado – abrir – a las ocho
5. esta tarde – ver – una blusa – en – roja – una boutique – yo
6. en casa – poner – ellos – música clásica
7. ¿a – ver – no – tú – hoy – Elena?

A 7.6 ¿Pero dónde has estado? ▶ G 7.1

Tú y tu compañero/a hacéis el papel de Elena y la tía Inés.
Elaboráis un diálogo que luego vais a presentar a los otros.

Tante Inés wartet schon seit zwei Stunden auf Elena, die Gemüse einkaufen gegangen ist. Sie macht sich langsam Sorgen. Sie hat Hunger und weiß nicht, was sie kochen soll. Als Elena nach Hause kommt, fragt Tante Inés ihre Nichte, was sie denn so lange gemacht hat. Elena erklärt der Tante, was sie gemacht hat, was sie eingekauft hat, wo sie gewesen ist und warum sie kein Gemüse gekauft hat.

A 7.7 ¡Escucha bien! ▶ G 7.3

Tu amigo/a te llama por teléfono, te invita a una fiesta y te dice cómo tienes que ir. Escucha el diálogo dos veces. Encuentra, según la descripción de Kike, la Calle Ventura de la Vega en el plano.

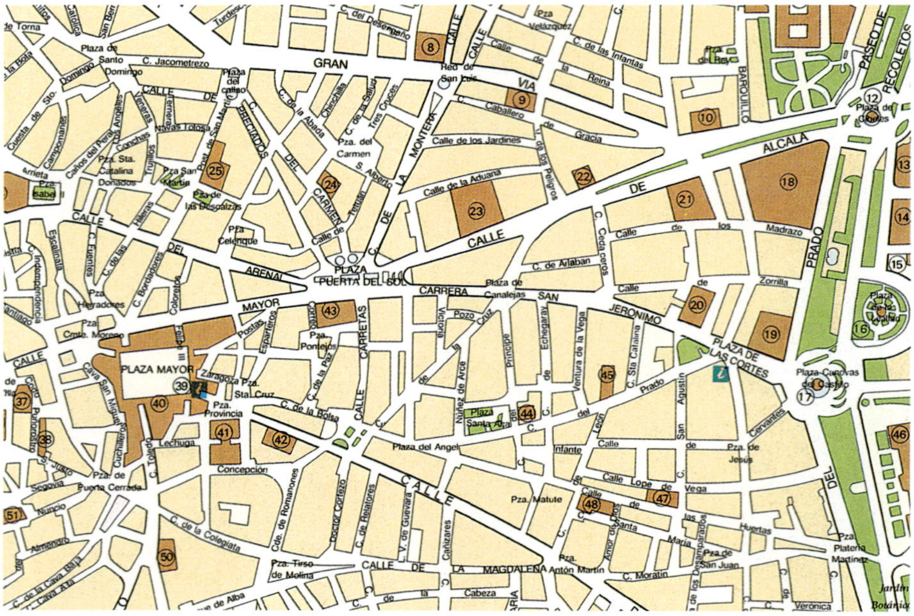

A 7.8 ¡Qué mandonas son! ▶ G 7.3

a) **Tú eres la madre, tu compañero/a reacciona. Formulad las frases.**

– limpiar los dientes
– Límpiate los dientes.

– ya …
– Ya me los he limpiado.

La madre da estos consejos:

– estudiar más
– hacer los deberes
– ducharte
– comer antes de salir
– esperar un momentito
– ir a entrenar

La hija contesta:

– hoy ya … mucho
– ya …
– esta mañana ya …
– ya … mucho hoy
– ya … media hora
– ya … esta semana una vez

A 7.9 ¡No lo repitas tanto! ▶ G 7.4

¿Cómo puedes abreviar las frases que están en cursiva?

1. Veo una película. *Le cuento la película a mi amiga.*
2. Veo en el escaparate una blusa roja. *La chica me enseña la blusa.* Compro *la blusa. Le enseño la blusa a Tere.*
3. Compra verdura en el mercado. *Lleva la verdura a casa. Le da la verdura a su tía. Su tía prepara la verdura.*
4. Lee una revista interesante. *Le da la revista a Inés. Inés lee la revista también y le da la revista a José.*
5. Envía un mensaje por móvil. *Le envía un mensaje a su amigo. El amigo lee el mensaje.*
6. Busca la calle Los Califas. *Encuentra la calle en el plano.*
7. Escribe una carta. *Le escribe una carta a su novia. Le manda la carta. Su novia lee la carta.*
8. Sabemos la verdad. *Pero no le contamos la verdad a nadie.*
9. Julia quiere el mando. *Su hermano tiene el mando de la tele. Borja no le da el mando.*
10. Me compro un ordenador *porque necesito un ordenador.*

A 7.10 Hay muchas tiendas

Elena va por Madrid y ve muchas tiendas. Entre otras, las siguientes. ¿Qué cosas puede comprar en cada una de ellas?

una panadería

una librería

una zapatería

una pescadería

una papelería

una frutería

A 7.11 ¡Qué difícil es comprar un regalo! ▶ G 7.4

Va a ser el cumpleaños de vuestro/a amigo/a. Vais a comprar el regalo y tenéis dudas. ¿Lo necesita o no? ¿Le va a gustar o no? ¿Se lo compráis o no? Formulad frases como en el ejemplo.

– ¿Qué le compramos?
– Podemos comprarle un móvil.
– ¿Un móvil? ¿Tú crees que necesita un móvil?
– No sé, creo que sí.
– Pero, ¿y si no le gusta …?
– No sé …
– ¿Bueno, se lo compramos o no?

no sé
ni idea
¡qué sé yo!
creo que sí
creo que no
a lo mejor
pues entonces
venga, vamos

A 7.12 Dos recetas

Almendras saladas
Una receta simple para picar
- hervir las almendras enteras unos 15 segundos
- pelar las almendras
- secarlas bien
- calentar poco el aceite
- echar las almendras
- sacarlas cuando estén ligeramente doradas
- echarles sal

Pan con tomate
- cortar el pan en rebanadas de 1 cm
- tostar el pan (si se quiere)
- untar el pan con el ajo
- untar el pan con el tomate (tiene que estar muy maduro)
- echarle aceite y sal

Conviene saberlo

In Spanien wird selten Brot mit Butter gegessen. Verbreitet ist dagegen pan con tomate (s. Rezept).

A 7.13 ¿Qué hacemos esta tarde?

Con la información que hay en los textos y ejercicios de esta lección tratad de formular un diálogo a base de los siguientes datos.

A spricht B an und fragt, ob sie am Nachmittag / am Abend etwas zusammen unternehmen wollen : cine / discoteca / mesones / partido de fútbol, etc.

→ B ist unsicher, überlegt, macht einen Gegenvorschlag.

A hat dasselbe diese Woche schon gemacht, macht einen anderen Vorschlag.

→ B willigt ein, fragt nach Uhrzeit und Treffpunkt.

A schlägt Uhrzeit und Ort vor.

→ B ist einverstanden, Abschied.

A 7.14 En el Rastro

Estás en el Rastro con un amigo o una amiga. Hay cosas que te gustan y que quieres comprar. Antes quieres saber los precios. Construye diálogos con tu compañero/a.

¿Cuánto cuesta/n …?
¿Me lo / Me la puedo probar?
¿Lo / La tiene en una talla | mayor? / más pequeña?

¿Qué talla usas?
¿Qué talla te saco?
La 38 …
Sí, la 38

¿Qué tal me queda?
Te queda | muy bien. / algo ancho/a. / un poco estrecho/a. / algo largo/a. / un poco corto/a. / de maravilla.
Te va muy bien.
Ese color te favorece.

Es un poco caro/a.
¿En cuánto me lo / me la deja?

blanco gris verde
rojo azul
negro amarillo marrón

A 7.15 Las rebajas de agosto

Lee con tu compañero/a cuánto cuestan normalmente y cuánto cuestan ahora estos artículos.

E 7 Esto te ayuda …

para indicar agrado Gefallen ausdrücken	Me gusta mucho / muchísimo. Me encanta.
para ofrecer algo de beber o comer etwas anbieten	¿Qué te apetece? ¿Qué quieres tomar?
para decir que no etwas ablehnen	Nada, gracias, no tengo sed / hambre.
para aceptarlo etwas akzeptieren	Cualquier cosa.
para preguntar la opinión jdn. nach seiner Meinung fragen	¿Qué te parece si …? ¿Qué te parece este / esta …?
para expresar desconcierto Ratlosigkeit ausdrücken	¡Qué sé yo! No sé qué decirte.
para saludo informal informelle Begrüßung	Hola, buenas. Hola, ¿qué tal?

G 7.1 El pretérito perfecto — Das Perfekt

he / **has** / **ha** / **hemos** / **habéis** / **han** + **desayunado** / **comido** / **salido**

Unregelmäßige Partizipien

abrir → **abierto**	hacer → **hecho**	romper → **roto**
decir → **dicho**	morir → **muerto**	ver → **visto**
escribir → **escrito**	poner → **puesto**	volver → **vuelto**

Bildung: haber + Partizip
Partizipendungen:
bei Verben auf **-ar** → **-ado**
bei Verben auf **-er / -ir** → **-ido**
Das Partizip bleibt unverändert.

Zwischen Hilfsverb und Partizip dürfen keine Pronomen oder andere Partikel (z.B. Verneinungspartikel) stehen.

G 7.2 El uso del pretérito perfecto — Der Gebrauch des Perfekts

Hoy **he visto** en el escaparate una blusa. ¿Cuánto **has dicho** que cuesta? Siempre te **ha gustado** tanto la carne.	Die Handlung findet in einem **Zeitraum** statt, der noch **nicht abgeschlossen** ist, z.B.: **hoy, hasta ahora, todavía no, este año, en mi vida, esta semana**, etc.
Ha ido a Madrid a pasar unos días.	Die **Handlung** ist **abgeschlossen**, jedoch **zeitlich nicht genau bestimmt**.
Me **he hecho** vegetariana.	Die **Handlung** hat **in der Vergangenheit begonnen, reicht** jedoch **bis in die Gegenwart.**

G 7.3 El imperativo (I) — Der Imperativ der 2. Person Singular (bejaht)

Pas**a** al probador. Sub**e**, hija, sub**e**.	Der Imperativ für die 2. Person Singular (du) entspricht der 3. Person Singular Präsens.
Escrí**be**me. Prué**ba**tela.	Die Pronomen werden angehängt. **Akzentsetzung beachten!**
Ven un momento. **Vete** a tu habitación.	Bei einigen **wenigen Verben** ist diese Form unregelmäßig u. a. bei: decir → **di**, venir → **ven**, hace → **haz**, poner → **pon**, ir / irse → **ve / vete**

Imperativ der Höflichkeitsform (usted / ustedes) ▶ G 11.3

G 7.4 Dos pronombres en la frase — Zwei Pronomen im Satz

¿**Me la** puedo probar? Sí, pasa al probador y **te la** pruebas. Elena sabe algo, pero no **nos lo** dice.	➢ **Person vor Sache** bzw. **indirektes Objekt vor direktem Objekt**
Trae la blusa del escaparate y **se la** enseña. ¡Dí**melo**! ¡Pruéba**tela**!	➢ **se** ersetzt **le / les** vor **lo / la / los / las** und steht immer an erster Stelle, auch wenn das Pronomen an das Verb angehängt wird.
¿**No te la** pruebas?	Die Verneinung steht vor dem Pronomen.

Una experiencia inolvidable

Arco de Santa María, Burgos

La Plaza del Obradoiro de Santiago de Compostela

Durante la Edad Media, Santiago de Compostela fue, junto con Roma y Jerusalén, uno de los principales centros de peregrinación. La ruta que seguían los peregrinos es el llamado "Camino de Santiago". Por este camino llegaron a España los nuevos estilos arquitectónicos (Románico, Gótico) y muchas corrientes culturales de Europa.

En camino a Ponferrada

Paisaje en Galicia

Santiago de Compostela

Durante las guerras de la Reconquista entre cristianos y musulmanes, los cristianos hicieron de Santiago un "matamoros".
El Apóstol Santiago es el Patrón de España. Su fiesta se celebra el 25 de julio. Si ese día es domingo, entonces es un Año Santo Compostelano. Durante el Año Santo es cuando más peregrinos hacen el Camino de Santiago.

Albergue en Triacastela

¡Por fin en la meta!

Sabine y Marion acaban de llegar a la Plaza del Obradoiro de Santiago de Compostela. Están cansadísimas, pero felices. Han caminado más de 500 kilómetros en cuatro semanas con la mochila a la espalda. Ha sido un viaje durísimo. Al principio les costó superar las dificultades del Camino, pero ha sido una experiencia inolvidable. Mientras descansan contemplando la fachada de la catedral, se les acercan un chico y una chica de unos 20 años con micrófono y cámara de televisión.

Chicos: Hola, buenas tardes, *¿do you speak English?*
Marion: Sí, pero sabemos hablar castellano.
Chica: Ah, pues muy bien. Vosotras acabáis de llegar a Santiago, ¿verdad?
Sabine: Sí, hemos llegado hace un momento.
Chico: ¿Y de dónde sois?
Marion: Somos suizas, de Berna.
Chica: Nosotros somos estudiantes de periodismo de la Universidad de Santiago y estamos haciendo un reportaje sobre los peregrinos, ¿os importa contestarnos unas preguntas?
Sabine: No, en absoluto.

Silencio, se rueda

Chica: ¿Cómo y desde dónde habéis venido hasta aquí?
Marion: Bueno, fuimos en avión de Zúrich a Madrid. De Madrid a Burgos en autobús y desde Burgos hasta aquí hemos venido caminando.
Chica: ¿Por qué decidisteis hacer el Camino de Santiago, sois creyentes?
Sabine: Esa no fue la razón principal. Hemos venido más por razones culturales. Es que en las clases de castellano el profesor nos habló tanto del Camino, que nos entraron ganas de hacerlo.
Marion: Yo creo que el Camino es una manera estupenda de pensar y de reflexionar sobre tu vida.
Chica: ¿Cómo os ha ido, habéis tenido algún problema?
Sabine: Sí, al principio tuvimos bastantes problemas: botas nuevas, ampollas en los pies, agujetas, el peso de la mochila … A Marion le salieron tantas ampollas que estuvo a punto de dejarlo. Después de unos días nos acostumbramos y ya todo fue bien.
Chica: ¿Y qué os han parecido los albergues?
Marion: Los albergues son muy sencillos, pero eso no ha sido ningún problema. El problema es que hay que llegar bastante temprano, si no, ya están todas las camas ocupadas y tienes que dormir en el suelo.

Principales impresiones

Después de una breve pausa técnica.

Chica ¿Y cuáles han sido vuestras principales impresiones por el camino?

Sabine Una de las cosas que más nos han impresionado ha sido el gran número de jóvenes que hacen el Camino. Hemos visto a gente de todas las edades y de todos los países, pero sobre todo jóvenes. Y otra cosa fueron los cambios de paisaje desde Burgos hasta aquí. Entre Burgos y León pasamos un calor horrible. Los campos están sequísimos, casi no hay árboles ni ríos, no hay agua, y en todo el tiempo que caminamos por Castilla no llovió ni una gota.

Marion En cambio aquí en Galicia todo es verde y ya nos hemos mojado unas cuantas veces.

Chica Sí, el clima de Galicia es el más húmedo de España y llueve mucho. Ya veo que habláis un castellano casi perfecto, no habéis tenido ningún problema con el idioma, ¿verdad?

Sabine Al principio sí, sobre todo en los pueblos, donde la gente habla dialecto y muy rápido. Luego ya no. Ahora aquí en Galicia tenemos otra vez problemas si nos hablan en gallego.

Marion Pero la gente ha sido muy amable con nosotras. Yo conozco muchos países, pero en pocos he visto gente tan amable como aquí. En todas partes te preguntan si necesitas algo y te ofrecen ayuda.

Chica ¿Y cuánto tiempo vais a estar?

Marion Lamentablemente ya sólo una semana.

Chica Pues nada, que lo paséis bien en Santiago y muchas gracias por haber contestado a nuestras preguntas.

Sabine De nada.

A8.1 Vamos por partes

La entrevista con Sabine y Marion es bastante larga.
Ellas nos cuentan muchas cosas. Mira las diferentes partes del texto.
¿Cuál es el tema de cada una de las partes? Trabaja con tu compañero/a.

A8.2 Acaban de llegar a Santiago ▶ G 7.1

Formula una pregunta en perfecto. Tu compañero/a contesta a la pregunta con una de estas estructuras: *acabar de* + infinitivo / *estar* + gerundio / *ir a* + infinitivo.

Sabine y Marion – escribir – una postal a su profesor
– ¿Han escrito Sabine y Marion una postal a su profesor?
– Sí, acaban de escribirle una.
– No, pero ya están escribiendo una.
– No, van a escribir una mañana.

1. (tú) – abrir – hoy – el correo electrónico
2. (tú) – hacer – alguna vez el Camino de Santiago
3. (vosotras) – ver – ya la catedral de Santiago
4. (tú) – poner – el programa que queremos ver
5. (ella) – decir – adónde va
6. (ellas) – volver – de Santiago

A8.3 Consejos de caminante ▶ G 7.3

Tú tienes experiencia como caminante y das los siguientes consejos.
Formúlalos en imperativo.

1. ponerse botas buenas
2. levantarse muy temprano
3. caminar sólo por la mañana
4. beber mucha agua
5. comer mucha fruta
6. descansar con frecuencia
7. llevar en la mochila sólo lo necesario
8. dormir mucho

A8.4 Ojo de detective

Busca en el texto la expresión correspondiente.

1. Sabine y Marion *han llegado hace un momento* a Santiago.
2. *Han venido andando* desde Burgos.
3. Están *muy, muy cansadas*.
4. Al principio *no fue fácil para ellas* superar las dificultades.
5. Descansan *y contemplan* la fachada de la catedral.
6. *Vienen hacia ellas* un chico y una chica.
7. Estamos haciendo un *informe* sobre los peregrinos.
8. ¿*Tenéis algo en contra de* contestarnos unas preguntas?

A8.5 Así fue ▶ G 8.1

El siguiente texto está en presente histórico. Repítelo con los verbos en indefinido.

Sabine y Marion salen de Berna en avión. Llegan a Madrid dos horas más tarde. Salen del aeropuerto y toman el autobús. Van a Burgos. Buscan una pensión barata para pasar la noche. Al día siguiente se levantan temprano. Entran en un bar a desayunar. Sabine toma un café con leche; Marion toma té. Salen del bar y comienzan a caminar. Al principio todo va bien, pero pronto tienen problemas. A Marion le salen muchas ampollas en los pies. Los otros peregrinos les ofrecen ayuda. Después de unos días, se soluciona el problema de las ampollas en los pies. Llegan a Santiago después de caminar cuatro semanas.

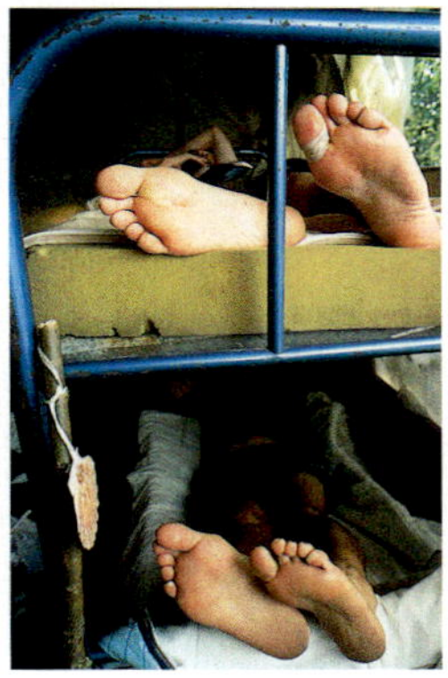

A8.6 Eso ya pasó ▶ G 8.1

Formula una pregunta en indefinido. Tu compañero/a da la respuesta también en indefinido con las siguientes indicaciones.

– estar – cine
– ¿Dónde estuviste ayer?
– Ayer estuve en el cine.

1. levantarse – 7.30
2. desayunar – nada
3. salir de casa – 8.15
4. ir a clase – autobús
5. estar en clase – hasta las dos
6. volver a casa – 14.30
7. comer – en casa con mis padres
8. estudiar – toda la tarde porque tenemos un examen

¿a qué hora? ¿cuánto tiempo? ¿qué? ¿dónde? ¿cuándo? ¿cómo?	ayer anteayer el fin de semana pasado

A8.7 Tú decides ▶ G 8.2

Formula la frase en indefinido o en perfecto, según las reglas. Si en algún caso crees que son posibles las dos versiones, explica por qué.

1. Nosotros nunca – estar – en Santiago de Compostela.
2. En el colegio el profesor de español nos – hablar – mucho del Camino de Santiago.
3. El año pasado – ver (nosotros) – en la televisión un reportaje sobre el Camino.
4. Sabine y Marion – ir – a Santiago. Al principio – tener – muchos problemas.
5. Marion – estar – a punto de volver a casa porque le – salir – muchas ampollas en los pies.
6. El paisaje de Castilla les – parecer – muy diferente al paisaje de Suiza; – pasar – mucho calor.
7. Durante las semanas que – caminar – por Castilla no – llover – ni una gota.
8. No sé si va a llover o no, hasta ahora en la radio no – decir (ellos) – nada sobre el tiempo.
9. Sabine y Marion – estar – una semana en Santiago y luego – volver – en avión a Berna.
10. Quieren contarle sus experiencias a su profesor de español, pero todavía no lo – ver.

A8.8 Yo te lo digo ▶ G 7.4

Completa la información con los pronombres que faltan.

1. Los chicos se acercaron a Sabine y Marion para hacer ◆ algunas preguntas.
2. Si no sabes lo que es el Camino de Santiago, yo ◆ ◆ explico.
3. Marion y Sabine tuvieron muchos problemas, pero los otros peregrinos ◆ ofrecieron su ayuda.
4. Marion quiere la botella de agua; Sabine ◆ ◆ da.
5. Los chicos quieren saber cómo ◆ fue por el camino y ellas ◆ ◆ cuentan.
6. Si los peregrinos necesitan alguna información, la gente ◆ ◆ da con mucho gusto.
7. Nosotros conocemos la historia del Camino porque nuestro profesor ◆ ◆ contó en clase.
8. Si no entendéis las preguntas en castellano, ◆ ◆ podemos hacer en inglés.

A8.9 Facilísimo ▶ G 8.3

Transforma los superlativos formulados con *muy* / *mucho* en otros con *-ísimo*.

1. Este tema es muy interesante.
2. Algunos días del camino fueron muy aburridos.
3. El camino ha sido muy largo (!).
4. Entender a la gente de los pueblos fue muy difícil.
5. Sabine y Marion caminaron muchas horas al día.
6. Caminar todos los días con tanto calor fue muy duro.
7. En algunas partes de Castilla hay muy pocos (!) árboles.
8. Llegaron a Santiago muy cansadas.

A8.10 En tu propia lengua ▶ G 8.3

a) Busca la correspondencia en alemán a las siguientes estructuras españolas en cursiva.

1. Marion *es la que más* problemas tuvo durante el camino.
2. *Lo que más les gustó* fue el paisaje.
3. Entender a la gente de los pueblos fue *lo más difícil*.
4. Marion es *la mayor* de sus hermanos.
5. Las semanas que caminaron por Castilla fueron *las más duras*.
6. De las dos, Sabine es *la que mejor* habla el castellano.
7. *Lo mejor es* caminar cuando no hace mucho calor.
8. *Lo peor* para un caminante son las ampollas en los pies.
9. Una de *las cosas más impresionantes* fue ver la cantidad de jóvenes que hacen el Camino.
10. Caminar bajo la lluvia *es lo que menos* les gustó.

b) Schau dir noch einmal die Sätze an und versuche zu begründen: wann steht der Artikel allein und wann **Artikel + que**, wann wird **lo** bzw. **lo que** verwendet?

A8.11 Ella es la que mejor baila ▶ G8.1 / G8.3

Tú preguntas en presente o indefinido, según el sentido.
Tu compañero/a contesta.

el / la / los / las — **el que / la que / los que / las que** — **lo que**

1. Sabine – hablar – bien el castellano, ¿verdad?	Sí, Sabine es ◆ mejor lo habla.
2. A Marion – gustarle – caminar bajo el sol, ¿verdad?	No, caminar bajo el sol es ◆ menos le gustó.
3. Los paisajes de Castilla – ser – interesantes, ¿no?	No, fueron ◆ más aburridos.
4. ¿Comer (tú) – mucha fruta por el camino?	Sí, fruta es ◆ más comí.
5. Marion – tener – problemas, ¿cierto?	Sí, Marion fue ◆ más problemas tuvo.
6. Sabine lo – pasar – bien, ¿verdad?	Sí, Sabine fue ◆ mejor lo pasó.
7. Ellas – saber – mucho del Camino, ¿verdad?	Sí, de su curso son ellas ◆ más saben.
8. Ir caminando a Santiago – ser – difícil, ¿no crees?	Sí, creo que es una cosa de ◆ más difíciles.
9. ¿Ser – buena la cocina española?	Sí, es una de ◆ mejores que conozco.
10. ¿Ver (vosotras) – muchos jóvenes por el camino?	Sí, grupos de jóvenes es ◆ más vimos.

A8.12 Vamos a comprar fruta

Sabine y Marion tienen hambre. En la plaza de un pueblo ven un mercado y se paran a comprar algo.

medio kilo de
un kilo de

a) Ordena el siguiente diálogo entre las chicas y el vendedor.

(A) Vendedor — Medio kilo, aquí tiene. ¿Algo más, guapa?
(B) Sabine — Bueno, pues déme medio kilo.
(C) Vendedor — Estas son muy buenas, son a tres euros el kilo.
(D) Sabine — Sí, déme también medio kilo de uvas.
(E) Sabine — ¿Cuánto cuestan esas manzanas?
(F) Sabine — ¿Cuánto es todo?
(G) Vendedor — Aquí tiene, ¡riquísimas estas uvas, eh!
(H) Vendedor — Un euro cincuenta las manzanas y un euro veinticinco las uvas, son dos euros setenta y cinco.
(I) Marion le da cinco euros. El vendedor le devuelve dos euros veinticinco.

b) Formula con tu compañero/a diálogos parecidos al anterior.

A8.13 Un pequeño reportaje

Imagina que tú has hecho un viaje como Sabine y Marion. Después de regresar de España, te piden un breve artículo sobre tus experiencias para una revista. Escribe ese artículo.

A8.14 El problema de las lenguas: ¿Español o castellano?

→D

Para algunos, *español y castellano* son sinónimos. Para otros, no. En Latinoamérica se dice generalmente *castellano* y no *español.* También en España, en las regiones bilingües, se oye poco el término *español.* Es que España es un país plurilingüe. Por eso no es del todo correcto identificar el *castellano* con el *español*, ya que en España hay también otras lenguas. Según la Constitución de 1978, el castellano es lengua oficial en todo el país, pero hay además regiones bilingües, donde el castellano es lengua oficial junto con la lengua propia de esa región. En Cataluña se habla el catalán, en Galicia se habla el gallego y en el País Vasco o Euskadi se habla el vasco. En su lengua los vascos dicen *euskera* y también *euskara*. En Valencia se habla el valenciano y en Mallorca el mallorquín. El valenciano y el mallorquín son muy parecidos al catalán. Todas ellas son hijas del latín, excepto el vasco, cuyo origen todavía no se conoce.

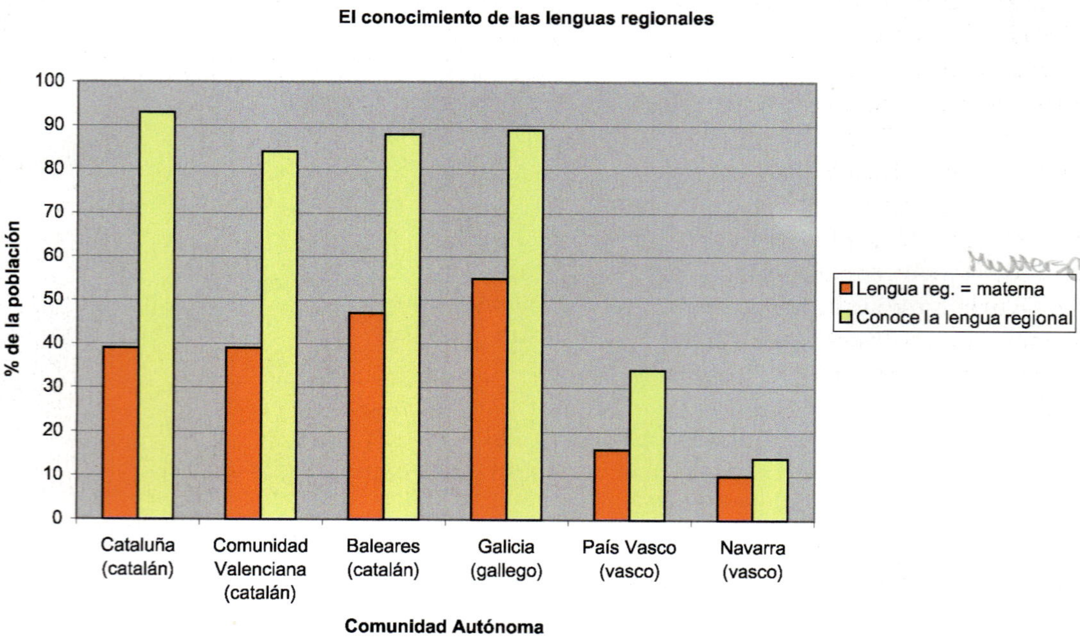

A 8.15 Galicia

El Gaitero es el verdadero héroe popular
El instrumento musical característico de Galicia es la gaita, un instrumento que comparten con Escocia y Asturias. La gaita no es ya sólo un instrumento de música folclórica, sino que ha conquistado también el mundo de la música pop. Incluso en las pistas de baile está ya presente la gaita.

Un pueblo de emigrantes
La mayor ciudad de Galicia es Buenos Aires y el cementerio más grande, el Cementerio de Colón en La Habana. Cuando los gallegos dicen esto, piensan en los miles de compatriotas que han tenido que salir de su tierra para ganarse la vida. El número de gallegos en Buenos Aires ha sido tan grande que los argentinos llaman *"gayegos"* a todos los procedentes de la Península Ibérica.

¿Qué tiempo hace en Galicia?
Me ha emocionado esta pregunta. ¡El tiempo! Lo primero que hace un gallego al levantarse es mirar al cielo. En otras partes, lo primero que la gente hace después de levantarse es gimnasia, informarse sobre la cotización del euro o tomarse una ducha. El gallego, no. Antes que nada, elabora su parte meteorológico. Su fuente de información es el cielo. Él lo conoce y sabe interpretarlo.
La impresión general fuera de Galicia es que Galicia es lluvia. Pues no, sólo llueve 150 días al año. *"Isto non é Hawai, ni falta que fai!"*, fue el título de una canción moderna. No envidiamos a los de Hawai.

¿Qué conocen de nosotros fuera de España?
A Galicia se la conoce por Santiago, claro está. Pero he comprobado que a Galicia se la conoce mucho más en el mundo desde que el Deportivo de A Coruña y el Celta de Vigo juegan en la Liga de Campeones. La vida es así. Para crear una identidad hay gente que tiene que escribir una enciclopedia de 50 tomos durante 50 años. El fútbol, en cambio, te crea una identidad en una tarde de gloria. Pero en Galicia no se acaba el mundo, como fue creencia durante muchos años en la antigüedad. Finisterre *(en latín: finis terrae)* ya es sólo un nombre.

Textos extraídos y resumidos de un informe aparecido en *El País Semanal*

G 8.1 El pretérito indefinido / El pretérito perfecto simple (I)

Im indefinido werden Handlungen ausgedrückt, die innerhalb eines abgeschlossenen Zeitraums **vor heute** geschehen sind z.B.: **ayer / la semana pasada / el año pasado / hace un siglo / el año 2000 …**

Regelmäßig			Unregelmäßig		Sonderfall
hablar	**entender**	**salir**	**estar**	**tener**	**ser / ir**
habl**é**	entend**í**	sal**í**	estu**ve**	tu**ve**	**fui**
habl**aste**	entend**iste**	sal**iste**	estuv**iste**	tuv**iste**	**fuiste**
habl**ó**	entend**ió**	sal**ió**	estu**vo**	tu**vo**	**fue**
habl**amos**	entend**imos**	sal**imos**	estuv**imos**	tuv**imos**	**fuimos**
habl**asteis**	entend**isteis**	sal**isteis**	estuv**isteis**	tuv**isteis**	**fuisteis**
habl**aron**	entend**ieron**	sal**ieron**	estuv**ieron**	tuv**ieron**	**fueron**

- Bei den **regelmäßigen Verben** sind alle Formen **endungsbetont**. Die Verben auf **-er** und **-ir** haben gleiche Endungen.
- Die 1. Person Plural der Verben auf **-ar** und auf **-ir** ist formengleich mit dem Präsens.
- ent**ie**ndo → ent**e**ndí: keine Diphthongierung im indefinido.
- Bei den **unregelmäßigen Verben** sind die **1.** und die **3. Person Singular stammbetont (kein Akzent!).**
- Alle **unregelmäßigen Verben** (außer ir / ser) haben im indefinido die gleichen Endungen wie **estar** bzw. **tener**.

indefinido (II) ▶ G 9.1 / indefinido (III) ▶ G 9.2

G 8.2 perfecto ←→ indefinido (I)

Jamás **he visto** gente tan amable.
En clase **hemos hablado** mucho del Camino.
Por el Camino **no hemos** tenido problemas.
Leyendo libros **he aprendido** mucho del Camino.
Han llegado a Santiago hace un momento.

Die im **perfecto** ausgedrückte **Handlung** hat **in der Vergangenheit begonnen**, **reicht** aber **bis in die Gegenwart** oder hat in einem **noch nicht abgeschlossenen Zeitraum** stattgefunden.
▶ G 7.2

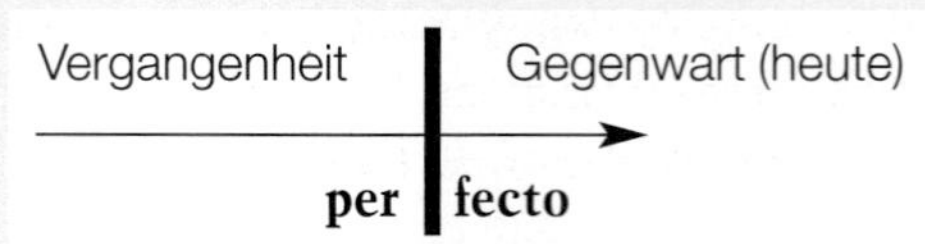

A Marion le **salieron** ampollas el primer día.
Marion **estuvo** a punto de volver a casa.

Die im **indefinido** ausgedrückte **Handlung** fand in einem **abgeschlossenen Zeitraum vor heute** statt und überschreitet die Grenze zur Gegenwart nicht.

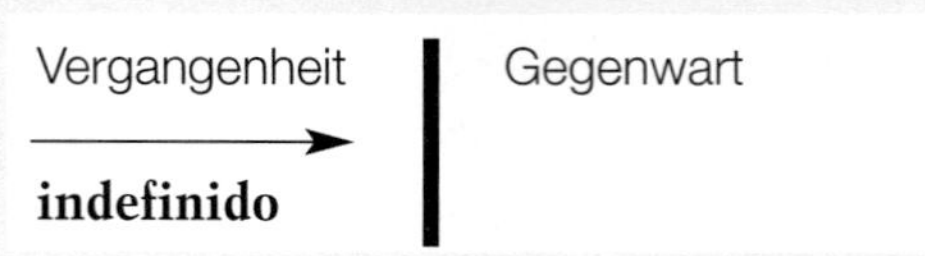

perfecto ←→ indefinido (II) ▶ G 9.3

G 8.3 El superlativo Der Superlativ

Der absolute Superlativ

Der sogenannte absolute Superlativ drückt einen sehr hohen Grad aus, ohne jedoch einen Vergleich zu ziehen (dt. *sehr, höchst* oder Abwandlung des Adjektivs wie *kinderleicht, sündhaft teuer, steinreich, ellenlang, riesengroß* usw.).

Los albergues son **muy** sencillos. La pensión donde vivimos está **muy** cerca de aquí.	**muy + Adjektiv / Adverb**
Entender a la gente del campo es dificil**ísimo**. Para llegar a Santiago hay que caminar much**ísimas** horas.	**- ísimo/a** als Adjektivendung

Beachte die Schreibung: largo → lar**gu**ísimo; rico → ri**qu**ísimo; feliz → feli**c**ísimo

Der relative Superlativ

Der sogenannte relative Superlativ drückt den höchsten Grad innerhalb einer bestimmten Gruppe von Gegenständen oder Personen aus (dt. *der / die / das größte, teuerste, netteste* usw.).

Agosto **es el peor** mes para hacer el Camino. Marion **es la mayor** de las dos. Sabine **es la más simpática** de todas sus amigas. El clima de Galicia es **el más húmedo** de España. La música es **lo**[1] **más interesante** para los jóvenes.	**ser + Artikel +** { **más / menos / mejor / peor / mayor** } **+ Substantiv** bzw. **Adjektiv**

[1] Bei Verallgemeinerung bzw. bei Bezug auf den Satzinhalt wird der Artikel **lo** verwendet.

Sabine es **la que menos** problemas ha tenido. Sabine y Marion son **las que más** viajan. Los paisajes de Galicia **son los que más** les gustan. Florian **es el que peor** entiende el castellano. El paisaje es **lo**[2] **que más** les ha impresionado.	**ser + Artikel + que** { **más / menos / mejor / peor** } **+ Verb**

[2] Bei Verallgemeinerung bzw. bei Bezug auf den Satzinhalt wird der Artikel **lo** verwendet.

En Santiago es **donde más** peregrinos hay. Por la mañana es **cuando mejor** se camina. Así es **como más** me gusta.	Bei Angaben über **Ort, Zeit** und **Art und Weise** werden die entsprechenden Adverbien (**donde / cuando / como**) verwendet.

G 8.4 Verbos de irregularidad común *-zc-* Klassenverben -zc-

con<u>ocer</u>	**of<u>recer</u>**	**pro<u>ducir</u>**	
cono**zc**o	ofre**zc**o	produ**zc**o	Bei Verben, die auf **-ocer, -ecer** und **-ducir** enden, steht in der 1. Person Präsens **-zc-** vor der Endung.
conoces	ofreces	produces	
conoce	ofrece	produce	
…	…	…	

La generación punto com

Los chicos de la red

No tienen ni idea de quién fue Franco. Nunca han visto una televisión en blanco y negro. No se imaginan el mundo sin la palabra ciberespacio, un medio que para ellos no tiene secretos y por el que se mueven como pez en el agua. Son los niños de la generación *punto com*.

David Navarro pertenece a esta generación y es uno de los prototipos. Su primer contacto con la red fue a los trece años cuando tecleó sus primeras palabras en un buscador de Internet. "Las palabras que tecleé fueron sólo dos: *Expediente X*, mi serie favorita", nos dijo. Ahora, con 18 recién cumplidos, gana tanto como un alto ejecutivo. "¿Cómo lo hiciste?", le preguntamos. "Aprendí a hacer diseños *web* y fundé mi propia empresa. Tuve suerte. Mi página *web* ha sido hasta ahora un buen negocio", fue su respuesta.

David Navarro es un buen ejemplo de esa categoría de alumnos que los profesores llaman *el repetidor*. Siempre tuvo algún problema para aprobar todas las asignaturas en junio y él mismo dice que fue mal estudiante, que a él nunca le han gustado demasiado los libros. Jamás ha cursado oficialmente estudios de Informática, y sin embargo, ha llegado a ser un gran experto en este campo.

Él y su compañero, Abelardo Gil Fournier, también de 18 años, pusieron en marcha una página *web* en castellano sobre ciencia y tecnología que muy pronto fue la más visitada de la red. Tampoco Abelardo fue alumno modelo: Nunca sacó notas brillantes en el colegio y siempre estuvo entre los más flojos del curso.

"Lo que sabemos lo hemos aprendido practicando, pasando muchas horas delante del monitor o consultando libros, aunque preferimos la experiencia. A nosotros los manuales siempre nos han parecido un rollo", nos dijeron. David y Abelardo son, pues, unos autodidactas, otra característica de los niños *punto com*.

Internet es su principal vicio en las horas libres. Ningún otro medio tiene para ellos tanto atractivo. Ni la televisión, ni los deportes, ni la música pueden con el encanto del mundo virtual.

El Suplemento del País, texto muy resumido

COMUNICACIÓN [05]

A9.1 ¡Qué preguntas!

Contesta las preguntas sobre el texto.

1. ¿Qué características tienen los chicos *punto com*?
2. ¿En qué se diferencia David de otros chicos de su edad?
3. ¿Por qué saben David y Abelardo tanto de informática?
4. ¿Qué hacen David y Abelardo en sus horas libres?

A9.2 Son autodidactas

a) Mira otra vez el texto y busca todas las palabras o expresiones que tienen que ver con el colegio o con los estudios.

b) David y Abelardo fueron malos estudiantes: Con la información que tienes en esta y en la unidad 6 trata de

– hacer junto con tu compañero/a un retrato robot del buen estudiante,
– hacer junto con tu compañero/a un retrato robot del mal estudiante.

A9.3 Ojo de detective

Mira el texto y comprueba cómo se expresa lo mismo que aparece en estas explicaciones.

1. no saben nada
2. para ellos es facilísimo
3. un programa de televisión que ponen una vez a la semana y que le gusta mucho
4. acaba de cumplir 18 años
5. tiene que hacer dos veces el mismo curso
6. Matemáticas, Física, Inglés, etc. lo son
7. abrieron una página *web*
8. sus notas siempre fueron regulares o bajas
9. mirar lo que dicen los libros
10. para nosotros los libros siempre han sido muy aburridos

A9.4 En algunas cosas nos parecemos ▶ G8.1 / 9.1

Mira el texto y escribe las cosas que hacen o que hicieron David y Abelardo. ¿Haces o has hecho tú lo mismo? Formula frases referidas a tu caso y compara luego tu lista con la de tu compañero/a.

David no tiene idea de quién fue Franco.
Yo tampoco tengo idea de quién fue ese señor.

Su primer contacto con la red fue a los 13 años.
Mi primer contacto con la red fue a los diez años.

A9.5 La biografía de un famoso ▶ G 8.1 / 9.1

Aquí tienes los datos biográficos de un famoso. Completa la biografía con los verbos en indefinido y di qué famoso es.

1. ◆ el 5 de enero de 1938 en Roma.
2. ◆ los primeros años de su vida en Italia y ◆ a hablar el italiano.
3. ◆ un par de años en un colegio de Friburgo, en Suiza.
4. ◆ que separarse de sus padres a los 10 años para ir a España.
5. ◆ solo a Madrid en noviembre de 1948.
6. Sus padres no ◆ acompañarlo porque Franco no se lo ◆.
7. ◆ el bachillerato y ◆ en Madrid.
8. ◆ en 1962 con Sofía de Grecia.
9. En 1969 Franco lo ◆ oficialmente en las Cortes, el Parlamento español, como futuro Jefe de Estado.
10. ◆ al trono el 22 de noviembre de 1975.
11. Su primer discurso a los españoles ◆ muy importante porque les ◆ la democracia.
12. En 1976 ◆ a Adolfo Suárez Jefe del Gobierno.
13. Así ◆ la reforma política hacia la democracia.
14. En 1978 ◆ la Constitución.
15. El 23 de febrero de 1981 ◆ impedir un golpe de Estado y salvar la democracia.

nacer
pasar / aprender
estar
tener
llegar
poder / permitir
hacer / estudiar
casarse
presentar

subir
ser
prometer
nombrar
comenzar
firmar
poder

A9.6 Una entrevista a un famoso ▶ G 8.1 / 9.1

Imagina que eres un periodista y que tienes que hacer una entrevista a un famoso o a una famosa. Ese famoso o esa famosa es tu compañero/a. Formula las preguntas en indefinido. Él o ella las contesta también en indefinido. Presentad luego vuestra entrevista a los demás.

nacer — ir al colegio — vivir — hacer el bachillerato — terminar los estudios — empezar a … — casarse — conocer al novio/a / a la mujer / al marido — ser su primer éxito — cómo llegar a ser famoso — etc.

A 9.7 Todo lo quiere saber ▶ G 8.1 / 9.1

Dialoga con tu compañero/a.

a) Completa el diálogo con las formas correctas de indefinido.

– ¿Qué (hacer, tú) el fin de semana? ¿Dónde (estar, tú)?
– El sábado por la tarde (estar, yo) en casa. (Tener, yo) que estudiar para un examen. Por la noche (salir, yo) un rato.
– ¿Adónde (ir, tú) ?
– (Ir, yo) al cine con David.
– ¿Qué película (ver, vosotros)? ¿Te (gustar)?
– (Ver, nosotros) una película de ciencia ficción que no me (gustar) mucho.
– ¿No (ir) Abelardo con vosotros?
– No, él no (querer) ir con nosotros; creo que él (salir) con una chica pero no nos (decir) con quién.
– Entonces, ¿(volver, vosotros) tarde a casa?
– Sí, (volver, nosotros) bastante tarde.

b) Escribe en una hoja lo que hiciste el fin de semana y compara con tu compañero / a.

A 9.8 Como un detective de verdad ▶ G 8.1 / 9.1

a) Juan José, un amigo tuyo, es muy celoso y cree que Vanesa, su novia, sale con otro chico. Tú vas a hacer de detective y tienes que vigilar a Vanesa. Tú la sigues y apuntas todo lo que hace. Luego escribes lo que viste para informar a tu amigo.

b) Escucha ahora lo que un detective de verdad le dijo a Juan José. Compara con tu informe y complétalo si te falta algo.

A 9.9 Contigo a pan y cebolla ▶ G 9.5

Formula la pregunta en presente, perfecto o indefinido y tu compañero/a la contesta con la preposición y el pronombre correcto.

1. ¿Para quién – comprar, tú – este regalo?	für dich
2. ¿De quién – estar, ellas – hablando?	von euch
3. ¿ – ir – ayer al cine con David?	ja, mit ihm
4. ¿A quién – esperar, vosotros – ?	dich
5. ¿Por qué no – ir, ellas – a la fiesta el sábado?	meinetwegen
6. ¿Con quién – estar – los chicos ayer?	mit mir
7. ¿– hacer, tú – ayer los deberes con Elena?	ja, mit ihr
8. ¿Por qué no – decir – Sabine nada en toda la tarde?	deinetwegen
9. ¿A quién – invitar, ellas – a su cumpleaños?	uns
10. ¿– ir – a nadar a la piscina ellas solas?	nein, mit mir

A 9.10 Con más énfasis ▶ G 9.5

Repite las siguientes frases pero usando los dos pronombres.

> Perdona, pero no **te** entiendo.
> Perdona, pero yo **a ti** no **te** entiendo.

1. **Me** gusta mucho navegar por Internet.
2. **Les** salió bien su negocio.
3. Los manuales siempre **nos** han parecido un rollo.
4. ¿**Os** gusta la nueva serie de televisión?
5. David y Abelardo no **nos** explicaron nada.
6. Elena no **las** invitó a su cumpleaños.
7. No **los** entiendo porque hablan dialecto.
8. Ir caminando 500 kilómetros hasta Santiago **me** parece muy duro.
9. ¿Quién **te** enseñó a hacer páginas web?
10. Abelardo no quiso dar**me** su dirección de correo electrónico.

A 9.11 Dilo en castellano

1. David ruft mich nie an. – Mich ruft er aber jeden Tag an.
2. Hat er dich eingeladen? Mich nicht!
3. Normalerweise sagen wir niemandem unsere Telefonnummer, aber euch schon.
4. Gefällt dir diese Musik nicht? Mir schon.
5. Ihr schenken wir eine CD und ihm ein Buch, einverstanden?
6. Kennst du das Paar (la pareja) dort? – Ihn kenne ich schon, aber sie nicht.
7. Euch zeigen sie ihre Fotos, uns nicht.
8. Gefällt dir dieses Land?
9. Wir gehen nicht ohne dich nach Hause.
10. Ich bin nur deinetwegen gekommen.

A9.12 ¿Quién fue o quién es?

David y Abelardo no saben quién fue Franco, ¿y tú?
Aquí tienes otras personas que son o han sido famosos en el mundo hispánico.
Busca información y escribe unas líneas sobre uno de ellos. Presenta en clase tu información.

Carlos Gardel

Federico García Lorca

Gabriela Mistral

Carlos Santana

Gabriel García Márquez

Hernán Cortés y Malinche

Gioconda Belli

Frida Kahlo

A9.13 Es un buen amigo ▶ G 9.4

Formula las frases con el adjetivo adecuado. A veces hay varias posibilidades.

1. David y Abelardo son ◆ especialistas en informática.
2. Una página web puede ser un ◆ negocio.
3. En el colegio casi siempre sacaron ◆ notas.
4. La ◆ novia que tuvo, fue una chica de su curso.
5. Todavía estamos en (1°) ◆ de ESO.
6. Hasta ahora no hemos tenido ◆ problema con este negocio.
7. Están buscando especialistas en informática, ¿◆ de vosotros lo es?
8. Cada vez que trabajas tú con mi ordenador tengo luego ◆ problema.
9. Mi hermano está en el (3°) ◆ curso de ESO.
10. ¿Vosotros vivís en el (3°) ◆ piso? – No, no, vivimos en el (1°) ◆.
11. Poner una página web fue una ◆ idea.
12. ¡Qué ◆ programa ponen hoy en la tele!

- bueno
- malo
- grande
- primero
- tercero
- alguno
- ninguno

Carlos I

A9.14 Su vicio no son los deportes

David y Abelardo no practican ningún deporte, sólo se pasan el día en Internet, ¿y tú? Habla con tu compañero/a y usa las expresiones del menú.

¿Te gusta jugar a …?	¿Cuál es tu deporte favorito?
¿Cómo juegas?	¿Estás en algún club?
¿Juegas bien?	¿Cuántas veces a la semana entrenas?
¿Juegas mucho?	

¡!

¡Tenlo en cuenta!

En **España** se dice: **jugar a + tipo de deporte**: juego al fútbol, jugamos al baloncesto, etc.
En **Latinoamérica** se dice **jugar + tipo de deporte**: juego fútbol, jugamos baloncesto, etc.

A9.15 Cada oveja con su pareja

a) Trata de combinar el substantivo con el verbo. Si puedes hacer una frase, mejor.

ver
imprimir
cliquear o hacer clic sobre/en
conectar / poner en marcha
escanear
teclear
grabar

b) Busca en Internet la dirección del Instituto Cervantes y mira la oferta que tienen para aprender español.

A9.16 Así son los jóvenes

Aquí tienes algunos datos sobre los jóvenes en España. Compara con tu caso o con los jóvenes de tu país.

Sus padres les dan dinero para sus gastos

86 %	15–19 años
59 %	20–24 años
24 %	25–29 años

Es lo que hacen por lo menos una vez al mes

88 %	ir de bares o a cafeterías
57 %	ir al cine o al teatro
45 %	ir a la discoteca
31 %	ir de excursión o salir de la ciudad los fines de semana
23 %	hacer deporte o ir al gimnasio
14 %	ir a conciertos de música

Se lo compran al menos una vez al mes

52 %	discos compactos
41 %	tabaco
40 %	revistas
36 %	periódico
36 %	libros de lectura
21 %	anticonceptivos
6 %	cómics

Lo creen absolutamente necesario

84 %	tener vivienda propia
78 %	tener coche
56 %	tener ropa de marca
58 %	tener un equipo de música
48 %	tener televisor
44 %	tener un ordenador
35 %	estudiar en el extranjero
35 %	viajar al extranjero
30 %	tener vídeo
25 %	tener moto

Su grado de compromiso social. Participa activamente:

65 %	en las decisiones familiares
24 %	en las actividades del colegio
22 %	en organizaciones juveniles
14 %	en actividades del lugar donde estudia o trabaja
6 %	en proyectos ecologistas
3 %	en organizaciones políticas o sindicales

Estudios CIS (Centro de Investigaciones Sociales), Instituto de la Juventud, Datos referidos a jóvenes en edades entre 15 y 29 años.

E9

Esto te ayuda …

para indicar que no se sabe algo sagen, dass man etwas nicht weiß	No tengo ni idea. / Ni idea.
para indicar que se está a gusto Wohlbefinden ausdrücken	Me siento como pez en el agua.
para indicar que algo acaba de ocurrir sagen, dass etwas gerade geschehen ist	recién cumplidos los 18 años recién llegado, recién nacido
para indicar que algo te gusta mucho sagen, was einem gut gefällt	mi serie favorita, mi deporte favorito mi comida favorita, mis CD favoritos
para indicar la edad o una etapa de la vida Alter oder Lebensabschnitt angeben	de niño / de joven / de 18 años de mayor / de soltero / de casado
para indicar desagrado Missfallen ausdrücken	Me parece un rollo. / Es un rollo. Me parece aburrido.

G 9.1 El pretérito indefinido (II) — Indefinido der unregelmäßigen Verben

decir	hacer	poder	poner	querer	saber	venir
dije	hice	pude	puse	quise	supe	vine
dij**iste**	hic**iste**	pud**iste**	pus**iste**	quis**iste**	sup**iste**	vin**iste**
dij**o**	hi**zo**	pud**o**	pus**o**	quis**o**	sup**o**	vin**o**
dij**imos**	hic**imos**	pud**imos**	pus**imos**	quis**imos**	sup**imos**	vin**imos**
dij**isteis**	hic**isteis**	pud**isteis**	pus**isteis**	quis**isteis**	sup**isteis**	vin**isteis**
dij**eron**[1]	hic**ieron**	pud**ieron**	pus**ieron**	quis**ieron**	sup**ieron**	vin**ieron**

[1] wenn **j** vor der Endung steht, entfällt das **i** der Endung -ieron

indefinido (I) ▶ G 8.1

G 9.2 El pretérito indefinido (III) — Indefinido: orthographische Besonderheiten

Yo empe**cé** a interesarme por Internet a los 13 años.
Ayer perdí el autobús y lle**gué** tarde a clase.
En el colegio nunca sa**qué** malas notas.

Bei den Verben auf **-car, -gar** und **-zar** ändert sich in der **1. Person indefinido** die Schreibung des Konsonanten vor der Endung folgendermaßen:
z → c / g → gu / c → qu

G 9.3 perfecto ←→ indefinido (II)

Esta mañana me **levanté** tarde y **perdí** el autobús.
A las ocho **estuvo** David en mi casa.
¿Qué **desayunaste** hoy?

Bei **punktuellen Handlungen** innerhalb eines noch nicht abgeschlossenen Zeitraums wird in **Nordspanien** und teilweise auch in **Castilla-León** wie auch in **Lateinamerika oft *indefinido*** statt ***perfecto*** gebraucht.

¿Ya **hablaste** con Julia?
Hoy no **hice** nada en todo el día.
¡Qué bueno que **viniste**!

In **Lateinamerika** wird viel **häufiger *indefinido*** als ***perfecto*** gebraucht.

perfecto ←→ indefinido (I) ▶ G 8.2

G 9.4 Los adjetivos apocopados — Verkürzte Adjektivformen

Es un **buen** ejemplo de alumno repetidor.
Su página *web* ha sido un **buen** negocio.
A los 13, tuvo su **primer** contacto con la red.
Nosotros vivimos en el **tercer** piso.
Esta información no te la da **ningún** libro.
Ningún otro medio los seduce tanto.
Siempre tuvo **algún** problema para aprobar.

- **bueno, malo, alguno, ninguno, primero** und **tercero** verlieren das auslautende **-o**, wenn sie **im Singular vor maskulinem Substantiv** stehen.
- Die feminine Form wird nicht verkürzt.
- Die verkürzte Form von **alguno** und **ninguno** wird mit Akzent geschrieben.

Ha llegado a ser un **gran** experto.
La red es una **gran** tentación para todos.

- Bei **grande** wird im Singular bei Voranstellung sowohl die maskuline als auch die feminine Form verkürzt.

Para mi ordenador necesito una mesa **grande**.
David y Abelardo son **grandes** amigos.
Es un **gran** hotel.
Es ist ein tolles / luxuriöses Hotel.
Es un hotel **grande**.
Es ist ein großes Hotel.

- Bei Nachstellung und im Plural wird das Adjektiv nicht verkürzt.
- Bei **grande** ändert sich die Bedeutung, je nachdem ob es voran- oder nachgestellt wird.

G 9.5 El pronombre con preposición — Das Personalpronomen nach Präposition

– ¿Son **para mí** estas revistas, David?
– Sí, son **para ti**.
Para nosotros el ciberespacio no tiene secretos.
Ninguno **de ellos** fue alumno modelo.
Queremos hablar **contigo** sobre tu página web.
David y Abelardo se fueron al cine **sin mí**.

Nach Präposition stehen – außer in der 1. und 2. Person Singular – die Subjektformen des Personalpronomens.

Sonderformen: **conmigo** – **contigo**

a	**mí**		**conmigo**
de	**ti**		**contigo**
contra	él / ella		él / ella
hacia	usted		usted
por	nosotros/as	**con**	nosotros/as
para	vosotros/as		vosotros/as
sin	ellos / ellas		ellos / ellas
	ustedes		ustedes

A mí me gusta mucho navegar por Internet.
A ellos nunca **les** han gustado los libros.
A ella le parece un rollo este tema.
¿**A ti** qué **te** parece este negocio de Internet?
Yo **te** necesito **a ti**, no a otra persona.
¿A quién buscas? – **A ti**.

Das Pronomen mit der Präposition **a** muss **im Satz mit der verbundenen Form** stehen.

Als Antwort auf eine Frage kann es allein stehen.

Unidad 10

Un año en Panamá

Helen es una joven estudiante que, de alumna, estuvo un año en Panamá y que ahora estudia inglés y español en la Universidad de Erlangen. El profesor de español le hace la siguiente entrevista.

P. Hola, Helen. Tú estuviste un año de intercambio en Panamá, ¿verdad? ¿Cuántos años tenías y en qué curso estabas cuando te fuiste?
H. Tenía 17 años y me fui después del curso 11.

P. ¿En qué parte de Panamá estuviste?
H. Estuve en el oeste de Panamá, cerca de la frontera con Costa Rica, en la región más fría del país. Viví en un pueblo más o menos grande que se llama Volcán, en la provincia de Chiriquí.

P. ¿Sabías español cuando te fuiste?
H. Sí, cuando llegué ya sabía algo, pero solamente entendía, no hablaba mucho. Allí aprendí a hablar en muy poco tiempo.

P. Tú viviste en una familia, ¿cómo la conociste?

H. Bueno, yo conocí a la familia a través de la organización que se encarga de los intercambios. Ellos me mandaron unas fotos y una carta de "mi" familia unas semanas antes de irme. Yo también les mandé una carta y una foto mía.

P. ¿Y cómo era esa familia? ¿Cómo te recibieron?
H. No sé si es una familia típica, porque ellos tienen un pequeño hotel con restaurante y yo tenía una habitación para mí sola, no tenía que compartirla con nadie. Todos me recibieron con los brazos abiertos: mi papá, mi mamá, mi abuelita, mis dos hermanas y mi hermano. Con quien mejor me entendía era con mi hermana que tenía casi la misma edad que yo. Ellos me llamaban "hija" o "hermana" y me trataban como a una más de la familia. Y así me sentí también.

P. ¿Y te llamaban con tu nombre alemán?
H. Sí, todos me llamaban Helen, pero lo pronunciaban "Gelen" porque para ellos es difícil pronunciar la hache alemana. Muchos también escribían mi nombre con G.

P. ¿Fuiste tú sola o fueron contigo otras chicas del colegio?
H. De mi colegio fui yo sola, pero en Volcán éramos seis alumnos de intercambio. Éramos de todo el mundo: una de Australia, otra de Francia, yo de Alemania, un chico de Noruega, otro de Groenlandia y una chica de Estados Unidos.

P. ¿Sentiste mucha morriña?
H. No, al principio todo era nuevo y como una aventura para mí. Pero cuando me acostumbré, a veces sí tenía un poco de morriña. Eso es normal.

P. ¿Tuviste problemas para acostumbrarte a las comidas?
H. No, no tuve muchos problemas, pero claro también había cosas que no me gustaban, como "tamales de maíz". Pero había mucho arroz con frijoles y carne o arroz con pollo. Y naturalmente muchos zumos de frutas, muy ricos.

P. Y si no sabías tanto español, ¿por qué no fuiste a Inglaterra o a Estados Unidos?
H. Bueno, yo me apunté para inglés, pero como había más solicitudes que plazas, me preguntaron por qué no iba a Sudamérica a aprender mejor español.
Yo lo hablé con mis padres y ellos también me dijeron que sí, que el español era una lengua importante y que con el español y el inglés tenía más posibilidades. Y así fue cómo me decidí a ir a Panamá a aprender una lengua nueva.

P. ¿Cómo era tu vida en Panamá? ¿Qué hacías desde que te levantabas hasta que te acostabas?
H. Todos los días me levantaba bastante temprano, desayunaba y salía para el colegio. Normalmente iba con mi hermana en autobús. Cuando no teníamos prisa, íbamos andando porque el colegio no estaba lejos. Tenía clase de ocho a dos de la tarde. Como casi no sabía español, todos me ayudaban mucho, tanto los profesores como los compañeros. Todos querían explicarme lo que yo no entendía. Es que todo era en español, también las clases de matemáticas o de geografía. Por la tarde hacía los deberes y después salía con mi hermana o con mis amigos.

P. ¿Y los domingos?
H. Los domingos iba con mi familia a misa y muchas veces hacíamos excursiones para conocer el país. Una de las excursiones que más me gustó fue al Puente de las Américas, sobre el Canal de Panamá. Es impresionante.

P. ¿Qué pasó cuando regresaste a Alemania? ¿Cómo te sentiste?
H. Cuando regresé, pasé al curso 12, pero tuve que hacer nuevos amigos porque mis antiguos compañeros estaban en el 13. En sí no tuve problemas, pero al principio me sentía muy extraña y siempre quería hablar español y oír música latinoamericana.

P. ¿Sigues en contacto con tu familia en Panamá?
H. Sí, siempre nos escribimos e-mails o nos llamamos por teléfono. Cada año nos mandamos paquetes con regalos de Navidad.

P. ¿Qué piensas ahora de ese intercambio? ¿Cómo fue esa experiencia para ti?
H. Mi año de intercambio fue una experiencia muy interesante para mí. Aprendí mucho de la gente de allá: el idioma, la cultura diferente, otra manera de vivir, pero también adquirí más confianza en mi misma. Y sé que siempre voy a tener una familia en Panamá.

A 10.1 ¡Qué preguntas!

1. ¿Qué sabes de la persona entrevistada?
2. ¿Por qué razón se fue un año a Panamá?
3. ¿Cómo era su situación
   a) en la familia?
   b) en el colegio?
4. ¿Cómo eran en Panamá sus relaciones con los otros chicos y chicas y por qué?
5. ¿Tuvo Helen problemas
   a) durante su estancia en Panamá?
   b) cuando volvió a Alemania?
6. ¿Qué significó para Helen esta experiencia del intercambio?

A 10.2 Las cosas bien dichas ▶ G 9.1 / 9.4

Formula la frase en indefinido y pon, en vez del símbolo, las formas correspondientes de uno de los adjetivos señalados.

1. Helen – viajar – sola a Panamá, pero para ella no – ser – ◆ – problema.
2. Su año de intercambio – ser – una – ◆ – experiencia.
3. En el colegio de Volcán – hacer – ◆ – amigos.
4. El viaje a Panamá – ser – su – ◆ – viaje a Latinaoamérica.
5. En el colegio todos – ser – muy – ◆ – conmigo, nos dijo Helen.
6. Aprender un nuevo idioma – ser – ◆ – idea.
7. El Puente de las Américas me – causar – una – ◆ – impresión.
8. Después de la – ◆ – semana ya no – tener – morriña.
9. Aprender (yo) – mucho español y mis notas nunca – ser – ◆.
10. Volcán no es un pueblo – ◆ – pero allí lo – pasar – muy bien.

grande
primero/a
ninguno/a
tercero/a
bueno/a
malo/a

A 10.3 Así era su situación ▶ G 10.1 / 10.2

Completa la información de Helen con el verbo en imperfecto.

Helen nos cuenta …

Cuando yo **llegué** a Panamá {
- tener 17 años
- saber algo de español
- todavía no hablar muy bien
- estar muy nerviosa
- hacer calor
- mi familia me estar esperando
- sólo conocerlos por fotos

A 10.4 Antes todo era diferente ▶ G 10.1 / 10.2

Forma frases con la información indicada. Usa el imperfecto.

> Antes yo no tenía ordenador, por eso tenía que escribir mis cosas a máquina o a mano.

Antes	en mi pueblo mis padres en mi país en el colegio	(no) haber (no) tener	autobús televisión clase los sábados pizzerías clases de español	**por eso**	ir al colegio en bicicleta oír más la radio tener menos tiempo libre comer otras cosas no poder aprender español

A 10.5 Antes y ahora ▶ G 10.1 / 10.2

Aquí tienes algunas indicaciones de cómo es hoy. ¿Cómo crees tú que era antes? Dilo. Usa el diccionario si necesitas vocabulario para completar la información.

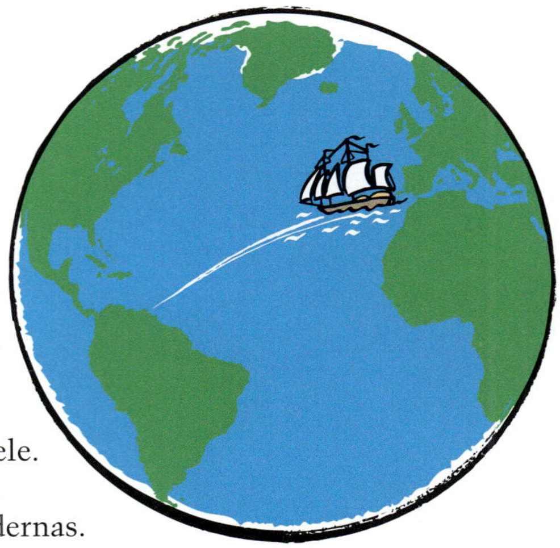

1. Ahora viajamos a América en avión y sólo necesitamos horas.
2. Ahora casi todos tienen un ordenador en casa y escriben sus cosas en el ordenador.
3. Ahora hay autopistas pero casi siempre están llenas de coches.
4. Ahora nos comunicamos por Internet y es muy rápido.
5. Ahora podemos ver los partidos de fútbol por la tele y no tenemos que ir al estadio.
6. Ahora los trenes son rápidos y hacer un viaje largo no es problema.
7. Ahora podemos ver las películas en casa en vídeo o en la tele.
8. Ahora hacemos muchas cosas, pero tenemos poco tiempo.
9. Ahora las familias tienen pocos hijos y viven en casas modernas.

A 10.6 Lo que pasó, pasó

a) Aquí tienes algunos acontecimientos históricos. Formúlalos.

12–10–1492 – llegar – Colón a América
El doce **de** octubre **de** mil cuatrocientos noventa y dos **llegó** Colón a América.
1895–1898 – ser – guerra de la indepencia de Cuba
De 1895 **a** 1898 fue la guerra de independencia de Cuba.

1.	12–10–1492	llegar – Cristobal Colón a América
2.	22–11–1975	subir – al trono el Rey Juan Carlos I
3.	06–12–1978	aceptar – los españoles en referéndum la Constitución
4.	16–12–1992	recibir – Rigoberta Menchú el Premio Nobel de la Paz
5.	1910–1920	tener lugar – la Revolución de México
6.	09–07–1816	comenzar– la independencia de La Argentina
7.	17–09–1925	tener – Frida Kahlo un gravísimo accidente
8.	15–08–1914	pasar – el primer barco por el Canal de Panamá
9.	21–07–1904	nacer – Pablo Neruda, el gran poeta chileno
10.	1936–1939	ser – la Guerra Civil española

b) Presenta tú algunas fechas importantes de la Historia que conoces.

Pablo Neruda

A 10.7 Todo sobre mi padre ▶ G 10.4

a) Helen nos presenta a su papá de Panamá. Ella lo formula en el pasado.

mi papá de Panamá

- llamarse Juan Fox
- ser el mayor de 3 hermanos
- nacer en Mérida en 1948
- ser alto y moreno
- a los 20 años irse a los Estados Unidos
- aprender la profesión de cocinero
- trabajar 20 años en un restaurante
- casarse en 1976 con una panameña
- tener 3 hijos
- a los 45 años regresar a Panamá
- en Volcán poner un hotel-restaurante

b) Escribe ahora un texto completo sobre la biografía de Juan Fox y sigue un orden cronológico.

A 10.8 Todos fueron muy amables conmigo

Inventa una minihistoria de estas personas y define su carácter.

El señor que está telefoneando, es …

amable

indiferente

triste

simpático

optimista

aburrido

alegre

pesimista

tímido

generoso

egoísta

A 10.9 Tú tienes la palabra ▶ G 10.4

Escribe algunas frases sobre una persona que tú conociste. También puedes inventarte una. Formula las frases en imperfecto e indefinido.

Ayudas:

nombre
lugar y fecha de nacimiento
profesión o estudios
su relación con tu persona
situación familiar
carácter y temperamento
cosas importantes en su vida … etc.

A 10.10 No fue a los Estados Unidos porque no había plaza ▶ G 10.4

Tú transformas las siguientes frases del presente al pasado. ¡Ojo!: hoy → aquel día. Si hay dos posibilidades, explica qué diferencia de mensaje hay entre las dos.

1. No llegan puntuales a clase porque se levantan tarde.
2. Hoy no vamos de excursión al Canal porque está lloviendo.
3. Sacas malas notas porque estudias poco.
4. No dice nada porque todavía no sabe hablar bien castellano.
5. Me siento muy bien en la familia porque todos me quieren mucho.
6. Muchas veces como arroz con pollo porque no me gustan los "tamales de maíz".
7. Los domingos va a misa porque su familia es católica.
8. Tiene una habitación para ella sola porque la casa es grande.
9. Los panameños me llaman "Gelen" porque no saben pronunciar la "h" alemana.
10. En Alemania tengo que buscarme nuevos amigos porque mis antiguos compañeros están en el curso 13.

A 10.11 Hablando de Helen

A continuación tienes algunos datos de la estancia de Helen en Panamá. Con esos datos, tú formulas un pequeño informe. Usa el imperfecto o el indefinido y los verbos que necesites. Puedes consultar el texto de la lección o un diccionario.

Cuando Helen estuvo en Volcán …
17 años
no muy bien el español
en una familia
pueblo más o menos grande
dos "hermanas" y "un hermano"
toda la familia en el aeropuerto
con los brazos abiertos
una habitación para ella sola
la familia sólo por fotos
un poco de morriña al principio
todos los días temprano
autobús o andando al colegio
08:30–14:00 clase
seis chicos y chicas de diferentes países
todas las asignaturas en español
todos "Gelen"
comida diferente a la alemana
mucha fruta
en el colegio muy bien
domingos: misa y excursiones
Puente de las Américas
el intercambio, una experiencia fantástica
más confianza en sí misma
un año muy interesante

A 10.12 Vaya cuentos

Tú seguramente conoces los cuentos de Grimm. Aquí tienes una interpretación de Caperucita Roja que hace Quino. Con ayuda del vocabulario adjunto, trata de contarlo tú.

Comienza así:
"Érase una vez una niña
que se llamaba ..."

la cesta
el bosque
el lobo
susurrar al oído
abuelita enferma
ir corriendo a
saltar por la ventana
comerse
registrar la casa
póliza de seguros
alegrarse
el Caribe
la tumbona
la hamaca

Se acaba así:
"¡Y colorín, colorado,
este cuento se ha acabado!"

A 10.13 Mi abuela me contó ...

A Helen le gustaba mucho hablar con su abuela panameña. Un día la abuela le contó ... Completa tú la historia con los verbos en imperfecto o indefinido.

Yo no soy de Panamá, yo (nacer) en Guatemala y (vivir) allá hasta que me (casar). El abuelo, mi marido, (ser) panameño, pero (estar) trabajando en una plantación de bananos en Guatemala. El pueblecito donde yo (vivir) no (ser) muy grande y no (haber) muchos sitios donde ir a divertirse, pero los domingos (tocar) en la plaza un grupo de músicos y los jóvenes (bailar) allá. En uno de esos bailes (conocer) a mi futuro marido. En mis tiempos no (ser) tan fácil como hoy salir con los chicos, (tener) que permitirlo los padres. Después de algún tiempo, yo les (presentar) a Armando, así se (llamar) mi novio. Aunque ellos, en realidad, ya lo (conocer), nuestra relación todavía no (ser) oficial. Unos meses después, mis padres lo (invitar) a comer y lo (aceptar) como mi novio. Desde entonces, nuestra relación ya (ser) oficial. Como él (tener) que trabajar mucho y no siempre (tener) tiempo, nos (ver) sólo dos o tres veces a la semana. Los domingos siempre (salir) juntos. (Hacer) excursiones o (ir) a alguna fiesta con los amigos. (Ser) novios tres años. Luego él (encontrar) un empleo con los yanquis, aquí en el Canal, y nos (venir) a vivir a Panamá. Nos (casar) y aquí (nacer) nuestros tres hijos.

A 10.14 Un viejo sueño: El Canal de Panamá

→D

Desde que Cristóbal Colón descubrió el Istmo de Panamá en el año 1503, los conquistadores españoles, y más tarde los gobernantes panameños, soñaron con la posibilidad de construir un canal para poder pasar del Atlántico al Pacífico sin tener que dar la vuelta por el Estrecho de Magallanes, en el sur del Subcontinente, entre la Argentina y Chile. Ese viejo sueño, plasmado en el eslogan "La tierra dividida, el mundo unido", se cumplió por fin el 15 de agosto de 1914. Después de muchos años de duros trabajos, durante los cuales murieron 20.000 de los 75.000 obreros que trabajaron en su construcción, y de enormes dificultades para superar el desnivel, el proyecto "Canal de Panamá" financiado por los Estados Unidos quedó concluido y los panameños pudieron saludar, llenos de alegría, al primer barco que cruzó el Canal. Desde entonces hasta finales de 1999 la llamada "zona del Canal" fue territorio de soberanía norteamericana. A partir de esa fecha son los propios panameños quienes administran el Canal.

Contesta ahora las preguntas.

1. ¿Fueron los norteamericanos los primeros en pensar en unir con un canal el Atlántico y el Pacífico?
2. ¿Qué ventajas tiene para la navegación el Canal de Panamá?
3. ¿En qué se ha diferenciado "la zona del Canal" de otras zonas de Panamá?
4. La posibilidad de pasar del Atlántico al Pacífico sin dar la vuelta por el Estrecho de Magallanes acorta la distancia entre Nueva York y San Francisco en muchos miles de kilómetros. ¿Cuál de las siguientes indicaciones crees que es la correcta: 10.000 km / 12.000 km / 18.000 km / 20.000 km? Coméntalo con tu profesor de Geografía.

G 10.1 El pretérito imperfecto   Das Imperfekt

hablar	tener	vivir
habl**aba**	ten**ía**	viv**ía**
habl**abas**	ten**ías**	viv**ías**
habl**aba**	ten**ía**	viv**ía**
habl**ábamos**	ten**íamos**	viv**íamos**
habl**abais**	ten**íais**	viv**íais**
habl**aban**	ten**ían**	viv**ían**

- ➢ Alle Formen sind **endungsbetont**, daher keine Diphthongierung.
- ➢ Die Endungen der Verben auf **-er** und **-ir** sind gleich.
- ➢ Die Endungen der 1. und 3. Person Singular sind gleich.
- ➢ **hay** (haber) → **había**

G 10.2 El imperfecto de los verbos *ser / ir / ver*

ir	ser	ver
iba	era	veía
ibas	eras	veías
iba	era	veía
íbamos	éramos	veíamos
ibais	erais	veíais
iban	eran	veían

- ➢ Nur diese drei Verben sind im **imperfecto unregelmäßig.**
- ➢ Die Unregelmäßigkeit bei **ver** besteht darin, dass das **e** erhalten bleibt.

G 10.3 El uso del imperfecto   Der Gebrauch des Imperfekts

Anfang und **Ende** der im **imperfecto** ausgedrückten Handlung oder Situation ist für den Sprecher im Augenblick unwichtig. Im **imperfecto** wird ausgedrückt:

Yo **era** muy joven y no **sabía** español.
Ellos me **llamaban** hija o hermana.
En mi colegio **éramos** seis alumnos de intercambio.
El colegio **era** muy sencillo y **estaba** pintado de azul.

➢ wie etwas oder jemand war oder ausgesehen hat, wie ein Vorgang **üblicherweise** vor sich ging, **ohne** dass die Handlung in einen **zeitlichen Rahmen** gestellt wird,

Todos los días **iba** al colegio con mi hermana.
En mi familia **comíamos** a las dos de la tarde.
Yo **llevaba** a mi hermana pequeña a la cama
y le **contaba** un cuento.

➢ **Gewohnheiten, Sitten, routine- bzw. regelmäßige Wiederholungen** (ohne zu sagen wie oft),

Todos la **estaban esperando** cuando ella llegó.
Estaba lloviendo, cuando salieron de casa.

➢ eine **Handlung**, die **bereits abläuft** bzw. eine **Situation**, die **bereits besteht**, wenn etwas anderes eintritt:

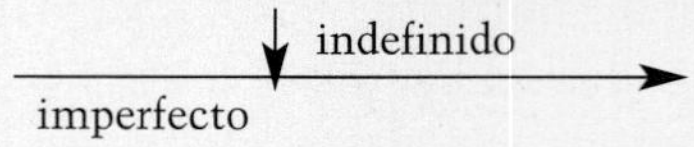

Era verano cuando yo llegué a Panamá.
Todos me **llamaban** "Gelen".
Yo **tenía** 17 años cuando me fui a Panamá.
Mi habitación no **era** muy grande.
El colegio **estaba** pintado de azul.
Mis hermanos de Panamá no **eran** muy altos.

➢ Folgende Angaben (bezogen auf die Vergangenheit) werden immer im **imperfecto** ausgedrückt:
Zeit (Uhr-, Tages-, Jahreszeit),
Name, Alter, Form, Größe, Farbe.

¿Qué **deseaba**?
Quería ver una blusa que tiene usted en el escaparate.

➢ Bei **höflichen Fragen** bzw. **Bitten ersetzt** es das **Präsens.**

Yo le dije a mi papá que **quería** ir a Panamá.
Mis padres me dijeron que con español e inglés **tenía** más posibilidades.
Me preguntaron por qué no **iba** a Sudamérica.

➢ In der **indirekten Rede** wird das **Präsens der direkten Rede** zum **imperfecto,** wenn das **einleitende Verb** in einer **Vergangenheitszeit** steht.

G 10.4 imperfecto →← indefinido

imperfecto	**indefinido**
a) Zustand, Situation, Eigenschaft **zeitlich nicht begrenzt**	Handlung (einmalig, abgezählte Male) **zeitlich begrenzt**
b) Gewohnheit / Routine	Einzelfall, punktuelle Handlung •/•/•/
c) **Einleitung** bzw. **Präsentation** einer Geschichte (Rahmen),	**Ereignisse / Taten** in dieser Geschichte
d) So standen die Dinge als …	**Entscheidung, Reaktion**
e) Im Kausalsatz → **Umstand / Situation**	Im Kausalsatz → **Handlung / Entscheidung**
f) Bei Verben der Bewegung: **unterwegs** bzw. **routinemäßige Wiederholung**	Bei Verben der Bewegung: **am Ziel** angelangt

Wenn mehrere Verben im Satz stehen

g) **Handlungen** laufen **parallell** ab, ohne dass man sie als abgeschlossen betrachtet: ~~~~~~~~~~ ~~~~~~~~~~	**Handlungen** folgen **punktuell** aufeinander und jede ist stets **abgeschlossen**, wenn die andere beginnt: •/•/•/•
Mientras la mamá **leía,** los niños **veían** la tele.	La mamá **leyó** un rato, luego **cerró** el libro y se **puso** a trabjar.
h) bereits ablaufender Vorgang	**neueinsetzende Handlung**
Ya **había** muchos en clase **Hacía** mucho calor	cuando nosotros **entramos**. cuando Helen **llegó** a Panamá.

G 10.5 Cambio de sentido   Bedeutungsunterschiede

conocía	= kannte	**conoció**	= lernte kennen
sabía	= wusste	**supo**	= erfuhr / wusste Rat / die Lösung
tenía	= hatte	**tuvo**	= bekam *(ein Kind, Besuch, Post)*
decía	= pflegte zu sagen = stand / lautete *(Schriftliches)*	**dijo**	= sagte *(mündlich, telefonisch)*

Bei einigen Verben ändert sich die Bedeutung je nachdem, ob sie im **indefinido** oder im **imperfecto** stehen.

Hay cosas que se pueden cambiar

Aquí no vive ninguna Claudia

Desde que tengo uso de razón, siempre he tenido problemas para identificarme con mi nombre. No sé si todo el mundo está contento con el suyo, pero yo con el mío nunca lo estuve. Mi madre, que era muy cabezota, me puso como ella: Ana María. "¿Por qué no me pusiste sólo Ana o María?" – le pregunté un millón de veces. Y ella, sonriendo, siempre me dio la misma respuesta: "porque Ana María es un nombre precioso". Ya antes de cumplir los 15 intenté cambiármelo. Cuando un chico se fijaba en mí y me hacía la conocida pregunta de "¿Cómo te llamas?" yo le soltaba el primer nombre que se me ocurría: Eva, Daniela, Lidia, Raquel ... Como casi nunca volvía a verlos, daba lo mismo. Pero con Luis fue diferente. Él no sólo me preguntó cómo me llamaba, sino que me pidió el número de teléfono y, sorprendentemente, llamó unos días después. "Está Claudia?", preguntó. Y mi madre colgó. Luis, que seguramente creyó que se había equivocado de número, volvió a llamar: "¿Está Claudia?" Y mi madre volvió a colgar. Al tercer timbrazo, yo, que ya me había olido que era para mí, me asomé al pasillo y grité: "¡Si preguntan por Claudia, acuérdate de que soy yooooo!" Entonces el teléfono volvió a sonar y Luis repitió: "Vive ahí Claudia, por favor?" Y mi madre, lacónica, replicó: "Un momento". Y entonces gritó: "¡Animaaariii...! Es para ti". Y lo gritó como siempre solía gritarlo, con toda la fuerza que le permitían sus pulmones. Me pasó el teléfono y siguió haciendo sus cosas sin reaccionar a la mirada envenenada que yo le había dirigido.

Con los años se fue haciendo a la idea y ya no colgaba el teléfono cuando alguien preguntaba por mí, pero siempre gritaba ese nombre asqueroso muy fuerte y al ladito del auricular. También lo repetía un millón de veces cuando mis amigos venían a buscarme a casa. Animari por aquí, Animari por allá, y yo muerta de vergüenza. Y lo hacía aposta, sé que lo hacía aposta. Para demostrarme que hay cosas que no se pueden cambiar nunca. Pero estaba equivocada.

La enterramos hace dos meses. Y lo primero que hice, una vez que la habíamos enterrado, fue ir al Registro Civil a solicitar un cambio de nombre.

El País Semanal, texto abreviado.

Animari y el nuevo DNI

Cuando llegué al Registro, había dos personas esperando. Me puse en la cola. Cuando me tocó el turno, me acerqué a la mesa. El funcionario, un señor de mediana edad, me indicó la silla.

Funcionario   Siéntese, por favor. .... Dígame, ¿qué desea?
Animari   Mire, vengo a cambiarme de nombre.
Funcionario   ¿Cambiar de nombre? Eso no es tan fácil. ¿Y por qué razón?
Animari   Porque no me gusta.
Funcionario   ¿Y cómo se llama usted?
Animari   Ana María.
Funcionario   Pues no es tan raro, ¿no?
Animari   Para usted quizás no, pero para mí sí. Nunca me ha gustado y lo quiero cambiar.
Funcionario   Bueno, bueno, allá usted. Vamos a ver lo que se puede hacer. Tenga, rellene este formulario y tráigalo con la firma de sus padres.
Animari   ¿Por qué con la firma de mis padres? Ya soy mayor de edad.
Funcionario   ¿Mayor de edad? Vaya, pues parece usted muy joven. En ese caso no hace falta la firma de sus padres. ¿Tiene usted aquí la partida de nacimiento y el DNI?
Animari   Sí, sí, tenga usted.
Funcionario   Bien, entonces rellene el formulario, pague en caja las tasas y venga directamente sin hacer cola.
Animari   Vale, en seguida vuelvo.

Desde hace dos semanas tengo mi nuevo DNI. Lo malo, lo único malo, es que, entretanto, Claudia tampoco me gusta.

Poesía

¡Grita!

Hace días que te observo,
he contado con los dedos,
cuantas veces te has reído,
una mano me ha valido.

Hace días que me fijo,
no sé qué guardas ahí dentro,
a juzgar por lo que veo,
nada bueno, nada bueno.

¿De qué tienes miedo,
a reír y a llorar luego,
a romper el hielo,
que recubre tu silencio?

¡Suéltate ya y cuéntame
que aquí estamos para eso,
pa lo bueno y pa lo malo,
llora ahora y ríe luego.

Si salgo corriendo, tú me agarras por el cuello,
y si no te escucho, ¡grita!
Te tiendo la mano, tú agarra todo el brazo,
y si quieres más, pues ¡grita!

Jarabe de Palo

Actividades 11

A 11.1 ¡Qué preguntas!

1. Resume cómo reaccionaba Animari cuando alguien le preguntaba cómo se llamaba.
2. Resume la reacción de la madre de Animari.
3. ¿Qué hizo Animari en el Registro Civil?
4. ¿Por qué no necesitó la firma de sus padres?
5. ¿Cuáles son tus nombres preferidos?
6. ¿Qué nombres españoles conoces?

A 11.2 Cuestión de nombres

En España, el nombre familiar de muchas personas es diferente al que figura en la partida de nacimiento. Aquí tienes algunos ejemplos. Trata de encontrar las correspondencias.

Lola / Loli	Ignacio
Manolo	Dolores
Pepe	Manuel
Paco	Mercedes
Chelo	Concepción
Conchita	José
Nacho	Francisco
Merche	Enrique
Kike / Quique	Consuelo

A 11.3 Cuestión de estilo

Trata de buscar cómo se dice lo mismo (parte en cursiva) en el texto de la lección.

1. desde que *puedo pensar*
2. *ha sido difícil para mí aceptar* mi nombre
3. cuando mi madre *tenía una idea, nunca cambiaba*
4. le pregunté a mi madre *muchísimas* veces
5. mi madre siempre me *dijo lo mismo*
6. ya antes de *llegar a* los 15 años *quise* cambiar de nombre
7. cuando *yo le gustaba a un chico,* le decía el primer nombre que *me pasaba por la cabeza*
8. a la mayoría de esos chicos *nunca más los veía*
9. decirles un nombre u otro *era igual*
10. mi madre *cortó la comunicación por* teléfono
11. cuando oí *sonar el teléfono por tercera vez*
12. abrí la puerta de mi habitación y *saqué la cabeza*
13. yo *miré a mi madre muy enfadada*
14. siempre gritaba ese nombre *tan feo muy cerca* del teléfono
15. gritaba mi nombre tan alto *intencionadamente*

A 11.4 Ojo de detective

Mira el texto. ¿Cuántos indefinidos reconoces?
Di de qué persona se trata y recuerda el infinitivo. Cuidado con *pidió, pedí, siguió.*

A 11.5 Me puso como ella ▶ G 10.3 / 10.4 / 11.1

Animari cuenta los problemas que tuvo con su nombre.
Pon tú los tiempos correctos (imperfecto / indefinido / pluscuamperfecto).

Yo me (cambiar) de nombre hace poco porque nunca me (identificar) con mi nombre, nunca me (gustar). Desde que tengo uso de razón, (tratar) de cambiármelo, pero no (poder) hacerlo hasta que (cumplir) los 18 años y (llegar) a la mayoría de edad. Mi madre me (poner) este nombre, porque también su madre, mi abuela, se (llamar) así . "Pues es un nombre bien bonito", me (decir) mis amigas cuando yo (reñir) con mi madre por culpa del nombre. Sólo Ana o sólo María no me (parecer) feos, pero los dos juntos sí, sobre todo porque en mi casa siempre me (llamar) Animari, con "i" en el medio. No me (llamar) Anamari, no, no; siempre An**i**mari. Para mí (ser) horrible oír ese nombre y a mi madre le (encantar) gritarlo con toda la fuerza de sus pulmones cuando mis amigos (venir) a casa a verme. Yo (estar) muerta de vergüenza, pero ella nunca (querer) llamarme sólo Ana. Por eso, yo me (ir) al Registro y (cambiar) de nombre. Ah, y (ser) más fácil de lo que yo me (imaginar). Sólo (tener) que rellenar un formulario, presentar mi partida de nacimiento, explicar las razones y listo. Lo malo es que cuando me (llegar) el nuevo DNI, yo ya (cambiar) de opinión y ya tampoco me (gustar) el nombre de Claudia.

A 11.6 Canción

a) Escucha la canción. No tienes que entender todas las palabras.

b) Escribe cinco cosas que, según la autora de esta canción, cambian y dos que no cambian.

Mercedes Sosa: Todo cambia

Cambia lo superficial
Cambia también lo profundo
Cambia el modo de pensar
Cambia todo en este mundo
Cambia el clima con los años
Cambia el pastor su rebaño
Y así como todo cambia
Que yo cambie no es extraño.

Cambia el más fino brillante
De mano en mano su brillo
Cambia el nido el pajarillo
Cambia el sentir un amante
Cambia el rumbo el caminante
Aunque esto le cause daño
Y así como todo cambia
Que yo cambie no es extraño.

Cambia .... todo cambia
Cambia .... todo cambia
Cambia .... todo cambia
Cambia .... todo cambia

Cambia el sol en su carrera
Cuando la noche subsiste
Cambia la planta y se viste
De verde en la primavera
Cambia el pelaje la fiera
Cambia el cabello el anciano
Y si como todo cambia
Que yo cambie no es extraño.

Pero no cambia mi amor
Por más lejos que me encuentre
Ni el recuerdo ni el dolor
De mi pueblo y de mi gente
Y lo que cambió ayer
Tendrá que cambiar mañana.
Así como cambio yo
En esta tierra lejana.

Cambia .... todo cambia
Cambia .... todo cambia
Cambia .... todo cambia
Cambia .... todo cambia

A 11.7 ¿Cómo son y cómo eran?

a) Observa a estas personas. Formula frases cómo en el ejemplo.

Antes **hacían** mucho deporte, ahora **están** siempre en casa **viendo** la tele.

antes:

ahora:

b) La eterna canción de "antes" y "cuando yo era joven".
¿Qué cosas oyes decir a los mayores en casa, en el colegio, en la calle, etc. sobre ese tema? Apúntalas y compara luego con tu compañero/a.

A 11.8 Dime por qué ▸ G 11.1

Formula las frases en el pasado.

Mi madre se enfada porque nosotros llegamos tarde.
Mi madre se *enfadó* porque *habíamos llegado* tarde.

1. Animari discute muchas veces con su madre, porque ella le puso Ana María.
2. No van al cine porque han discutido y están de mal humor.
3. No te llaman porque seguramente les has dado el número equivocado.
4. Animari se asoma al pasillo porque ha oído el teléfono y cree que es para ella.
5. No pueden hacer la comida porque los chicos no han comprado nada.

A 11.9 Los dados deciden ▶ G 11.2

Tira el dado y formula la frase en el tiempo que indica el dado.

⚀ ⚁ presente

⚂ ⚃ indefinido

⚄ ⚅ presente continuo (Verlaufsform) si es posible

1. Animari – pedir – una partida de nacimiento.
2. Yo – seguir – hablando con Luis.
3. El profesor – corregir – los exámenes.
4. ¿Por qué – reírse?
5. Vosotros – elegir – mal.
6. Animari y su madre – reñir – por causa del nombre.
7. Nosotros – repetir – el número dos veces.
8. Ellos – despedirse.
9. Animari me – sonreír.

A 11.10 Preguntas indiscretas ▶ G 11.4

Tú y tu compañero/a intercambiáis información y usáis *desde / desde que / desde hace*.

hacer deporte
– ¿Tú haces deporte?
– Sí, yo hago deporte desde que cumplí 10 años, es decir, desde hace 8 años.
– ¿Y desde cuándo haces tú deporte?
– Yo desde el año pasado, desde hace sólo un año.
– ¿Y qué deporte practicas?
– Juego al fútbol y voy a nadar dos veces a la semana.

estudiar español

tener novio/a

vivir solo o con los padres

trabajar

estar enamorado/a

A 11.11 Cambió de nombre hace medio año ▶ G 11.4

Completa la información y usa para ello *hace / antes de*.

Nacer (yo)		… años
Animari – cambiar de nombre		venir a clase
Luis – enamorarse de Animari		poco
Hacer (nosotros) – un viaje al Perú	hace	el fin de semana
Desayunar (ellos) – en una cafetería	antes de	dos meses
Animari – no poder cambiar de nombre		cumplir los 18 años
Ella – no ser feliz		final de curso
Luis y Animari – querer verse		conocer a Luis

A 11.12 Dilo en castellano ▶ G 11.4

1. Seit einer halben Stunde warten wir auf euch.
2. Sie lernte Luis vor fünf Monaten kennen, seitdem sind sie befreundet.
3. Seitdem sie ihren Namen geändert hat, fühlt sie sich besser.
4. Der Film hat vor fünf Minuten begonnen.
5. Seit September lernen sie Spanisch, seitdem haben sie viele spanischsprechende Freunde.
6. Vor ihrem 18. Geburtstag konnte sie ihren Vornamen nicht ändern.

A 11.13 Lo mío no es como lo tuyo ▶ G 11.6

Una persona está buscando algo y pregunta a los demás. Formula con tu compañero/a la pregunta y la respuesta.

(yo – paraguas)
– Estoy buscando mi paraguas, ¿alguien lo ha visto?
– Mira, aquí hay un paraguas negro, ¿es tuyo?
– No, ese no es mío, el mío es verde.

nosotros		llaves	
Animari		bolso	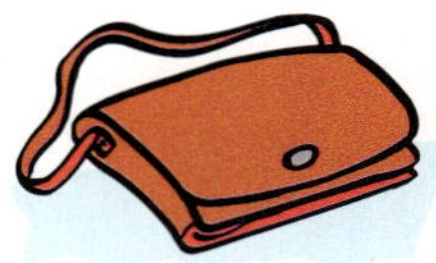
yo		guantes	
nosotros		mochila	
Borja		zapatillas	
Julia		gafas de sol	
ellos		bolsas de deporte	

A 11.14 Dilo en castellano ▶ G 11.6

1. Ist das ihr Buch? – Nein, das ist nicht ihres, ihr Buch ist nicht so neu.
2. Gehört dir das blaue Fahrrad? – Ja, es ist meins.
3. Welche sind eure Schlüssel? Diese großen? – Nein, unsere sind kleiner.
4. Ist der Junge dort euer Freund? – Nein, das ist kein Freund von uns.
5. Gehören euch all diese Sachen? – Ja, sie gehören uns.
6. Ist das deine Gitarre? – Ja, es ist meine.

A 11.15 Muy amable ▶ G 11.3

Tú reaccionas con un imperativo de cortesía (*usted*).

– ¿Se puede? (pasar)
– Sí, sí, pase.

1. ¿Está libre esta silla?	(sentarse)
2. ¡Oiga, por favor!	(decirme)
3. ¿Podemos abrir la ventana?	(abrirla)
4. ¿Qué hago con el formulario?	(rellenarlo y entregarlo aquí)
5. ¿Para pagar las tasas, por favor?	(subir al tercer piso)
6. ¿Qué desean los señores?	(traernos el menú)
7. ¿Cuántas uvas le pongo?	(ponerme medio kilo)
8. ¿Para ir al centro, por favor?	(tomar el autobús número 98)

A 11.16 Con otras palabras ▶ G 11.5

Formúlalo con una estructura perifrástica (parte en cursiva).

1. Animari y Luis *todavía son* amigos.
2. Luis *llamó otra vez* y la madre colgó *otra vez* el teléfono.
3. Conocí a dos chicos en la fiesta; me llamaron una vez y *no llamaron nunca más*.
4. ¿Me he equivocado de número? Pues qué raro, yo *normalmente no me equivoco* de número.
5. La chica *preguntó otra vez* al funcionario y él *le dijo otra vez* lo mismo.
6. *Normalmente no le doy* mi número de teléfono a nadie.
7. Ella *normalmente nunca decía* su verdadero nombre.
8. *Fue otra vez* al Registro Civil a recoger el nuevo DNI.

A 11.17 Explicó sus razones

Animari tuvo que explicar al funcionario por qué quería cambiar de nombre.
¿Qué razones darías tú en las siguientes situaciones?

1. Has llegado tarde a una cita.
2. No has felicitado a un amigo el día de su cumpleaños.
3. Viajas en el autobús y no has sacado billete.
4. Te has llevado la bicicleta de un amigo sin decirle nada.
5. El profesor ha encontrado un papelito y cree que es una chuleta.
6. Has olvidado devolver unos libros que te habían prestado.
7. Has empezado a comer sin esperar a otra persona.
8. Has olvidado comprar un regalo.

Lo siento, pero es que …

Perdona, pero …

Te prometo que …

Disculpa, pero es que …

No, no ¡qué va!

Oye, te juro que …

A 11.18 Los jóvenes españoles entre 15 y 29 años

a) Mira la siguiente estadística.

Nota	**Lo que más importancia tiene para ellos** (máximo 7, mínimo 1)
6,2	los amigos
6,2	la familia
6,2	la salud
6,1	la libertad que sus padres les dan
5,8	las relaciones afectivas (novio / novia)
5,5	las cosas que tienen
5,4	el tiempo libre
4,5	los estudios o la formación profesional
4,2	la situación económica
4,1	el trabajo

¿Qué nota pondrías tú? Compara con tu compañero/a.

b) Di lo que a ti te llama la atención en la siguiente estadística.
¿Hay alguna diferencia con tu país?

	Estado civil
88 %	soltero / a
11 %	casado / a
1 %	separado /a – divorciado / a

c) Así ayudan los jóvenes españoles en casa. Compara con tu caso.

Ayuda en casa en las tareas del hogar

47 %	normalmente en casi todas las tareas
22 %	sólo algunas cosas, pero esas siempre
21 %	sólo ocasionalmente, no normalmente
10 %	nunca ayuda en casa

Estudios CIS (Centro de Investigaciones Sociales),
Instituto de la Juventud

A 11.19 La familia

→D

a) Lee este texto de Rosa Montero, una escritora española.

… Este padre, esta madre, este hermano es el mío, y es más mío de lo que jamás puede ser el más íntimo amigo. Porque es mío en un sentido absoluto: tu amigo puede dejar de ser tu amigo, pero tu padre siempre lo va a ser … Desde este punto de vista, la familia es como una maldición: no hay quien se escape.
También tiene su parte de bendición, naturalmente: ¡Qué paz producen los buenos momentos familiares! Es como la paz después de la batalla; y es que en toda relación familiar hay una guerra, la lucha de los padres con los hijos y la lucha de los hijos con los padres. Con el tiempo he llegado incluso a valorar la familia latina, que se besa, grita, se pelea, se quiere … Algo tiene la familia para haber sobrevivido, en sus diversas fases, durante milenios. Podían haberse inventado otras formas de ordenar la sociedad. De hecho, se inventaron, e incluso se ha llevado a la práctica con más o menos éxito. Los niños espartanos de la Grecia clásica no vivían con sus padres, sino bajo la tutela del Estado …
Por otra parte, ninguna innovación ha podido acabar con la familia. Como mucho, ahora estamos intentando inventarnos familias distintas: comunas, tríos, parejas de homosexuales, grupos de amigos. …

El País Semanal, texto abreviado

Ayudas

no hay quien se escape = todos tenemos que vivir en una familia
maldición = un deseo negativo
bendición = algo muy positivo
la batalla = en Waterloo tuvo lugar una muy famosa
una guerra = de 1939 a 1945 hubo guerra en Europa
se pelea = riñe, discute
sobrevivir = no ha muerto, no ha desaparecido
inventar = descubrir algo nuevo
espartanos = de la ciudad de Esparta
bajo la tutela del Estado = el Estado los cuida, se encarga de ellos
innovación = reforma, algo moderno

b) Comenta.

1. ¿Qué diferencias hay, según el texto, entre amigos y familia?
2. ¿Qué diferencias hay entre una familia latina y una familia centroeuropea?
3. ¿Qué aspectos de la familia son positivos y qué aspectos son negativos según el texto? ¿Y en tu opinión?

A 11.20 Con tus propias palabras

a) Mira las viñetas y comenta lo que nos quiere decir Maitena con esos dibujos.

¿De dónde habrán sacado esas horrorosas costumbres nuestros maravillosos hijos?

Lo que los hijos odian que hagamos

El Nacional

b) Cuenta un caso concreto de tu vida:
- **Sobre algo que han hecho tus padres y que a ti no te ha gustado.**
- **Sobre algo que has hecho tú y que a tus padres no les ha gustado.**

Puedes seguir este orden:

Una vez … / Un día … | Luego … | Entonces …

Por fin … | Al final …

Conviene saberlo
La familia se besa, grita.

In Spanien begrüßt man sich selten mit Handschlag, insbesondere nicht unter Verwandten. Verwandte umarmen und küssen sich, auch Männer, aber nur, wenn sie sich lange nicht gesehen haben.

Deutsche, die zum ersten Mal eine spanische Familie erleben, meinen oft, die Familienmitglieder würden sich streiten. Dem ist aber nicht so. Man redet gerne laut und gestikuliert lebhaft.

E 11

Esto te ayuda …

para señalar disposición a escuchar	Sí, diga. / Sí, dígame.
para pedir algo	Déme … por favor. Póngame …
para caracterizar a una persona	es muy cabezota es muy comprensivo/a es muy simpático/a es muy pesado/a
para preguntar por alguien al teléfono	¿Está Claudia? / ¿Vive ahí Claudia? ¿Puedo hablar con Claudia, por favor?
para recordarle a alguien algo	Acuérdate de que …
para indicar que ya lo acepta	Se ha hecho a la idea (de que …) Ya me he hecho a la idea (de que …)
para indicar que alguien no tiene razón	estás equivocado
para manifestar la opinión sobre algo	Pues | no es tan raro. es bien bonito. no me parece tan feo. a mí sí me gusta.

G 11.1 El pretérito pluscuamperfecto — Das Plusquamperfekt

había / **habías** / **había** / **habíamos** / **habíais** / **habían** } **llamado** / **puesto** / **dicho**	Das Plusquamperfekt wird mit den Imperfecto-Formen von **haber** und dem **Partizip** gebildet. Das Partizip ist **unveränderlich**. Él creyó que se **había equivocado** de número. Yo ya me **había olido** que la llamada era para mí.

G 11.2 Verbos con cambio vocálico -e → -i — Verben mit Lautverschiebung

Bei einigen Verben ändert sich der Stammvokal **-e-** in **-i-**, wenn in der Endung kein betontes **-i-** steht.
Die **Lautverschiebung** kommt vor:

- ➢ im **Präsens:** in der 1. – 3. Person Singular und in der 3. Person Plural
- ➢ im **indefinido**: in der 3. Person Singular und Plural
- ➢ beim **gerundio**.

pedir			**reírse**		
presente	**indefinido**	**gerundio**	**presente**	**indefinido**	**gerundio**
pido	pedí	pidiendo	me río	me reí	riéndose
pides	pediste		te ríes	te reíste	
pide	pidió		se ríe	se rió	
pedimos	pedimos		nos reímos	nos reímos	
pedís	pedisteis		os reís	os reísteis	
piden	pidieron		se ríen	se rieron	

Zu dieser Gruppe gehören u. a.:

corregir	korrigieren	**repetir**	wiederholen
despedirse	sich verabschieden	**seguir**	weitermachen, folgen
elegir	wählen, aussuchen	**servir**	dienen, einschenken, taugen
reñir	streiten, sich zanken	**sonreír**	lächeln

G 11.3 El imperativo (II) — Der Imperativ

Mire, vengo a cambiarme de nombre. **Rellene** este formulario y **tráigalo** mañana. **Suba** al segundo piso y **pague** las tasas.	Der **Imperativ** (bejaht oder verneint) für die höfliche Anrede (usted) **entspricht** der **3. Person Präsens,** jedoch mit **Austausch des Endvokals:** a → **e** / e → **a**.
Pasen ustedes. **Siéntense** un momento.	Im **Plural** (ustedes) wird an diese Form **-n** angehängt.
oiga / **tenga** / **venga** / **salga** / **póngame** **Dígame**, ¿qué desea?	Endet die 1. Person Präsens auf **-go,** so ist der Imperativ der 3. Person Singular **-ga**, Plural: **-gan**
Rellléne**lo** y entrégue**melo** luego. Pónga**me** un kilo de manzanas. No **se** siente usted ahí, por favor.	Bei einem **Befehl** wird das Pronomen **angehängt.** Bei einem **verneinten Imperativ** steht das Pronomen **vor dem Verb.**

Imperativ der 2. Person Singular (bejaht) ▶ G 7.3

G 11.4 *desde* y *hace* — *seit* und *vor*

		seit
desde niña / desde los 9 años / desde 1999 Desde que tengo uso de razón.	**desde** **desde que**	• ——— Zeitpunkt
desde hace una semana / desde hace años desde hace media hora	**desde hace**	⊢——⊣ Zeitspanne
		vor
antes de las diez / antes del fin de semana antes de salir del colegio / antes del examen	**antes de**	——— • Zeitpunkt
Llegó hace dos días. Comimos hace una hora. Hice el examen hace un mes.	**hace**	⊢——⊣ Zeitspanne
Lo conocí en el colegio, desde entonces somos amigos.	**desde entonces**	**seitdem**
Hace un mes **que** viven aquí. **Hace** un mes **que** llegaron aquí.	**hace** + Zeit + **que**	= **seit** (Verb in der Gegenwart) = **vor** (Verb in der Vergangenheit)

G 11.5 Estructuras perifrásticas — Verbalperiphrasen

Luis **volvió a llamar** poco después. **Volvemos a ser** amigos.	**volver a + infinitivo**: wieder / erneut etwas tun
Yo **solía estar** escuchando. Los sábados **suelo salir** con los amigos.	**soler + infinitivo**: gewöhnlich etwas tun, pflegen zu
Mi madre **seguía llamándome** Animari. Yo **sigo intentando** cambiar de nombre.	**seguir + gerundio**: immer noch / weiterhin etwas tun

G 11.6 El pronombre posesivo — Possessivpronomen / Possessivbegleiter

el mío / la mía **el tuyo / la tuya** **el suyo / la suya** **el nuestro / la nuestra** **el vuestro / la vuestra** **el suyo / la suya**	**los míos / las mías** **los tuyos / las tuyas**	Im **Plural** wird jeweils ein **-s** angehängt. Im Gegensatz zu mi / tu / su werden diese Formen **pronominal** verwendet.
Si necesitas un móvil, puedes usar **el mío**. La madre expuso sus razones y Animari **las suyas**.		In dieser Funktion stehen sie mit Artikel und ohne Substantiv.
– ¿Es **suyo** este coche, señor? – Sí, es **mío**. – ¿Esta mochila es **la tuya**? – No, **la mía** es roja.		Der Artikel kann nur in Aussagen oder Fragen mit **ser** oder in der Antwort darauf entfallen. ➢ **ser + mío / tuyo / suya …** = er / sie / es gehört mir / dir / ihr … ➢ **ser + el mío / la mía …** = es ist meiner/e/s …
madre **mía** / Dios **mío** / amigos **míos**		Stehen sie nach dem Substantiv, so sind sie Possessivbegleiter und der Artikel entfällt.

Possessivbegleiter ▶ G 2.5

América en bici

Fueron trece meses de incansable pedaleo, desde San Francisco hasta Tierra del Fuego. América casi de punta a punta. Más de 24 mil kilómetros en 13 meses. En bici se viaja más cerca del otro y se siente uno más cerca de la naturaleza. La bici te ofrece una de las mejores posibilidades de conocer los países por donde pasas. Tú decides a qué hora vas a salir, dónde vas a dormir, qué ruta vas a seguir, cuántos kilómetros vas a hacer y a qué velocidad. Por eso Miguel Angel, Natalia y yo, Saúl, elegimos la bicicleta para recorrer América.

Entramos en **México** con un calor horrible. Atravesamos las llanuras de la Baja California, con rectas de más de 100 kilómetros y donde sólo se ven cactus de enorme altura.
En México los paisajes cambian mucho de un extremo a otro. Así el Oeste desértico no tiene nada que ver con el Este, donde hay abundante vegetación y todo es verde. Aquí los pueblos están mucho más próximos unos de otros que en el norte, pero la gente no es tan abierta.

Dejamos atrás la inmensa y contaminada **Ciudad de México,** donde dormimos una noche, y nos dirigimos a la Costa del Caribe, al Estado de Veracruz. La carretera que conduce a los Altos de Chiapas va zigzagueando con fuertes pendientes a través de la selva. La lluvia, siempre presente, nos obligó a parar más de la cuenta y llegamos bastante tarde a **San Cristóbal de las Casas**, sin duda una de las ciudades coloniales más bellas de América que aún conserva sus edificios de estilo barroco.

En **Guatemala** nos llevamos una sorpresa. Al vernos llegar, los niños corrían asustados gritando "¡gringos, gringos!" Luego, cuando nos veían descansando tranquilamente en la plaza sin el casco en la cabeza, perdían el miedo, se acercaban lentamente a nosotros y nos pedían chicles o bolígrafos. Después nos enteramos de que ese miedo que los niños sienten ante extranjeros blancos es consecuencia de la guerra civil que hubo en Guatemala entre 1961 y 1996. Nos habían confundido con soldados norteamericanos.

Cuando llegamos a **Palenque**, una de las ciudades más representativas de la cultura maya, nos sentimos como en otro mundo. Las pirámides nos impresionaron muchísimo y nos hicieron comprender el alto nivel cultural que alcanzó este pueblo misteriosamente desaparecido. Hasta hoy nadie sabe por qué se produjo el ocaso de esa gran cultura.

En **El Salvador** encontramos dolor y tristeza en los ojos de la gente. Sólo unos meses antes un terremoto, en el que murieron cientos de personas, había dejado sin casa a miles de familias. A pesar de la ayuda internacional, las condiciones de vida de los salvadoreños seguían siendo muy duras.

Por eso, al llegar a **Panamá**, el contraste no pudo ser mayor. Eran los carnavales. Como la tradición es echarles cubos de agua a los transeúntes, nos ducharon varias veces. Pero nosotros recibíamos con gusto esas duchas porque nos servían para combatir el bochornoso calor que hacía.

Unos días más tarde llegamos a una de las metas intermedias que, junto con Machu Picchu y las cataratas de Iguazú, se habían convertido en mítica para nosotros: el **Puente de las Américas** sobre el Canal de Panamá. En el momento de cruzar el puente que une los dos semicontinentes separados por el Canal sentimos una de las mayores emociones de nuestro viaje.

El País Semanal

Poesía

Viajar es marcharse de la casa
es dejar a los amigos
es intentar volar
Volar conociendo otras ramas
recorriendo caminos
es intentar cambiar

Viajar es marcharse de la casa
es vestirse de loco
diciendo todo y nada con una postal
Es dormir en otra cama
sentir que el tiempo es corto
viajar es regresar.

Gabriel García Márquez

Países hispanohablantes

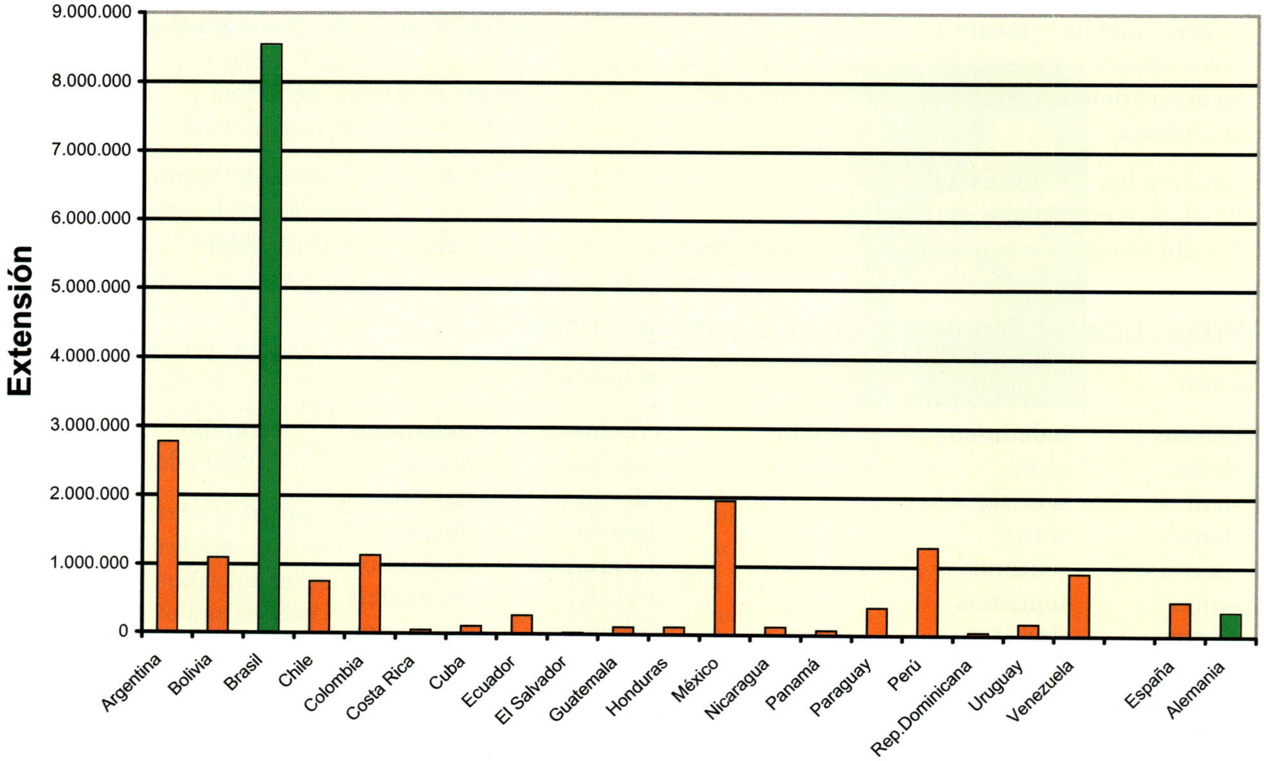

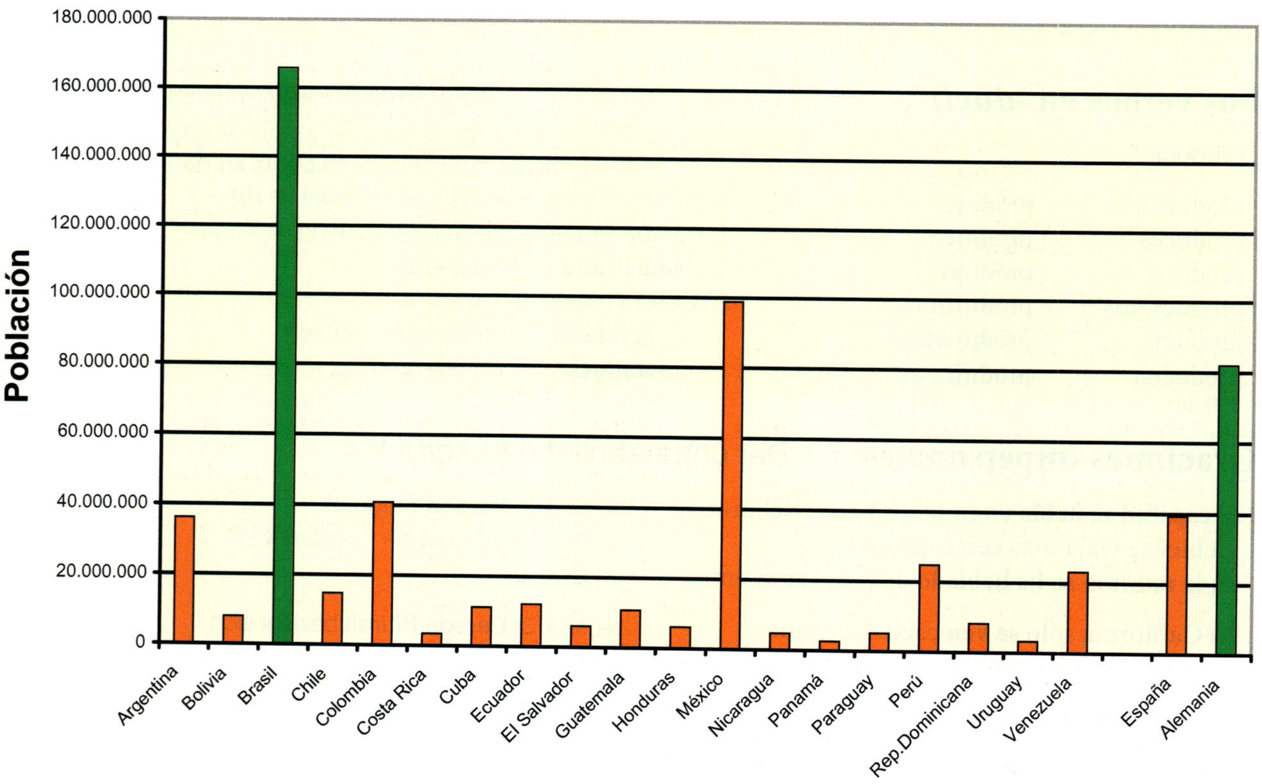

Staat	Hauptstadt	Fläche (km²)	Einwohner	Währung
Argentina/Argentinien	Buenos Aires	2.766.889	36.600.000	Peso argentino
Bolivia/Bolivien	Sucre/La Paz	1.098.581	7.950.000	Boliviano
Chile/–	Santiago	756.096	14.822.000	Peso chileno
Colombia/Kolumbien	Bogotá	1.141.748	40.804.000	Peso colombiano
Costa Rica/–	San José	51.060	3.526.000	C.R.-Colón
Cuba/Kuba	La Habana	110.860	11.103.000	Peso cubano
Ecuador/Ekuador	Quito	272.045	12.175.000	US-$
El Salvador/–	San Salvador	21.041	6.058.000	E.S.-Colón
Guatemala/–	Guatemala	108.889	10.799.000	Quetzal
Honduras/–	Tegucigalpa	112.492	6.156.000	Lempira
México/Mexiko	Ciudad de México	1.953.162	98.846.000	Peso mexicano
Nicaragua/–	Managua	120.254	4.794.000	Córdoba
Panamá/Panama	Panamá	75.517	2.764.000	Balboa
Paraguay/–	Asunción	406.752	5.219.000	Guaraní
Perú/Peru	Lima	1.285.216	24.801.000	Sol
Rep.Dominicana/ Dominikanische Republik	Santo Domingo	48.422	8.254.000	Peso dominicano
Uruguay/–	Montevideo	175.016	3.289.000	Peso uruguayo
Venezuela/–	Caracas	912.050	23.242.000	Bolívar
España/Spanien	Madrid	504.782	39.371.000	€
Alemania/Deutschland	Berlin	357.022	82.047.000	€

(Quelle: Fischer Weltalmanach 2002)

Nombres y lugares

Acueducto de los Milagros (U 2, S. 19): Römischer Aquädukt in Mérida, Extremadura.
Andalucía / Andalusien (A 1.8, S. 15): Autonome Region in Südspanien, verfügt über ein eigenes Parlament (Landtag) und eine eigene Regierung (*la Junta de Andalucía*). Hauptstadt: Sevilla. Weitere bekannte Städte: Córdoba, Granada, Málaga und Cádiz. Bekannt sind auch die Prozessionen während der Karwoche, das farbenprächtige Fest *Feria de Abril* und die Wallfahrt zum Marienheiligtum *El Rocío* (*Romería del Rocío*) an Pfingsten.
Año Santo (U 8, S. 91): Heiliges Jahr. Fällt das Fest des hl. Jakob (= 25. Juli) auf einen Sonntag, so wird das Heilige Jahr ausgerufen. (s. Apóstol Santiago)
Antofagasta (U 3, S. 30): Stadt im Norden Chiles.
Apóstol Santiago (U 8, S. 91): Jakobus der Ältere, einer der Jünger Jesu. Der Legende nach sind seine Gebeine nach Galicien gelangt. Sein Grab, über dem eine Kathedrale errichtet wurde, ist seit Jahrhunderten Ziel zahlreicher Pilger. (s. Galicia, s. Camino de Santiago)
Aragón / Aragonien (A 1.1, S. 12 / A 1.8, S. 15.9): Autonome Region im Nordosten Spaniens. Die Hauptstadt Zaragoza geht auf eine römische Gründung zurück (*Caesar Augusta*).
Arco de Santa María (U 8, S. 90): Stadttor in Burgos (Castilla y León).
Argentina / Argentinien (A 1.1, S. 12): (República de La Argentina) 1816 Unabhängigkeit von Spanien. A. ist etwa 8 mal so groß wie die Bundesrepublik. Höchster Berg: Aconcagua in den Anden mit 6.959 m Höhe. Hauptprodukte: Rindfleisch, Leder und Getreide. Bevölkerung: größtenteils Nachfahren europäischer Einwanderer, darunter viele Spanier und Italiener. Hauptstadt: Buenos Aires. Weitere Großstädte: Córdoba, La Plata, Santa Fe, San Miguel de Tucumán. Bis zum 2. Weltkrieg war Argentinien ein wirtschaftlich blühendes Land, das seitdem häufig durch Diktaturen und Wirtschaftskrisen erschüttert wurde.
Asturias / Asturien (A 1.8, S. 15): Autonome Region in Nordspanien. Hauptstadt: Oviedo. Wichtige Wirtschaftsfaktoren: Milchproduktion, Kohlebergbau (z. Z. in der Krise) und Metallindustrie.
Asunción (A 4.5, S. 50): Hauptstadt von Paraguay, ca. 550.000 Einwohner. Gegründet 1537 von Juan de Salazar am Tag Mariä Himmelfahrt *(Asunción)*, daher der Name.
Baleares / Die Balearen (A 1.8, S. 15): Inselgruppe im Mittelmeer (Mallorca, Menorca, Ibiza, Formentera und Cabrera) und eine der 17 autonomen Regionen Spaniens. Hauptstadt: Palma de Mallorca. Auf den B. wird Mallorquín gesprochen, eine dem Katalanischen eng verwandte Sprache. Haupteinnahmequelle ist der Tourismus.
Barça (S. 62): = *Fútbol Club Barcelona*, Fußballverein von Barcelona.
Belli, Gioconda (A 9.12, S. 108): 1948 geborene Schriftstellerin und Dichterin aus Nicaragua.
Bogotá (A 4.5, S. 50): Hauptstadt von Kolumbien (*Colombia*), 4,8 Mio. Einwohner, 1538 von Gonzalo Fernández de Quesada gegründet.

Bolivia/Bolivien (U 3, S. 32): Andenstaat in Südamerika. Bevölkerung: ca. 52 % *Indígenas* (*Quetschua* oder *Aymara*), 27 % Mestizen, 21 % Weiße. Regierungssitz: La Paz, verfassungsmäßige Hauptstadt: Sucre. Weitere Städte: Cochabamba, Santa Cruz, El Alto, Oruro, Tarija. Wichtige Wirtschaftsfaktoren: Landwirtschaft und Bergbau (Zinn, Silber, Erdöl).
Buenos Aires (A 4.5, S. 50): Hauptstadt von Argentinien, ca. 3,5 Mio. Einwohner. 1536 von Pedro Mendoza gegründet, gilt als die europäischste aller südamerikanischen Städte.
Burgos (U 8, S. 90): Stadt in der Region Castilla y León. B. war im Mittelalter die Hauptstadt Kastiliens. Weltbekannt ist die Kathedrale, die dem Kölner Dom ähnelt.
Camino de Santiago (U 8, S. 90): Jakobsweg, berühmter Pilgerweg. (s. Santiago de Compostela)
Canal de Panamá (A 10.14, S. 121): Kanal durch Panamá, verbindet Atlantik und Pazifik (66 km lang, 24 m breit, 12,50 m tief). Das Gefälle wird durch 3 große Schleusen überwunden. Der Bau dauerte 24 Jahre (1890–1914) und kostete 375 Mio. Dollar.
Canarias, Islas ~/Kanarische Inseln (A 1.8, S. 15): Inselgruppe im Atlantik (Tenerife, Gran Canaria, La Palma, Fuerteventura, La Gomera, Lanzarote und Hierro). Eine der 17 autonomen Regionen Spaniens. Sitz des Parlaments: Santa Cruz de Tenerife, Regierungssitz: Las Palmas de Gran Canaria. Die Inseln wurden im 15. Jh. von Kastilien erobert und sind seitdem Teil des spanischen Staates. Hauptprodukte: Bananen und Tomaten. Wegen des ganzjährigen gemäßigten Klimas spielt der Tourismus eine große Rolle.
Cantabria/Kantabrien (A 1.8, S. 15): Autonome Region in Nordspanien. Hauptstadt: Santander. Wirtschaftsfaktoren: Viehzucht und Milchproduktion. Von besonderer Bedeutung sind die Höhlenmalereien (*pinturas rupestres*) von Altamira.
Caracas (A 4.5, S. 50): Hauptstadt von Venezuela, etwa 2 Mio. Einwohner, 1567 von Diego de Losada gegründet. 1811 Aufstand gegen die Spanier, 1821 Eroberung und Befreiung durch Simón Bolívar.
Carlos I/Karl V. (A 9.12, S. 108): (1500 -1558). Erbte als Enkel von Kaiser Maximilian I (väterlicherseits) und Fernando el Católico (mütterlicherseits) Österreich, Burgund und die Niederlande, bestieg 1516 den spanischen Thron, ohne die Landessprache zu beherrschen. Während seiner Regierungszeit erlangte das Haus Habsburg die größte Ausdehnung, wurden Mexiko und Peru erobert und das spanische Kolonialreich in Übersee gegründet. 1556 dankte er zugunsten seines Sohnes Philipp II. ab.
Castilla – La Mancha (A 1.8, S. 15): Autonome Region in Spanien. Hauptstadt: Toledo.
Castilla y León (A 1.8, S. 15): Autonome Region in Spanien. Hauptstadt: Valladolid.
Cataluña /Katalonien (A 8.14, S. 98): Autonome Region in Spanien. Hauptstadt: Barcelona. Fläche: 32.000 km^2, Einwohner: ca. 6 Mio. Die Regierung wird *Generalitat* genannt. Neben Spanisch wird auch Katalanisch gesprochen. Die reiche Industrieregion zog viele Arbeitskräfte (ca. 1 Mio.) aus anderen Gegenden Spaniens an. Wirtschaft: Textil-, Chemie-, Druck- und Automobilindustrie sowie Tourismus (Costa Brava, Tarragona).
Chiapas (U 12, S. 138): Provinz von México in Yukatan, sehr arme und von der mexikanischen Regierung vernachlässigte Gegend. Dies führte zu ständigen Konflikten und zur Gründung der Befreiungsbewegung FZLN (*Frente Zapatista de Liberación Nacional*).
Chile (A 10.14, S. 121): Staat in Südamerika, an der Pazifikküste. Verschiedene Klima- und Vegetationszonen: In der fruchtbaren Mittelregion spielt die Landwirtschaft eine bedeutende Rolle. Im kargen Norden überwiegt der Bergbau (Kupfer, Salpeter, Quecksilber). Bevölkerung: 55 % Mestizen, 35 % Weiße (darunter viele Deutsche), 7 % *Indígenas* (Eingeborene). Hauptstadt: Santiago de Chile, ca. 4 Mio. Einwohner. Weitere Städte: Concepción, Viña del Mar, Valparaíso, Antofagasta. Höchste Gipfel: Ojos del Salado (6.893 m) und Tupungato (6.570 m). 1810 Unabhängigkeit von Spanien. 1973 Putsch gegen die Regierung Salvador Allendes, bis 1988 Militärdiktatur unter Pinochet, danach Rückkehr zur Demokratie.
Chiriquí (U 10, S. 114): Provinz in Panamá.
Ciudad de México (U 12, S. 138) (s. México D. F.)
Ciudad de Panamá (A 4.5, S. 50): Hauptstadt von Panamá (s. Panamá)
Colón, Cristóbal (A 10.6, S. 117): Christoph Kolumbus gilt als Entdecker der Neuen Welt (1451–1506). Er stammte vermutlich aus Genua. Mit dem Ziel, Indien auf dem Seeweg zu erreichen, stach er 1492 – finanziert durch das kastilische Königshaus – mit 3 Caravellen in See und landete im Oktober des gleichen Jahres auf der Insel Guanahani (heute Watling), die er San Salvador nannte. Nach seiner 4. und letzten Reise fiel er in Ungnade, verlor all seine Titel und Ämter und starb völlig verarmt.
Cono Sur (S. 74): Die Staaten im Süden Südamerikas: Argentinien, Chile und Uruguay.
Constitución (La ~) (A 8.14, S. 98): Die z. Z. geltende spanische Verfassung aus dem Jahre 1978.
Córdoba (U 4, S. 44): Stadt am Fluss Guadalquivir und am Fuße der Sierra Morena in Andalusien, ca. 443 km südlich von Madrid. 320.000 Einwohner. Im 9. und 10. Jh. blühende und kultivierte Hauptstadt des Kalifats (*Califato*) von Al-Andalus. Das Stadtzentrum entspricht der arabischen Städteplanung mit engen und verwinkelten Gassen. (s. auch Mezquita de Córdoba)
Cortés, Hernán (U 2, S. 18): Eroberer (*Conquistador*) von México, geb. 1485 in Medellín. Eroberung von Cuba an der Seite von Diego Velázquez. 1519 segelte er mit einer Flotte nach Mexiko, gründete die Stadt Veracruz und ließ alle Schiffe verbrennen, um die Rückkehr der Besatzung zu verhindern. Mit der Zerschlagung des Aztekenreiches (1520) begann die Eroberung des Landes für die spanische Krone. (s. auch Malinche)
Costa Rica (U 10, S. 114): Kleinstaat in Mittelamerika. Bevölkerung: 87 % europäischer Abstammung, 7 % Mestizen, 6 % *Indígenas* oder andere. Hauptstadt: San José. Weitere Städte: Alajuela, Cartago, Puntarenas und Limón.
Cuba/Kuba (A 1.1, S. 12): Inselstaat in der Karibik. Länge 1.200 km. Hauptstadt: La Habana (Havanna). Weitere wichtige Städte: Santiago de Cuba, Camagüey, Guantánamo und Holguín. Bis 1898 spanische Kolonie (s. Independencia de Cuba). Haupteinnahmequellen: Tabak, Zuckerrohr und Nickel sowie der Tourismus. Seit der kubanische Revolution 1959 sozialistisch unter Fidel Castro.
Cuzco (U 3, S. 30/31): Stadt in Perú, 500 km südöstlich von Lima auf 3.400 m Höhe. Hauptstadt des alten Inkareiches bis zur Zerstörung 1533 durch Francisco Pizarro. In C. sind noch Reste der Inkakultur zu bewundern. (s. auch Pizarro)
El Salvador (U 12, S. 140): Kleinstaat in Mittelamerika Bevölkerung: 90 % Mestizen, 5 % *Indígenas*, 5 % Weiße. 1821 Unabhängigkeit von Spanien, seitdem Republik. Haupt-

stadt: San Salvador. Haupteinnahmequellen: Landwirtschaft und Viehzucht.

España/Spanien (U 1, S. 10): Der spanische Staat besteht aus 17 autonomen Regionen (*Comunidades Autónomas*), die jeweils über ein eigenes Parlament und eine eigene Regierung verfügen, und 50 Provinzen. Zu Spanien gehören ebenfalls die Kanarischen Inseln im Atlantik und die Balearen im Mittelmeer sowie die Städte Ceuta und Melilla in Nordafrika (Marokko). Seit dem Tod des Diktators Franco ist König Juan Carlos I Staatsoberhaupt. Er führte das Land zurück in die Demokratie. Parlamentarische Monarchie seit 1978, seit 1982 Mitglied der NATO, 1986 EU-Beitritt. Spanien entwickelte sich in den letzten Jahrzehnten vom Agrarland zum Industrieland und gehört inzwischen zu den 10 hochindustrialisierten Ländern der Welt. Die meisten Spanier bekennen sich zur katholischen Religion. Kirche und Staat sind jedoch nach der Verfassung getrennt. Die Wehrpflicht wurde 2000 abgeschafft. (s. auch Juan Carlos)

Estrecho de Magallanes / Magellanstrasse (A 10.14, S. 121): Meerenge zwischen dem südamerikanischen Festland und Feuerland, die Atlantik und Pazifik verbindet (537,5 km lang, zwischen 4 km und 33 km breit). 1520 entdeckt vom portugiesischen Seefahrer Fernão de Magalhães (spanisch: Hernando de Magallanes), der seit 1517 in spanischen Diensten stand.

Euskadi (País Vasco) / Baskenland (A 1.8, S. 15): Autonome Region in Nordspanien. 3 Provinzen: Vizcaca (Bilbao), Guipúzcoa (San Sebastián) und Álava (Vitoria). Ca. 2,5 Mio. Einwohner. Regierungs- und Parlamentssitz: Vitoria. Außer Spanisch wird auch Baskisch bzw. *Euskera* gesprochen (25–30 %). Seit der Wiedererlangung der Autonomie ist Baskisch Pflichtfach in der Schule. Separatistische Tendenzen und Terroranschläge – vor allem durch die ETA – seit den 60er Jahren des 20. Jh.

Extremadura (U 1, S. 10): Autonome Region im Südwesten Spaniens, grenzt im Westen an Portugal. Politische Hauptstadt und Regierungssitz ist die alte römische Stadt Mérida (s. Mérida). Haupteinnahmequellen: Landwirtschaft (Getreide, Wein, Oliven, Tabak) und Viehzucht, insbesondere Schweine.

Franco (U 9, S. 102): Francisco Franco Bahamonde, spanischer General und Diktator (1892–1975).
F. löste einen Militärputsch gegen die republikanische Regierung aus, der sich 1936 zum Bürgerkrieg ausweitete und – unterstützt durch deutsche und italienische Militärhilfe – 1939 mit dem Sieg Francos endete. Bis 1973 war er Staatsoberhaupt und Regierungschef zugleich, Oberbefehlshaber (*Generalísimo*) der Streitkräfte sowie Chef (*Caudillo*) der Einheitspartei (*La Falange*).

Frida Kahlo (A 10.6, S. 117): Mexikanische Malerin (1910–1954). Ein Straßenbahnunglück, bei dem sie als 18-jährige schwer verletzt wurde, sollte ihr ganzes Leben prägen. Weltbekannt ist ihr Bild "Die gebrochene (Wirbel-)Säule" (*La columna rota*), in dem sie ihr ganzes Leid und ihr persönliches Schicksal plastisch darstellt.

Galicia / Galicien (U 8, S. 93): Autonome Region im Nordwesten Spaniens, grenzt im Süden an Portugal, besteht aus 4 Provinzen: A Coruña, Pontevedra, Lugo und Ourense. Haupteinnahmequellen: Viehzucht, Milchproduktion sowie Fischerei, insbesondere Meeresfrüchte und Automobilindustrie. Die Landessprache ist *gallego* (Galicisch), eine dem Portugiesischen eng verwandte Sprache, die von etwa 95 % der *gallegos* gesprochen wird. Die Region gehörte jahrhundertelang zu den ärmsten Gegenden des Landes mit hoher Auswanderungsrate, besonders nach Südamerika.

García Lorca, Federico (A 9.12, S. 108): Spanischer Dichter (1898–1936). Gründete eine Wandertheatertruppe (*la barraca*), die dem Volk die spanischen Klassiker näher bringen wollte. Seine Theaterstücke (*La Casa de Bernarda Alba, Bodas de sangre, Yerma*) handeln von Freiheit und Unterdrückung, Liebe und Tod. Zu Beginn des Bürgerkrieges wurde er von den Franquisten festgenommen und erschossen. (s. Guerra Civil)

García Márquez, Gabriel (A 9.12, S. 108): Schriftsteller, geb. 1928 in Kolumbien. Sein Roman *Cien años de soledad* ("Hundert Jahre Einsamkeit") trug entscheidend dazu bei, dem *realismo mágico* ("magischer Realismus") zum Durchbruch zu verhelfen und die lateinamerikanische Literatur weltbekannt zu machen. 1982 erhielt er den Nobelpreis für Literatur.

Gardel, Carlos (A 9.12, S. 108): Schauspieler und Tangosänger aus Argentinien (1903–1933). Er gilt als der beste und ausdrucksstärkste Tangosänger aller Zeiten.

Guadalquivir (U 4, S. 45): Mit 650 km der größte Strom Andalusiens. Er entspringt in der *Sierra de Cazorla*, fließt durch Córdoba und Sevilla und mündet in den Atlantik.

Guadalupe, Monasterio de ~ (U 2, S. 19): Kloster in der Provinz Cáceres (Extremadura). Hier wird *La Virgen Negra* ("die schwarze Madonna") verehrt. Sie ist auch die Schutzpatronin Mexikos, viele mexikanische Frauen tragen ihren Namen (*Lupe, Lupita*).

Guadiana (U 2, S. 19): Gehört mit 800 km zu den längsten Flüssen Spaniens, entspringt in Las Lagunas de Ruidera (La Mancha), versickert kurz danach im sandigen Boden, fließt unterirdisch weiter und tritt in *Ojos del Guadiana* (Augen des Guadiana) wieder an die Oberfläche.

Guatemala (U 12, S. 139): Staat in Mittelamerika. Republik seit der Unabhängigkeit von Spanien 1821. Bevölkerung: 55 % *Indígenas*, 30 % Mestizen, 15 % Weiße. Der höchste Berg der Gebirgskette Sierra Madre ist der Tajulco (4.210 m). Seen: Lago Izabal, Lago Atitlán und Lago Guija. Haupteinnahmequellen: Landwirtschaft, Viehzucht und Fischerei. Ein Bürgerkrieg in den 80er und 90er Jahren des vorigen Jahrhunderts kostete viele Menschenleben.

Guerra Civil (10.6, S. 117): Spanischer Bürgerkrieg von Juli 1936 bis April 1939. Unter der militärischen Führung von General Franco erhoben sich Faschisten, Konservative und Monarchisten gegen die linksliberale 2. Spanische Republik. Der Sieg der Aufständischen über die Republikaner führte zu einer jahrzehntelangen Diktatur, die erst 1975 mit dem Tod Francos endete. (s. Franco)

Independencia de Cuba: (A 10.6, S. 117): Von 1895 bis 1898 fanden die Unabhängigkeitskämpfe gegen Spanien statt, unterstützt durch die Vereinigten Staaten von Amerika. Von 1898 bis 1902 war Kuba amerikanisches Protektorat, ab 1902 unabhängig. (s. Cuba)

Jefe de Estado (A 9.5, S. 105): Das spanische Staatsoberhaupt ist der König, z. Z. Juan Carlos I. Er residiert im *Palacio de la Zarzuela*. Der Madrider *Palacio Real* wird nur zu Empfängen und zu feierlichen Anlässen benutzt.

Jefe del Gobierno (A 9.5, S. 105): Der Regierungschef Spaniens trägt offiziell den Titel *Presidente del Gobierno* und residiert im *Palacio de la Moncloa* (Madrid).

Juan Carlos I (A 9.5, S. 105): (geb. 1938 in Rom) König und Staatsoberhaupt Spaniens. Am 22. November 1975, zwei Tage nach Francos Tod, bestieg Juan Carlos den spanischen Thron. Mit der Ernennung von Adolfo Suárez zum Minister-

präsidenten im Juli 1976 leitete er den Übergang zur Demokratie ein. Am 23. Februar 1981 vereitelte er einen Putschversuch der Ultrakonservativen und Frankisten. Seine Beliebtheit im Volke ist seitdem ungebrochen.
La Habana (A 4.5, S. 50): Havanna, Hauptstadt von Kuba. (s. Cuba)
La Paz (A 4.5, S. 50): Hauptstadt von Bolivien, die höchstgelegene Hauptstadt der Welt. (s. Bolivia)
La Rioja (A 1.8, S. 15): Autonome Region Spaniens. Hauptstadt: Logroño. Weltbekannt ist die Region durch den gleichnamigen Rotwein.
Lago Titicaca/Titicacasee (U 3, S. 30): Großer See mit 36 Inseln im Hochland von Bolivien (in 4000 m Höhe). Fläche: 8.334 km^2 , tiefste Stelle: 370 m. Der Legende nach kamen aus diesem See die Gründer des Inka-Reiches.
Las Cortes (A 9.5, S. 105): Name des spanischen Parlaments in Madrid. Es besteht aus zwei Kammern: dem Unterhaus *(Congreso de los Diputados)* und dem Oberhaus *(El Senado)*.
León (U 8, S. 93): Stadt und Provinz in Castilla y León. Von den Römern als *Legio Septima* gegründet, war León im Mittelalter Hauptstadt des gleichnamigen Königreiches. León liegt am Jakobsweg und hat eine berühmte gotische Kathedrale. (s. Camino de Santiago)
Machu Picchu (U12, S. 141): Alte Inkafestung und heilige Stätte in Peru in 3100 m Höhe. Der Name bedeutet *cumbre vieja* (alter Gipfel). Die Anlage entstand vermutlich im 15. Jh., wurde aber erst 1911 entdeckt und erforscht.
Madrid (Real ~) (S. 62): Fußballclub von Madrid.
Madrid (U 7, S. 78): Seit 1561 Hauptstadt Spaniens. Liegt im geographischen Zentrum der Halbinsel auf 646 m Höhe (höchstgelegene Hauptstadt Europas). Moderne Weltstadt mit sehenswerter Altstadt (Madrid der Habsburger) um die Plaza Mayor. Zahlreiche Museen, darunter die weltbekannten Gemäldegalerien Prado, Reina-Sofia-Museum, Thyssen-Museum. Beliebter Treffpunkt: Puerta del Sol.
Maitena (A 11.20, S. 134): Argentinische Zeichnerin.
Málaga (U 4, S. 46): Stadt und Provinz in Andalusien.
Malinche (A 9.12, S. 108): Dolmetscherin, Beraterin und Geliebte des Eroberers von Mexiko, Hernán Cortés. Gilt in Mexiko als Symbolfigur für den Verrat am eigenen Volk, aber auch als "Urmutter" der Mestizen. (s. auch Cortés)
Mallorca (A 1.1, S. 12): (s. Balearen)
Matamoros/Maurentöter (U 8, S. 91): Beiname, den die Christen dem Heiligen Jakob während der *Reconquista* (Rückeroberung) gaben.
Medellín (A 1.1, S. 12): a) Stadt in der Provinz Badajoz, Extremadura, Geburtstort von Hernán Cortés. (s. Cortés). b) Durch das Kokainkartell berüchtigte Stadt in Kolumbien, Hauptstadt des Departamento Antioquía, mit etwa 2 Mio. Einwohnern.
Menchú, Rigoberta: Bürgerrechtlerin aus Guatemala, geb. 1959, kämpfte nach der Ermordung ihrer Eltern im mexikanischen Exil für die Rechte der ausgebeuteten *Indígenas* und Mestizen Guatemalas, erhielt 1992 den Friedensnobelpreis.
Mérida (U 2, S. 19): Spanische Stadt in der Extremadura, z. Z. Regierungssitz der *Junta de Extremadura* (Regierung der autonomen Region). Von den Römern als Residenz für altgediente Generäle und hohe Beamte im Jahre 25 v. Ch. erbaut (*Emérita Augusta*), erlangte M. bald eine große Bedeutung durch seine Schlüsselstellung an der Silberstraße.
Mérida (A 10.7, S. 118): Hauptstadt des autonomen Staates Yucatán, México.
México (U 12, S. 138): (Estados Unidos Mexicanos / Vereinigte Mexikanische Staaten) Präsidiale Bundesrepublik seit 1917; 31 Bundesstaaten und Hauptstadt-Bundesdistrikt (D. F.). Bevölkerung: ca. 55 % Mestizen, ca. 30 % indianische Bevölkerung, ca. 15 % Weiße. Etwa 75 % leben in Städten. Hauptstadt: Mexiko-City. Weitere wichtige Städte u. a.: Guadalajara, Puebla, Ciudad Juárez, León, Tijuana. Amtssprache: Spanisch (ca. 98 %), daneben etwa 13 Indianersprachen mit vielen verschiedenen Dialekten. Wirtschaft: Landwirtschaft 5 %, Industrie 27 %, Dienstleistungen 68 %, insbes. Tourismus. Export: insbes. Produkte der verarbeitenden Industrie, 7 % Erdöl, 3 % Agrarprodukte. Große vorkolumbianische Zivilisationen: Olmeken, Maya, Tolteken und Azteken. Die Azteken bauten riesige Städte und entwickelten ein kompliziertes soziales, politisches und religiöses Gesellschaftssystem. 1519–1521 eroberte Hernán Cortés das Aztekenreich für die spanische Krone. 1821 erlangte Mexiko die Unabhängigkeit. 1910 Beginn der mexikanischen Revolution, 1917 Verfassung von Querétaro; sie gilt bis heute und ist neben der 1929 gegründeten Partei Partido Revolucionario Institucional (PRI) wesentlicher Stabilitätsfaktor. 1994 kam es im südmexikanischen Bundesstaat Chiapas zu bewaffneten Auseinandersetzungen zwischen Regierungstruppen und dem "Zapatistischen Nationalen Befreiungsheer". Die Aktion der Rebellen, die soziale Gerechtigkeit für die unterprivilegierte indianische Bevölkerung forderten, beschleunigte die politischen Reformen. (s. Revolución de México)
México, Distrito Federal (U 2, S. 19) = **México D. F.:** Hauptstadt Mexikos (Mexiko-City), gehört flächenmäßig und von der Einwohnerzahl her zu den größten Städten der Welt (ca. 20 Millionen Einwohner).
Mezquita de Córdoba (U 4, S. 44): Die einzige erhaltene Moschee aus der Zeit der arabischen Herrschaft in Spanien. Baubeginn 785 unter Ab-al-Rahman I. Weltbekannt sind die Säulenreihen in den alternierenden Farben weiß und rot.
Mistral, Gabriela (A 9.12, S. 108): Chilenische Lyrikerin (1889–1957), erhielt 1945 den Nobelpreis für Literatur.
Montero, Rosa (A 11.19, S. 133): Bekannte Journalistin und Schriftstellerin aus Madrid (geb. 1951).
Montevideo (A 4.5, S. 50): Hauptstadt von Uruguay. (s. Uruguay)
Murcia (A 1.8, S. 15): Autonome Region Spaniens am Mittelmeer mit gleichnamiger Hauptstadt. Neben dem Tourismus lebt M. von der Landwirtschaft, insbesondere vom landwirtschaftlichen Export (Tomaten, Paprika, Gemüse, Zitrusfrüchte).
Museo del Prado (U 7, S. 79): Berühmte Gemäldegalerie in Madrid.
Museo Nacional Centro de Arte Reina Sofía (U 7, S. 80): Museum für zeitgenössische Kunst in Madrid, benannt nach der spanischen Königin.
Navarra (A 1.8, S. 15): Autonome Region Spaniens. Hauptstadt: Pamplona. Im nördlichen Teil wird auch Baskisch gesprochen. Die *encierros de Pamplona* – weltbekannt durch die Erzählungen Hemingways – finden in der 1. Juliwoche statt (Fest des Heiligen *Fermín*). Es gilt als unumgängliche Mutprobe eines jeden *Pamplonica* (Einwohner von Pamplona), mindestens einmal im Leben vor den Stieren herzurennen.
Pablo Neruda (U 3, S. 30): Chilenischer Dichter (1904–1973), gehört zu den größten Dichtern spanischer Sprache. Seit 1926 war er diplomatischer Vertreter Chiles in mehreren Ländern. Als überzeugter Kommunist setzte er sich während des spanischen Bürgerkrieges für die Republik ein. 1971 erhielt er den Nobelpreis für Literatur. Bekannte Werke: *Veinte poemas de amor y una canción desesperada*

(1924), *Canto general* (1948) und seine Memoiren *Confieso que he vivido* (1974)
País Vasco (A 1.8, S. 15) (s. Euskadi)
Palenque (U 12, S. 140): Alte Mayastadt in Chiapas (México) mit gut erhaltenen Ruinen, erbaut zwischen 600 und 900 n. Chr.
Panamá (U10, S. 114): Kleine Republik in Mittelamerika. Hauptstadt: Ciudad de Panamá. Das ganze Land wird von der Gebirgskette der *Sierra de Veraguas* durchzogen. Höchster Berg ist der Vulkan *Barú* oder *Chiriquí* (3.475 m). Flüsse im eigentlichen Sinne gibt es nicht. Das Klima ist mild und feucht. Haupteinnahmequelle: landwirtschaftliche Exporte (Bananen, Kaffee, Zuckerrohr, Kautschuk, Kakao) und Viehzucht. Bevölkerung: 75 % Mestizen, der Rest sind Weiße, Farbige und *Indígenas*.
Paraguay (A 1.1, S. 12): Republik in Südamerika, zwischen Brasilien und Argentinien. Hauptstadt: Asunción. Andere wichtige Städte: Ciudad del Este, San Lorenzo, Lambaré. Bevölkerung: 90,8 % Mestizen, 3 % *Indígenas*, 1,7 % Deutsche, 4,5 andere. Wichtigste Wirtschaftsfaktoren: Landwirtschaft und Viehzucht. 1811 Unabhängigkeit.
Parlamento (A 9.5, S. 105): (s. Cortes)
Parque del Retiro (U 7, S. 79): Park im Zentrum von Madrid.
Perú (U 2, S. 30): Staat in Südamerika. Unabhängigkeit von Spanien 1821, seitdem Republik. Hauptstadt: Lima. Weitere wichtige Städte: Arequipa, Callao, Trujillo, Chiclayo, Piura und Cuzco. Bevölkerung: 53,2 % *Indígenas* (Eingeborene), 32 % Mestizen und 12 % Weiße. Amtssprachen: Spanisch und Quetschua. Viele *Indígenas* sprechen nur Quetschua oder Aymará. Die Landwirtschaft (Mais, Kartoffeln, Kaffee, Cocablätter, Kakao, Tabak, etc.) und der Bergbau (Öl, Erdgas, Kupfer, Silber, Eisen, Blei) sind die wichtigsten Produktionsfaktoren. Abgesehen von der Küstenregion liegen fast alle wichtigen Städte in den Anden. Der höchste Gipfel ist El Huascarán (6.786).
Pizarro, Francisco (U 1, S. 10): *Conquistador* (Eroberer) von Perú, geb. 1475 in Trujillo, Extremadura. Stammte aus einfachen Verhältnissen und konnte nur mit Mühe lesen und schreiben. Nahm den Inkakönig Atahualpa durch eine List gefangen und ließ ihn trotz eines hohen Lösegeldes hinrichten. P. wurde 1541 ermordet.
Plaza del Obradoiro (Santiago) (U 8, S. 90): Platz vor der Kathedrale von Santiago de Compostela (Galicia).
Plaza Mayor (U 7, S. 78): Platz im Zentrum von Madrid, erbaut im 17. Jh.
Ponferrada (U 8, S. 91): Kleine Stadt in der Provinz León, am Jakobsweg.
Puente de las Américas (U 10, S. 115): Berühmte Brücke über den Panamakanal, die die Verbindung zwischen Mittel- und Südamerika herstellt.
Puerta del Sol (U 7, S. 79): Regierungsgebäude und Platz im Zentrum von Madrid. Hier befindet sich auch der Kilometer Null, von dem aus die Entfernungen spanischer Fernverkehrsstraßen gemessen werden.
Puerto Rico (A 1.1, S. 12): Insel in der Karibik, gehört zu den USA. Sprachen: Spanisch (ca. 85 %) und Englisch, beide sind Amtssprachen.
Punta Arenas (A 4.5, S. 50): Bekannte Stadt im Süden von Chile, an der Magellanstraße. (s. Estrecho de Magallanes)
Quetzal (A 12.13, S. 147): Región und Währungseinheit in Guatemala.
Quino (A 10.12, S. 120): Künstlername von Joaquín Salvador Lavado, bekannter Zeichner aus Argentinien.
Quito (A 4.5, S. 50): Seit 1831 Hauptstadt von Ecuador, ca. 1,5 Mio. Einwohner, in 2.800 m Höhe mitten in den Anden.
Rastro (el ~) (U 7, S. 80): Berühmter Flohmarkt in Madrid. Er findet jeden Sonntagvormittag statt.
Reconquista (U 8, S. 91): Rückeroberungskämpfe zwischen Christen und Muslimen während des Mittelalters (8. bis 15. Jh.) in Spanien. Die christlichen Königreiche im Norden eroberten während der R. das Gebiet zurück, das ihre Vorfahren, die Westgoten, an die Araber verloren hatten. Das arabische Spanien hieß Al-Andalus.
Revolución de México (A 10.6, S. 117): Nach 40 Jahren Diktatur entwickelte sich 1910 eine Protestbewegung gegen die Wiederwahl des Diktators Porfirio Díaz zu einer Revolution, die bis 1920 andauern sollte. In dieser Revolution kämpfte der Bauernführer Emiliano Zapata für die Rechte der *Campesinos* (Landarbeiter). (s. México)
San Cristóbal de las Casas (U 12, S. 138): Kleine Stadt im Süden Mexikos, Yukatán.
San José (A 1.1, S. 12): Hauptstadt von Costa Rica.
Santana, Carlos (A 9.12, S. 108): Bekannter mexikanischer Gitarrist, Bandleader und Komponist, geb. 1947. Gilt als Begründer des Latin Rock und des Ethno Pop.
Santiago (Apostol ~) (U 8, S. 91): (s. Apóstol S.)
Santiago de Chile (A 4.5, S. 50): Hauptstadt von Chile, ca. 4,5 Mio. Einwohner. 1541 unter dem Namen *Santiago de Nueva Extremadura* gegründet.
Santiago de Compostela (U 8, S. 90): Politische Hauptstadt von Galicien und bekannter Pilgerort. (s. Galicia, s. Camino de Santiago)
Santo Domingo (A 4.5, S. 50): Hauptstadt der Dominikanischen Republik.
Sosa, Mercedes (A 11.6, S. 127): Bekannte Sängerin aus Argentinien, geb. 1935 in Tucumán.
Suárez, Adolfo (A 9.5, S. 105): Spanischer Politiker; 1976 von König Juan Carlos zum Ministerpräsidenten ernannt. Architekt des friedlichen Übergangs von der Franco-Diktatur zur Demokratie. Trat 1981 von seinem Amt zurück.
Tegucigalpa (A 4.5, S. 50): Hauptstadt von Honduras.
Tierra del Fuego (U 12, S. 138): Feuerland, Südspitze von Argentinien und Chile.
Titicaca (Lago ~) (U 3, S. 30): (s. Lago Titicaca)
Trujillo (U 1, S. 10): Kleine Stadt in Extremadura, Geburtsort von Francisco Pizarro. (s. Pizarro)
Uruguay (S. 74): Staat in Südamerika. Hauptstadt: Montevideo. U. lebt überwiegend von der Viehzucht (Rinder). Amtssprache: Spanisch.
Valencia (A 1.8, S. 15): Comunidad Valenciana, autonome Region Spaniens. Hauptstadt: Valencia. Außer Spanisch wird auch Valencianisch (*valencià*) gesprochen. Die Region ist reich an Industrie (Leder, Spielwaren, Möbel, Schuhe, Autos) und an Landwirtschaft (Zitrusfrüchte und Gemüse). Auch der Tourismus spielt eine große Rolle. Weltberühmt sind die *Fallas de Valencia*, die Mitte März stattfinden. Bei diesem Fest werden in der Nacht zum 19. März (Hl. Josef) große Figuren aus Pappkarton und Holz (*Fallas*) verbrannt.
Veracruz (Estado de ~) (U 12, S. 138): Stadt in México, auf der Halbinsel Yucatán.
Virgen de Guadalupe (U 2, S. 19): (s. Guadalupe)
Yucatán (A 12.11, S. 146): Halbinsel und gleichnamiger autonomer Staat Méxicos. Hauptstadt: Mérida. Hier befindet sich eine große Anzahl erhaltener Mayastätten.
Zaragoza (A 1.1, S. 12): Hauptstadt von Aragón. (s. Aragón)

Expresiones útiles en clase

Para indicar que no se entiende algo

No entiendo la palabra. — Ich verstehe das Wort nicht.
No lo entiendo. — Ich verstehe das nicht.
No sé lo que quiere decir. — Ich weiß nicht, was es bedeutet.
No sé lo que significa esa palabra / esa frase. — Ich weiß nicht, was dieses Wort / dieser Satz bedeutet.
No tan rápido, por favor, no entiendo. — Nicht so schnell bitte, ich verstehe nicht.
Otra vez, por favor. — Noch einmal, bitte.
¿Me lo puede explicar otra vez? — Können Sie es mir noch einmal erklären?

Para preguntar

¿Qué significa esta palabra / esta frase? — Was bedeutet dieses Wort / dieser Satz?
¿Cómo se escribe, con b [we] o con v [uwe]?. — Wie schreibt man das, mit *b* oder *v*?
¿Se escribe con hache? — Schreibt man das mit *h*?
¿Se escribe con acento?/¿Lleva acento o no? — Schreibt man das mit Akzent?
¿Por qué lleva acento esta palabra? — Warum trägt dieses Wort Akzent?
¿Cómo se pronuncia? — Wie spricht man das aus?
¿Cómo se dice en español / en alemán? — Wie heißt das auf Spanisch / auf Deutsch?
¿Es correcto? — Ist das richtig?
¿Es correcta la frase? — Ist der Satz richtig?
¿Por qué está mal? — Warum ist das nicht richtig?
¿Por qué no se puede decir así? — Warum kann man das nicht so sagen?
¿Qué tenemos que hacer para la próxima vez? — Was haben wir zum nächsten Mal auf?

Para disculparse /entschuldigen

Lo siento, no he hecho los deberes. — Es tut mir Leid, ich habe die Aufgaben nicht gemacht.
Lo siento, olvidé hacer los deberes. — Es tut mir Leid, ich habe vergessen, die Hausaufgaben zu machen.
Lo siento, dejé el libro / los deberes en casa. — Es tut mir Leid, ich habe das Buch / die Aufgaben zu Hause gelassen.
Es que estuve enfermo. — Ich war nämlich krank.
Es que no tuve tiempo. — Ich hatte keine Zeit.
Es que tuve que ayudar a … — Ich musste … helfen.
Es que no sabía lo que teníamos que hacer. — Ich wusste nicht, was wir machen sollten.

Para trabajar

Abrid los libros en la página … — Öffnet die Bücher auf Seite …
A ver, ¿cómo has formulado la frase? — Wie hast du den Satz formuliert?
A ver qué has puesto. — Was hast du geschrieben?
Cerrad los libros. — Schließt die Bücher.
Dime lo que has escrito. — Sag, was du geschrieben hast.
Lee tu solución. — Lies deine Lösung vor.
Lee el texto / el primer párrafo. — Lies den Text / den ersten Abschnitt.
Sacad una hoja para hacer un ejercicio. — Nehmt ein Blatt für eine Übung heraus.

Para hacer los ejercicios del libro

Ahora te toca a ti. / Ahora tú. — Nun bist du dran! / Und nun du.
Buscad en … — Sucht in …
¿Cómo puedes abreviar la frase? — Wie kannst du den Satz verkürzen?
¿Cómo reaccionas tú …? — Wie drückst du dich aus?
¿Cómo son en singular o en plural? — Wie lautet der Singular bzw. der Plural (dieser Wörter)?
¿Cómo son los apellidos en tu país? — Wie ist die Namensgebung in deinem Land?
Compara … con — Vergleiche … mit.

Completa la(s) frase(s).	Ergänze den Satz / die Sätze.
Comprueba cómo …	Stelle fest, wie …
Con el adjetivo adecuado.	Mit dem passenden Adjektiv.
Confirma o rectifica.	Bestätige oder verbessere.
Construye diálogos.	Formuliere Dialoge.
Contesta las preguntas / … con frases completas.	Beantworte die Fragen / … in ganzen Sätzen.
Continúa.	Fahre fort / Mach weiter.
Corrige el texto.	Korrigiere den Text.
Cuenta tú ahora …	Erzähle nun …
Da los siguientes consejos.	Du gibst folgende Ratschläge.
Decide entre…	Wähle zwischen …
Define su carácter.	Beschreibe den Charakter der Personen.
Describe la imagen.	Beschreibe das Bild.
Di cómo… / qué… / de otra manera.	Sage wie… / was… / mit anderen Worten.
Dilo en español.	Sage es auf Spanisch.
Dilo en pasado.	Sage es in der Vergangenheit.
Di el tiempo que hace en …	Mach Angaben über das Wetter in … .
Dialoga con …	Sprich mit …
Elaboráis un diálogo.	Ihr schreibt einen Dialog.
Elige un objeto y …	Wähle einen Gegenstand und …
En vez del símbolo, pon …	Ersetze das Symbol durch …
Encuentra, según la descripción …	Finde nach der Beschreibung …
Escribe un texto sobre …	Schreibe etwas über …
Escribe lo que sabes de … / unas frases sobre …	Schreibe, was du über … weißt / ein paar Sätze über …
Escribid juntos un diálogo.	Schreibt zusammen einen Dialog.
Escucha y repite / … y repítelas.	Hör zu und wiederhole / … und sprich sie nach.
Explica cómo … / qué … / cuándo …	Erkläre, wie …? / was …? / wann …?
Forma frases.	Bilde Sätze.
Formula frases / pequeños diálogos con ….	Bilde Sätze / kleine Dialoge mit …
Habla con…	Sprich mit …
Hacéis el papel de …	Ihr spielt / übernehmt die Rolle von …
Hacemos frases.	Wir bilden Sätze.
Hazle una pregunta a …	Stelle … eine Frage.
Inventa una minihistoria / un diálogo.	Erfinde eine Kurzgeschichte / einen Dialog.
Lee el … / la … otra vez.	Lies die… / den… / das … noch einmal.
Lee el … / la … y apunta …	Lies die… / den… / das … und schreibe auf …
Lee … a los demás.	Lies ….. laut vor.
Manda un e-mail a …	Er / Sie schreibt eine E-Mail an …
Mira … y compara con …	Schau dir … an und vergleiche mit …
Mira las viñetas / los dibujos y comenta.	Schau dir die Zeichnungen an und sage deine Meinung.
Observa a estas personas / los objetos dibujados.	Betrachte diese Personen / die gezeichneten Gegenstände.
¡Ojo!	Aufgepasst!
Ordena la historia.	Ordne die Geschichte.
Pon … en indefinido.	Setze … ins Indefinido.
Pon …	Setze … ein.
Pregunga a tu …	Frag deinen / deine …
Reacciona con …	Reagiere entsprechend.
Repite la frase / la palabra.	Wiederhole den Satz / das Wort.
Repítelo.	Wiederhole es.
Resume el contenido.	Fasse den Ihnhalt zusammen.
¡Tenlo en cuenta!	Merke es dir!
Tira los dados.	Du würfelst.
Toma dos dados.	Nimm zwei Würfel.
Transforma las frases en pasado.	Setze die Sätze in die Vergangenheit.
Transforma los … en …	Verwandle die … in …
Trata de …	Versuche …
Usa el diccionario si lo necesitas.	Wenn nötig, schlage im Wörterbuch nach.
Usa …	Verwende …

Pronunciación y ortografía   Aussprache und Rechtschreibung

El alfabeto   Das Alphabet

Buchstabe	Lesart	Aussprache
A a	a	[a]
B b	be; in LA: be alta / be larga	[b] [β]
C c	ce	[k] [θ]
Ch ch	che[1]	[tʃ]
D d	de	[d] [ð]
E e	e	[e]
F f	efe	[f]
G g	ge	[g] [χ]
H h	hache	immer stumm
I i	i	[i] [j]
J j	jota	[χ]
K k	ka	[k]
L l	ele	[l]
Ll ll	elle[1]	[λ]
M m	eme	[m]
N n	ene	[n]
Ñ ñ	eñe	[ɲ]
O o	o	[o]
P p	pe	[p]
Q q	qu	[k]
R r	erre[2]	[r] [rr]
S s	ese	[s] [z]
T t	te	[t]
U u	u	[u] [ŭ]
V v	uve, ve; in LA: ve baja / ve corta	[β] [ω]
W w	uve doble, ve doble / doble ve	
X x	equis	[x] [s]
Y y	i griega	[j]
Z z	zeta	[θ]

[1] Die sog. Digraphen **ch** und **ll** wurden bis vor kurzem als eigene Buchstaben behandelt und daher im Alphabet auch eigens aufgeführt. Seit einigen Jahren geht man zur internationalen Sortierweise über d.h., Wörter, die mit **ch** beginnen, werden nun unter **C** (ce – ch – ci) aufgeführt, mit **ll** beginnende Wörter unter **L** (li – ll – lo).

[2] Als eigener Buchstabe galt früher auch **rr** (erre doble).

Las vocales   Die Vokale

Die Vokale werden im Spanischen eher kurz und halboffen bis offen ausgesprochen:

a	etwa wie in Watte (häufig heller als im Deutschen)	**o**	etwa wie in Trott
		i	etwa wie in bitten
e	etwa wie in Bett	**u**	etwa wie in Mutter

Die folgenden Kombinationen gelten als **Doppellaut** (Diphthong):

ai	aire	**au**	autopista	**io**	criollo
ei	peinar	**eu**	Europa	**iu**	ciudad
oi	oigo	**ia**	familia	**ua**	cuando
ui	ruido	**ie**	tierra	**ue**	puerta
				uo	cuota

Diphthonge bilden **eine** einzige Silbe.

Kombinationen von a, e, o: aeropuerto teatro feo
Abfolgen dieser Vokale gelten nicht als Diphthong; sie werden als eigene Silben gezählt.

Las consonantes Die Konsonanten

Die stimmlosen Laute **[k, p, t]** werden im Spanischen nicht aspiriert (behaucht).

Konsonanten mit unterschiedlicher Schreibweise

Schreibweise	Aussprache hochspan. (kastilisch)	Aussprache südspan. / lateinam.	Beschreibung
b	b		am Wortanfang und nach n/m
v	β		zwischen Vokalen
z+a **z+e** **z+o** **z+u** **-z** **c+i** **c+e**	θ	s	
c+a **c+o** **qu+i** **qu+e**	k		nicht aspiriert
c+u	k		
ch	tʃ		
d	d ð		
j+a **j+o** **j+u** **j+i** **j+e** **g+i** **g+e**	χ		
g+a **g+o** **g+u** **gu+i** **gu+e**	g		

Der für das **Hochspanische** charakteristische, dem englischen *th* ähnliche **Reibelaut** [θ] ist in Südspanien (Andalusien) und in weiten Teilen Lateinamerikas nicht vorhanden. Er wird dort als stimmloses **s** ausgesprochen. Diese Aussprache wird als **seseo** bezeichnet.

Die **Schreibweise** dieser Konsonanten ändert sich demnach je nachdem, ob sie vor einem **hellen** (vocal cerrada) oder einem **dunklen Vokal** vocal abierta) stehen.

helle Vokale
i e

dunkle Vokale
a o u

Doppelkonsonanten: In spanischen Wörtern kommen ss, tt oder pp nicht vor. Doppelkonsonanten existieren nur in wenigen Fällen:

nn: gelegentlich nach der Vorsilbe *in-* oder *en-* : innecesario, ennegrecer
rr: stark gerolltes (Zungen-) r zwischen Vokalen: perro / pero, carro / caro, parra / para

Sonderfall cc: in der Aussprache kein Doppelkonsonant: [kθ]: *accidente*

Las reglas de pronunciación ▶ G 1.5

Las reglas de acentuación ▶ G 2.7

Lista de palabras por unidades

halbfett = obligatorischer Wortschatz / Lernwortschatz
normal = fakultativer Wortschatz

Abkürzungen:

adj. Adjektiv
f. feminin
inf. Infinitiv
m. maskulin
pron. Pronomen
Subst. Substantiv
ugs. umgangssprachlich

E: Englisch*
F: Französisch*
I: Italienisch*

LA: Lateinamerika
Sp.: Spanisch

Symbole:

~ Vokabel der linken Spalte
≠ gegenteilige Bedeutung
= gleiche Bedeutung
> Verweis (z.B. Wortfamilie)

*Gelegentlich wird in der rechten Spalte die Entsprechung einer Vokabel in einer dieser Sprachen angegeben, um auf Unterschiede in der Rechtschreibung hinzuweisen.

Unidad 1 Trujillo en fiestas

Trujillo

esto es	das ist	
es (*inf.:* ser)	(er / sie / es) ist	
un / una	ein/e	
un pueblo de Extremadura	ein Ort / Dorf in der Extremadura	
de	von, aus	
una región	eine Region	
en	in / an / auf	~ Trujillo
el	der (*Artikel m. Sg.*)	~ pueblo
en el oeste de	im Westen von	
bueno, en realidad	na ja, eigentlich	
no	nein, nicht	~ es una región.
pequeño/a (ser)	klein	un pequeño pueblo
la	die (*Artikel f. Sg.*)	~ región
la ciudad	Stadt	
una pequeña ciudad	Kleinstadt	

La plaza del pueblo

la plaza	Platz	
con	mit	
la iglesia	Kirche	
al fondo	hinten, im Hintergrund	
la torre de la iglesia	Kirchturm	
el nido	Nest	
la cigüeña	Storch	

Francisco Pizarro

el señor	Herr	el ~ Pizarro
este señor es	dieser Herr ist	
el conquistador del Perú	Eroberer von Peru	
el hombre	Mensch, Mann	
famoso/a (ser)	berühmt	una ciudad famosa
el hombre más famoso	der berühmteste Mensch / Mann	

Las fiestas del pueblo

las fiestas del pueblo	das Dorffest	
a finales de agosto	Ende August	

son (*inf.:* ser)	sind	
las	die (*Artikel f. Pl.*)	~ ciudades
la fiesta de Trujillo	das Fest in Trujillo	
… son las fiestas	… findet das Fest statt	
durante	während (+ *Substantiv*)	
hay	es gibt	~ nidos de cigüena
mucho/a	viel, sehr	mucho dinero (Geld); mucha gente
la gente	Leute	la ~ famosa
de fuera	von auswärts	No soy del pueblo, soy ~.

Unos chicos en la fiesta

y	und	
otro/a	ein anderer, eine andere	Mañana hay otra fiesta.
el amigo / la amiga	Freund/in	
otros amigos	andere Freunde	
es de	er / sie ist aus	Carmen ~ Trujillo.
también	auch	
los otros / las otras	die anderen	Las otras chicas no son de Trujillo.

La orquesta de la fiesta

esta es la orquesta	das ist die Band	Esta es Carmen.
la orquesta	*hier:* (Musik)Kapelle, Band	
el músico	Musiker	
joven / jóvenes (ser)	jung, Jugendliche/r	Son chicos jóvenes.
la guitarra	Gitarre	*F: la guitare*
el de la guitarra	der mit der Gitarre, Gitarrist	
alto/ a (ser)	*bei Personen:* groß; *bei Sachen:* hoch	Javier es alto. La torre de la iglesia es alta.
rubio/a (ser)	blond	Carmen no es rubia.
a lo mejor	vielleicht	~ son amigos.
extranjero/a	ausländisch	
el / la extranjero/a	Ausländer/in	Dos de mis amigas son extranjeras.
la música	Musik	
excelente/-(ser)	ausgezeichnet	*F: excellent/e*
la canción / las canciones	Lied, Song	
muy	sehr	~ alto
moderno/a (ser)	modern	

G 1.2

español/a	spanisch, der Spanier, die Spanierin
alemán / alemana	deutsch, der Deutsche, die Deutsche
andaluz/a	andalusisch, der Andalusier, die Andalusierin
feliz / felices	glücklich

Unidad 2 En un pueblo de Extremadura

Extremadura

poca industria	wenig Industrie
es la patria de	es ist die Heimat von …, von dort stammt …

El alcornoque

el alcornoque	Korkeiche
el árbol típico de	der für … typische Baum
de su corteza se extrae el corcho …	aus seiner Rinde wird Kork gewonnen

El monasterio de Guadalupe

el monasterio	das Kloster

el centro religioso	religiöses / kirchliches Zentrum	
la Virgen de Guadalupe	Jungfrau von Guadalupe	
la patrona de México	Patronin von Mexiko	

El cerdo ibérico

el cerdo ibérico	das spanische Schwein	
pata negra	*wörtl.* Schwarzfuß (*Bezeichnung für das echte span. Schwein*)	
se cría en	wird in … gezüchtet	
el jamón	Schinken	
es caro/a	er / sie / es ist teuer	
pero	aber	
es muy apreciado	wird sehr geschätzt	
por su excelente calidad, (la)	wegen seiner ausgezeichneten Qualität	

Mérida, ciudad romana

una ciudad romana	römische Stadt	
en tiempos de los romanos	zu der Römerzeit	
Emérita Augusta	*röm. Name der Stadt Mérida*	
la capital política	politische Hauptstadt	
importantes ruinas (las)	bedeutende Ruinen	
el edificio romano	römisches Gebäude, Bauwerk	
como el teatro, el anfiteatro	wie das Theater, das Amphitheater	
el acueducto (de los Milagros)	Aquädukt	
el puente sobre el Río Guadiana	Brücke über den Fluss Guadiana	

Cumpleaños feliz

Cumpleaños feliz	Happy birthday (*Lied*)	
es súper	er / sie / es ist toll / super	
el ambiente	Stimmung, Ambiente, Atmosphäre	Hay mucho ~ .
fenomenal/- (ser)	toll, super, ausgezeichnet	
mientras	während (+ *Verb*)	~ hablamos ≠ durante; durante las fiestas
comprar	kaufen	Compro una guitarra.
mientras compran	während sie kaufen	
sus amigos	seine / ihre Freunde	> sus amigas
unos boletos	(ein paar) Lose	
el boleto	Los	
la tómbola	Losbude, Glücksbude, Tombola	
llegar	ankommen	la llegada
el paquete / paquetito	Paket, Päckchen	
en la mano	in der Hand	
oye, Toño	hör mal, Toño	
hoy	heute	La fiesta es ~ y no mañana.
el cumpleaños (ser)	Geburtstag (haben)	~ de Miguel es a finales de agosto. ¡**los** cumpleaños!
feliz / felices	glücklich	
¿no?	nicht wahr?	
toma (*inf.:* tomar)	hier (nimm)	~ esta guitarra.
para	für	
esto es para ti	das ist für dich	> para mí
un regalo	Geschenk	
¿para mí?	für mich?	
¿qué es?	Was ist es?	
un cedé (CD)	eine CD	Este ~ es fenomenal.
una sorpresa	Überraschung	¡Qué sorpresa!
muchas gracias	vielen Dank	*Antwort:* de nada
el beso	Kuss	Adiós, un beso.
le da un beso	er gibt ihr einen Kuss	

de nada	nichts zu danken, keine Ursache	
¡pues felicidades!	also herzlichen Glückwunsch	
el chaval	Junge	
cantar	singen	
te	dir, dich	
desear	wünschen	¿Qué desean Vds?
todos/as	alle	Carmen, Cecilia y Elena, todas compran boletos.
bueno, ¿qué?	also, was nun?	Bueno, ¿Qué compramos?
invitar (a los amigos)	einladen	Javier invita a Claudia.
¿no invitas?	lädst du uns nicht ein?	Sí, invito a un café.
sí, venga	na klar	
tomar	nehmen, *hier:* trinken	Katja toma una coca-cola.
¿qué tomáis?	was trinkt ihr?	

Una presentación

una presentación	eine Vorstellung	
poco después	wenig später, kurz danach	
acompañado/a de	in Begleitung von, zusammen mit	
una chica	ein Mädchen	> un chico
moreno/a	dunkelhaarig	Miguel y Luis son morenos.
hola, chicos	hallo	
¿qué tal?	Wie geht's?	
con esta música, súper	bei dieser Musik, Klasse	
¿y tú?	und du / dir?	¿Y tú, de dónde eres?
bien, muy bien	sehr gut	
esta es una amiga	das ist eine Freundin	> Est**e** es un amigo > Est**o** es un regalo.
alemán / alemana (ser)	deutsch	Miguel no es alemán.
se llama	er / sie heißt	
yo me llamo	ich heiße	
¿de qué parte de … eres?	Aus welcher Gegend von … bist du?	
Alemania	Deutschland	> alemán, alemana
de Colonia	aus Köln	
la zona del Rin	Rheinland	
vosotros/as	ihr	¿Vosotr**as** sois aleman**as**?
¿sois todos de aquí?	Seid ihr alle von hier?	
¡no, qué va!	nein, überhaupt nicht, keineswegs	
muchos/as	viele	> muchas amigas; muchos regalos
por ejemplo	zum Beispiel	*Abkürzung:* p. ej.
andaluz, -a (ser)	andalusisch, aus Andalusien	¿Vosotros sois andaluces? Katja y Raquel no son andaluzas.
tampoco	auch nicht	Toño ~ compra boletos.
pasar	*hier:* verbringen	
las vacaciones	Ferien, Urlaub	
en casa de	bei	La fiesta es ~ Javier.
mis abuelos	meine Großeltern	
yo sí	ich schon	≠ yo no
también	auch	≠ tampoco

Me gusta mucho

me gusta mucho	es gefällt mir gut	
mirar	schauen, anschauen	
cómo	wie	¿ ~ es la música?
bailar	tanzen	¿Te gusta bailar?
charlar	plaudern, sich unterhalten	
¿qué, Katja?	Und, Katja?	
¿te gusta la música?	Gefällt dir die Musik?	¿Te gusta la fiesta?

claro que sí	na klar	
sí	ja	
tocar	(ein Instrument) spielen	¿Toca Javier la guitarra?
oye, tú hablas muy bien	du sprichst aber sehr gut	
hablar	sprechen	Katja habla alemán.
español (el)	Spanisch	Son españoles.
¡eh!	*(Ausruf)*	
más o menos	mehr oder weniger	
estudiar	lernen, studieren	Miguel estudia alemán.
el colegio	Schule	
en tu país	bei dir, in deinem Land	¿Cómo es la gente ~ ?
diferente/~ (ser)	verschieden, anders	≠ igual, *F: différent/e*
hay música	es wird Musik gespielt	
pero	aber	Me gusta la música, ~ no me gusta bailar.
aburrido/a	langweilig	
pues qué aburrido, ¿no?	wie langweilig, was?	

A 2.4

bonito/a (ser)	schön	Mérida es una ciudad muy bonita.

A 2.9

italiano/a	Italienier/in, italienisch	
polaco/a	Pole/in, polnisch	
turco/a	Türke/in, türkisch	
rumano/a	Rumäne/in, rumänisch	
griego/a	Grieche/in, griechisch	
portugués / portuguesa	Portugiese/in, portugiesisch	

A 2.10

el padre	Vater	> papá, los padres (die Eltern)
la madre	Mutter	> mamá
el hijo	Sohn	los hijos (die Kinder)
mayor	älter *(Personen)*, größer *(Sachen)*	
la hija	Tochter	

E 2

regular	es geht	–¿Qué tal? –Regular.
tu	dein / deine	~ amigo, ~ amiga
la novia	die Freundin	> el novio
nada (no … nada)	nichts, überhaupt nichts	

G 2.1

la prima	die Kusine	

Unidad 3 Graciela y su viaje de estudios al Perú

Preparando el viaje

preparar	vorbereiten	
el viaje	Reise	
preparando el viaje	Reisevorbereitungen	
chileno/a (ser)	Chilene/in, chilenisch	> Chile
Antofagasta	*Stadt in Chile*	
el mayor / la mayor (ser)	der / die älteste	Javier es el mayor.
cuatro	vier	~ hermanas
el hermano / la hermana	Bruder / Schwester	los hermanos (die Geschwister)
está (*inf.:* **estar**)	er / sie / es befindet sich, ist	Katja está en Trujillo.
en el último año de	im letzten Jahr von	

Educación Media	Höhere Schule, Gymnasium	
a final de curso	am Ende des Schuljahres	
el curso	Schuljahr, Kurs	
en enero	im Januar	
organizar	durchführen, organisieren	Ana organiza una fiesta.
al Perú	nach Peru	al = a + el
los que	diejenigen, die	> las que, el que, la que
terminar	beenden	¿Cuándo termina la clase?
para los que terminan	für die Abschlussklasse(n)	
el viaje cultural	Studienreise	
Cuzco	*Stadt in Peru*	
otros grandes centros	andere bedeutende Stätten	
grande/- (ser)	bedeutend, groß (Sachen)	Trujillo no es grande.
el antiguo imperio inca	das ehemalige Inkareich	
la profesora	Lehrerin	> el profesor, *F: professeur*
la historia	Geschichte	
en clase	im Unterricht	Ana y Raquel están ~.
con ellos / con ellas	mit ihnen	
ustedes van a buscar	ihr werdet suchen (LA)	*Sp:* vosotros vais a buscar
la información	Information(en)	
el lugar	Ort	
que	der, die, das (*Relativpron.*)	El regalo ~ compra Katja.
vamos a visitar	wir werden besuchen	
¿de acuerdo?	einverstanden	–Ana, ¿estás ~ ? –Sí.
¿todos juntos?	alle zusammen	
el grupo	Gruppe	
vamos a formar grupos	wir werden / wollen Gruppen bilden	
(el) número uno	Nummer eins	
informarse	sich informieren	
los alrededores (nur *Pl.*)	Umgebung	
Machu Picchu	*Berg in Peru mit Ruinenstadt*	
Lago Titicaca	Titicaca-See	
la gente del campo	die Leute vom Land	
el campo	Land	
la vida	Leben	~ es bonita.
la situación social	die soziale Lage	
social/-	gesellschaftlich, sozial	
el libro	Buch	Tiene muchos libros en casa.
la biblioteca	Bibliothek	*F: la bibliothèque*
si	wenn, falls (konditional) cuando (temporal)	≠ sí
la pregunta	Frage	> preguntar
si no hay más preguntas	wenn es keine (weiteren) Fragen mehr gibt	

Una clase con diapositivas

una clase con diapositivas	eine Unterrichtsstunde mit Dias	
dos semanas después	zwei Wochen später	
poner las diapositivas	die Dias zeigen	
presentar su información	seine / ihre Informationen vortragen	

Cuzco

la antigua capital	die ehemalige Hauptstadt	
el centro de la cultura inca	Mittelpunkt / Zentrum der Inka-Kultur …	
a más de	auf mehr als	
tres mil metros de altura	3000 m Höhe	
en quechua	auf Ketschua	
significa	es bedeutet	
(el) ombligo del mundo	Nabel der Welt	
Plaza de Armas	Paradeplatz	

buenos ejemplos	gute Beispiele	
impresionante arquitectura	eindrucksvolle Architektur	

El mercado

el mercado	der Markt	
las mujeres llevan	die Frauen tragen	
ropa de colores muy vivos	Kleider in leuchtenden Farben	
vender	verkaufen	
los productos del campo	Erzeugnisse der Landwirtschaft	
(la) artesanía hecha a mano	Kunsthandwerk	
para muchos peruanos	für viele Peruaner	
lo que venden	was sie verkaufen	
su única fuente de ingresos	ihre einzige Einnahmequelle	

Machu Picchu

la ciudad mágica	die magische Stadt	
llena de misterios (los)	voller Geheimnisse	
quizás	vielleicht	
nunca vamos a conocer	wir werden nie erfahren	
realmente	wirklich	
van muchos turistas	viele Touristen fahren hin	
en tren desde Cuzco	mit dem Zug von Cuzco aus	
es largo	es ist lang	
pero muy interesante	aber sehr interessant	

El Lago Titicaca

ocho mil	8000	
(los) kilómetros cuadrados	Quadratkilometer	
más de treinta islas	mehr als 30 Inseln	
el lago navegable	schiffbarer See	
el más alto del mundo	der höchste der Welt	
la frontera natural	natürliche Grenze	
entre Perú y Bolivia	zwischen Peru und Bolivien	
el agua (*f.*) es muy fría	das Wasser ist sehr kalt	
el aire es pobre en oxígeno	die Luft ist sauerstoffarm	
las condiciones de vida	Lebensbedingungen	
duro/a (ser)	hart	
pobre/- (ser)	arm	
los indígenas	Eingeborene	
vivir de	von … leben	
la pesca	Fischfang	
las papas	Kartoffeln (in *LA*)	
la lana	Wolle	
la carne	Fleisch	
alpacas y llamas	Alpakas und Lamas	
algunos indígenas viven	einige Eingeborene leben	
(las) islas de juncos	Schilfinseln	
flotar sobre las aguas	auf dem Wasser treiben	

Grupo de indígenas

si ustedes escuchan	wenn ihr zuhört (*LA*)	*Sp:* si vosotros escucháis
no van a entender	werdet ihr nicht verstehen (*LA*)	*Sp:* no vais a entender
su conversación	ihre Unterhaltung, Gespräch	
es que	weil, nämlich	
hablan muy poco castellano	sie sprechen sehr wenig Spanisch	
quechua o aymará	Ketschua oder Aymara	
las lenguas originales	die ursprünglichen Sprachen	

Músicos

está presente en todas partes	man trifft an, man findet überall	
jóvenes (los)	Jugendliche	
así ganan	so verdienen sie	
un poquito de dinero	ein wenig Geld	
para	*hier*: um zu	

Casas pobres

casas pobres	armselige Häuser	
grandes diferencias sociales	große soziale Unterschiede	
entre ricos y pobres	zwischen Reichen und Armen	
los chicos de familia rica	*hier:* die Kinder aus reichen Familien	
colegios de élite	Eliteschulen	
y luego	und dann	
van a estudiar a Estados Unidos	sie studieren in den Vereinigten Staaten	
muchos otros sólo logran	viele andere erreichen / schaffen nur	
aprender a leer y a escribir	lesen und schreiben lernen	

Graciela ahorra para el viaje

ahorrar	sparen	Ahorra para comprar una guitarra.
entusiasmado/a (estar)	begeistert	Raquel está entusiasmada.
la idea	Vorstellung, Idee	
la idea de ir al Perú	die Idee / Vorstellung, nach Peru zu fahren	
necesitar	brauchen	¿Qué necesitas para el viaje?
el dinero	Geld	
para	um zu	Ella ahorra dinero ~ ir al Perú.
ayudar a	helfen, beitragen	Ana ayuda a los amigos.
los papás (*ugs.*)	Eltern	*offiziell:* los padres
pagar	bezahlen	
por eso	deswegen	Graciela va al Perú. ~ ahorra.
trabajar	arbeiten	
a veces	manchmal	~ buscan información en Internet.
de niñera (la)	als Babysitterin	
dar clase (de)	unterrichten	
clases particulares	Privatunterricht / Nachhilfestunden	
clases de matemáticas	Mathematikunterricht	
a otros chicos	anderen Kindern	> a otras chicas
ganar	verdienen	
contento/a (estar)	zufrieden	
¡mi amor!	mein Schatz	
¿qué hora es?	Wie viel Uhr ist es?	
el reloj	die Uhr	≠ la hora (die Uhrzeit)
parado/a (estar)	angehalten, stehengeblieben	
son las cinco y media	es ist halb sechs	
esperar a alguien	auf jdn. warten	Javier espera a Carlos.
¿a quién esperas?	Wen erwartest du?	
ya	schon	≠ todavía no
	Graciela ~ está en casa.	
tarde (ser)	spät	Son las once. Es ya muy ~.
todavía no	noch nicht	≠ ya; Graciela ~ está en casa.
preocupado/a (estar)	besorgt	No estamos preocupados.
¿a qué hora es hoy ...?	Um wie viel Uhr ist heute ...?	
... es mañana	... ist morgen	La fiesta no es hoy, ~ .
a las cuatro y media	um halb fünf	
ah, bueno	ach so	
entonces	also dann	> pues
esta tarde / por la tarde	heute Nachmittag / am Nachmittag	¿Trabajas ~?
la tarde	Nachmittag	

vas a estudiar, ¿no?	du wirst lernen, nicht wahr?	
hasta	bis	~ mañana; ~ luego; ~ pronto ...
las ocho	acht Uhr	
pero luego	aber dann	
me voy (*inf.:* ir)	ich gehe	
a casa de los Valdivia	zu den Valdivias	
invitado/a (estar)	eingeladen sein	Raquel está invitada a la fiesta.
cuidar (a / de)	aufpassen auf	¿Quién cuida de la niña esta noche?
voy a cuidar a la niña	ich werde auf die Kleine aufpassen	
¡es una guagua más linda!	sie ist ein so nettes Baby	
a mí me gusta mucho	ich mag sehr gerne	~ bailar.
jugar con ella	mit ihr spielen	
además	außerdem	
generoso/a (ser)	großzügig	
¿sabes? (*inf.:* saber)	weißt du?	
regresar	zurückkommen	
no sé (*inf.:* saber)	ich weiß nicht	–¿Sabes qué hora es? –No, ~ .
cansado/a (estar)	müde	
sacar malas notas	schlechte Noten bekommen	Yo siempre saco buenas notas.
las preocupaciones	Sorgen	
por favor	bitte	≠ de nada, *I: per favore* ~ , ¿ayudas a Javier?
ya soy mayorcito/a	ich bin schon alt genug	
dormir	schlafen	
tanto	so viel	
no necesito dormir tanto	ich brauche nicht so viel Schlaf	

A 3.3

los fines de semana	am Wochenende	> el fin de semana
los monumentos	Denkmäler	
recuerdos del Perú	Souvenirs aus Peru	
cerca de	nah an	≠ lejos de; Madrid no está ~ Zaragoza.

A 3.8

importante/- (ser)	wichtig, bedeutend	

A 3.10

¿en qué día cae ...?	auf welchen Tag fällt ...?	
los meses	die Monate	
enero	Januar	Mi cumpleaños es en ~ .
febrero	Februar	
marzo	März	
abril	April	
mayo	Mai	
junio	Juni	
julio	Juli	
agosto	August	
septiembre	September	
octubre	Oktober	
noviembre	November	
diciembre	Dezember	
los días de la semana	die Wochentage	
lunes	Montag	Mañana es ~ .
martes	Dienstag	**El** ~ vamos a Cuzco. (am Dienstag)
miércoles	Mittwoch	**Los** ~ estoy en casa. (mittwochs)
jueves	Donnerstag	
viernes	Freitag	
sábado	Samstag	
domingo	Sonntag	

la agenda	Terminkalender	
san / santo	Sankt … , Heiliger …	
el día de la madre	Muttertag	
el comienzo de las vacaciones	Ferienbeginn	
la Constitución	Verfassung	
vacaciones de Navidad	Weihnachtsferien	
el concierto de rock	Rockkonzert	

A 3.13

todos me llaman	alle nennen mich	
tengo 17 años	ich bin 17 Jahre alt	¿Cuántos años tienes?
el funcionario	Beamte	
en el norte	im Norden	
el idioma / los idiomas	Fremdsprache(n)	El alemán es un idioma difícil.
leer	lesen	–Yo leo mucho.
me alegro de poder ir	ich freue mich, fahren zu können	
hasta pronto /luego	bis bald	> hasta mañana; hasta luego …

A 3.14

la moto	Motorrad	La moto no es nueva, ¿verdad?
el avión	Flugzeug	Van en avión a Perú.
el autobús	Bus	
el coche	Auto	¿Vais a Madrid en coche? *LA:* el carro/el auto
la bicicleta (*ugs:* **la bici**)	Fahrrad	*F: la bicyclette, I: bicicletta*
ir a pie / ir andando	zu Fuß gehen	Vamos a pie al colegio.

A 3.15

¿cuánto/a?	wie viel?	

Unidad 4 Sola en el extranjero

Córdoba

la Mezquita	die Moschee	
construido/a	erbaut	
entre los años	zwischen (den Jahren …)	
en el centro de	in der Mitte von	
una catedral católica	katholische Kathedrale	
los cristianos	Christen	
en el siglo XVI	im XVI. Jahrhundert	
un patio andaluz	ein andalusischer Innenhof	

Bettina llega a Córdoba

llegar (a)	ankommen (in)	Javier llega a España mañana.
tiene 17 años	sie ist 17 Jahre alt	¿Cuántos años tienes?
vivir	leben	Vivo en Berlín.
Múnich	München	
separado/a (estar)	getrennt (leben)	
vacaciones de verano	Sommerferien	Vamos a España en las ~ .
hacer (hago, haces, hace …)	tun, machen	Javier y Raquel hacen un viaje.
hacer un curso de …	einen Kurs machen …	
la escuela de idiomas	Sprachschule	
aprender	lernen	~ español, ~ **a** bailar
mejor	besser	
la primera vez	das erste Mal	
que	der, die das (*Relativpron.*)	Ana es la chica ~ habla español.
ir solo/a	allein gehen / fahren	¿Elena, vas sola a Barcelona?
al extranjero	ins Ausland	

algo nervioso/a (estar)	etwas aufgeregt, nervös	Hoy estoy algo nerviosa.
la familia Quintero	Familie Quintero, die Quinteros	= los Quintero, *I: la famiglia*
leer	lesen	
la revista	Zeitschrift	
escribir	schreiben	
algunas cosas	ein paar Dinge	
las cosas	Dinge, Sachen	
el diario	Tagebuch	
desde	von … aus	~ Madrid Yo trabajo ya ~ agosto.
el aeropuerto	Flughafen	
enviar	schicken	
un mensaje	eine Nachricht, *hier:* SMS	
por el móvil	per Handy	Bettina llama ~ .
cuando	wenn, als	> ¿cuándo? (wann)
bajar	aussteigen, hinuntergehen	≠ subir
bajar del autobús	aus dem Bus steigen	
coger (cojo, coges, coge …)	nehmen, greifen	*in LA vulgär*
coger la mochila	den Rucksack nehmen	¿Cojo yo la mochila?
salir (de) (salgo, sales, sale …)	hinausgehen	Hoy salgo a las tres de la tarde.
la estación	(Bus)Bahnhof, Terminal	
sacar	herausholen, herausnehmen	
el plano	Stadtplan	
la calle	die Straße	
tener (tengo, tienes, tiene …)	haben	
el problema	Problem	Tiene muchos problemas.
preguntar a alguien	jdn. fragen	Graciela pregunta a la profesora.
pasar por	vorbeigehen	Luego paso por tu casa.
una chica que pasa por allí	ein Mädchen, das vorbeigeht	
¿la calle …, por favor?	(Wo ist) die … Straße, bitte?	
¿qué calle buscas?	Welche Straße suchst du?	
ah, sí, ya sé	ach ja, ich weiß schon	
lejos (estar)	weit	≠ cerca;El colegio no está lejos.
a unos … metros de aquí	etwa … Meter von hier	
comprender	verstehen	¿Me comprendes?
perdón, no comprendo	Entschuldigung, ich verstehe nicht	
más despacio por favor	langsamer, bitte	
perdona	entschuldige	> perdón
tomar	nehmen	
esta primera calle	die erste Straße hier	
a la izquierda	links	El parque está ~ . ≠ a la derecha
pasar	*hier:* über … gehen	
el puente	Brücke	
otra vez	noch einmal	
venga (*ugs.*)	schon gut	> vale
¿turismo?	*hier:* Bist du Touristin?	
ah, ¡qué bien!	Wie schön!	
pues nada, suerte	also dann, viel Glück	

En casa de los Quintero

los Quintero	Familie Quintero, die Quinteros	
por fin	endlich	
número 49, 4 ° A.	Nummer 49, 4. Stock, Tür A	
tocar el timbre	klingeln	
el timbre	Glocke, Klingel	
oír (oigo, oyes, oye …)	hören	Javier oye música.
la voz	Stimme	
se oye una voz	man hört eine Stimme	Se oyen voces.

por el telefonillo	durch die Sprechanlage	
síííí …	ja …	
ah, sube, hija, sube	ach ja, komm doch herauf	
el cuarto derecha	4. Stock rechts	
cuarto/a	der / die vierte	Viven en el cuarto (piso).
abrir	öffnen	
la puerta	Tür	
subir en el ascensor	mit dem Aufzug hinauffahren	≠ bajar en el ascensor
la señora Quintero	Frau Quintero	*Abkürzung:* la Sra.
ya está esperando	er / sie wartet schon	
delante de la puerta	vor der Tür	≠ detrás de la puerta
saludar a alguien	jdn. begrüßen	Saludan a sus amigos.
bienvenido/a (a)	willkommen	
nuestro/a	unser/e/es	Nuestras mochilas están aquí.
la casa	Wohnung, Haus	> en casa
pasa, pasa …	komm (doch) herein	
¿verdad?	nicht wahr?	
mira (*inf.:* mirar)	sieh mal, schau mal	
los hijos	Kinder, Söhne	> el hijo, la hija
ver	sehen	
están viendo la tele	sie sehen fern	
poner (pongo, pones, pone …)	setzen, stellen, legen; *hier:* (im Fernsehen) kommen	
una serie que ponen	eine Serie, die … kommt	
todos los sábados	jeden Samstag	Todas las tardes ponen un concurso en la tele.
en vez de	anstatt	
toda la tarde	den ganzen Nachmittag	Juega ~ al fútbol.
delante de la tele	vor dem Fernseher davor	
un poco	ein wenig	
tener hambre	Hunger haben, hungrig sein	Tengo mucha hambre.
querer (quiero, quieres, quiere …)	wollen, lieben	Julia quiere mucho a Javier.
comer	essen	
¿quieres comer algo?	Möchtest du etwas essen?	
sólo / solo	nur	> Sus padres no están, está solo (allein) en casa.
tener sed	Durst haben, durstig sein	¡Qué sed tengo!
el zumo de naranja	Orangensaft	
el vaso de leche	ein Glas Milch	
el vaso de agua	ein Glas Wasser	Bebe mucha agua.

A 4.2

¡diga!	hallo *(am Telefon)*	*(nur in Spanien)*
ninguna Julia	keine Julia	
me he equivocado	ich habe mich geirrt / verwählt	
no importa	es macht nichts	

A 4.4

tener que	müssen	Tengo que esperar media hora.

A 4.11

la primera a la derecha	die erste (Straße) rechts	
la segunda a la izquierda	die zweite links	
la tercera …	die dritte (Straße)	
pasar por delante de	an … vorbeigehen	
hasta el final de la calle	bis zum Ende der Straße	
el semáforo	die Ampel	
girar a la izquierda	nach links abbiegen	
seguir todo recto	geradeaus gehen / fahren	

bleiben, fortfahren, weitermachen

Unidad 5 El primer día en Córdoba

Bettina y Julia se hacen amigas

hacerse amigos/as	sich anfreunden, Freunde werden	
se hacen amigas	sie (die Mädchen) freunden sich an	
en seguida	sofort, schnell	
después de	nachdem sie …, nach	~ comer, toma un café.
		~ la comida, toma un café.
la (*pron.*)	sie (*Pronomen, Objekt*)	No ~ llama por teléfono.
un rato	eine Weile	
acompañar a alguien	jdn. begleiten	
la habitación	Zimmer	> las habitaciones *(kein Akzent)*
enfrente de	gegenüber	
la cocina	Küche	*Aussprache:* [koθina] [kosina]
¿qué te parece?	wie findest du es / ihn / sie?	¿ ~ este equipo de música?
¿de verdad?	wirklich?	
cerrar (-ie-)	zumachen, (ab)schließen	Julia cierra la puerta.
hay que	man muss	hay que hablar
empujar	schieben, *hier:* zudrücken	
siempre	immer	
decir (digo, dices, dice …) **que**	sagen, dass	Bettina dice la verdad.
que	*hier:* dass	
arreglar	reparieren	
va a arreglarla	er wird sie reparieren	
nunca	nie	~ saluda a los amigos.
el tiempo	Zeit	No tengo tiempo.
		auch: das Wetter: ¿Qué tiempo hace?
no importa	das macht nichts	
a propósito	übrigens	
la llave	Schlüssel	
un momento	einen Augenblick	
desde el fondo	von hinten / Hintergrund; Grund; Boden	
el salón	Wohnzimmer	= la sala de estar
al lado	neben; bei	La mesa está ~ de la cama.
aquí las tienes	hier sind sie	
el piso	Wohnung, Etage	
ya ves lo que hay	*etwa:* das ist alles, was da ist	
la cama	Bett	Hago mi cama todas las mañanas.
el armario para la ropa	Kleiderschrank	Saco la ropa del armario.
la ropa	Kleidung, Wäsche	Katja siempre lleva ropa de marca.
la mesa	Tisch	Borja se sienta a la mesa.
la cadena …	Stereoanlage	
el equipo de música	Stereoanlage	
¿cómo se dice …?	Wie sagt man …?	–¿ ~ *Bett* en español?
		–Se dice cama.
en alemán	auf deutsch	*F: en allemand*
la palabra	Wort / Vokabel	
¡qué palabras más raras!	was für komische Wörter!	
ahora me voy	ich gehe jetzt	¿Ya te vas?
dejar solo/a	allein lassen, verlassen	
seguramente	sicher(lich)	*adj.:* seguro
ducharse	(sich) duschen	> la ducha
descansar	sich ausruhen	
el calor	Hitze, Wärme	≠ el frío
hace mucho calor	es ist sehr heiß	≠ hace mucho frío
dar una vuelta	eine Runde drehen	Voy a ~ por el parque. ¿Me acompañas?
por el centro	durch die (Innen)Stadt	

ver (veo, ves, ve ...)	sehen	No veo bien.
de noche	bei Nacht	≠ de día > a las once de **la** noche
precioso/a (ser)	wunderbar, herrlich, sehr schön	

Siempre lo que tú quieres

siempre lo que tú quieres	immer (müssen wir machen), was du willst	
entrenar	trainieren	> el entrenador
el portero	Torwart	
el equipo de fútbol	Fußballmannschaft	*F: une équipe de football*
el entrenamiento	Training	
tirar	werfen	
la bolsa	(Sport)Tasche	
las zapatillas	Turn-, Sportschuhe	
el deporte	Sport	Me gusta hacer deporte.
el pasillo	Flur	
meterse en la ducha	unter die Dusche gehen	
entender (-ie-)	verstehen	= comprender ¡no te entiendo! *auch*: Ich verstehe dich akustisch nicht.
el programa	Programm, Sendung	Este programa me gusta.
interesante/- (ser)	interessant	*F: intéressant/e*
¿cuántas horas?	Wie viele Stunden?	
¡anda!	komm, los	
anda, cierra ya el agua	dreh doch endlich das Wasser ab	
caro/a (ser)	teuer	La cadena es cara, cuesta 5000 €.
salir (-de) (salgo, sales, sale ...)	aus ... gehen, hinausgehen, ausgehen	
sentarse (-ie-) en	sich auf ... setzen	Nos sentamos **a** la mesa.
el sofá	Couch, Sofa	
el mando (de la tele)	Fernbedienung	
el canal	*hier:* Programm, Sender	
cambiar de canal	umschalten	> cambiar (tauschen) una cosa **por** otra
¡ehhhh, oye, guapo!	*etwa:* hör mal, mein Lieber	
el concurso	Quiz	
pero es que en Telecinco ponen	aber in T. kommt doch	
el partido	(Fußball-) Spiel	¿Jugamos un partido de tenis?
Barça – Madrid	Barcelona – Madrid	
comenzar (-ie-)	beginnen	*F: commencer*
ahora mismo	jetzt gleich, eben	= en seguida
¿y a mí qué?	Und was geht mich das an?	= a mí qué me importa
venga, dame el mando	gib mal die Fernbedienung her	
¡jo, tía!	Mensch! (*Ausruf*)	
pensar (-ie-) en	an ... denken	–¿En qué piensas? –En nada.
¡toma, pesada!	hier, du Nervensäge	
¿está ya la cena?	Ist das Abendessen schon fertig?	–¿Está ya la comida? –No, todavía no.
estoy terminando de hacer la tortilla	ich mach gerade die Tortilla fertig	
poder (puedo, puedes, puede ...)	können, dürfen	¿Puedes venir más tarde?
a la mesa	an den Tisch	
los tres	alle drei	Los cuatro van a dar una vuelta. *aber:* **las** tres, **las** cuatro (sólo mujeres)
levantarse (de)	aufstehen	

En cada país sus costumbres

cada (+ *Subst.* oder uno/a)	jede/r/s	cada chico; cada chica; cada uno/a
cada país	jedes Land	
la costumbre	Sitte, Brauch	
en cada país sus costumbres	andere Länder, andere Sitten	
bastante	ziemlich	–¿Qué hora es? –Ya es ~ tarde.

o así	ungefähr	
¿tan pronto?	so früh	
no sé las palabras	ich weiß die Wörter nicht	
en español	auf spanisch	*F: en espagnol*
el jamón	Schinken	*F: le jambon*
el queso	Käse	
el chorizo	*span. Paprikasalami*	
beber	trinken	*auch:* tomar: ¿Tomas una cerveza?
la cerveza	Bier	
no es verdad	das stimmt nicht	
en mi casa	bei mir / uns (zu Hause)	
el agua mineral (*f.*)	Mineralwasser	El agua está muy fría.
el té	Tee	*aber:* Kräutertee: la infusión
la comida	Essen, Mahlzeit	
el pan	Brot	
negro/a (ser)	schwarz	≠ blanco
el clima	Klima	
frío/a	kalt	> **el** frío: hace mucho frío
creer (creo, crees, cree …)	glauben	
que	dass	Creo que hoy no hay clases.
nunca voy a ir a …	ich werde nie nach … fahren	

A 5.2

muy majo/a	sehr nett	= muy simpático/a
sólo un plato	nur ein Gang	
con gas	mit Kohlensäure	≠ sin gas
sólo una vez	nur ein Mal, ein einziges Mal	
mil veces	tausend Mal	= muchas veces
desayunar	frühstücken	

A 5.5

encima de	auf	= sobre
en el suelo	auf dem Boden	

A 5.6

efectivamente	tatsächlich	

A 5.8

la autopista	Autobahn	Para ir a Madrid podemos ir por ~ .

A 5.9

barato/a (ser)	billig	≠ caro/a
feo/a (ser)	hässlich	≠ bonito/a
pasado/a de moda (estar)	altmodisch	≠ moderno/a
la ópera	Oper	

A 5.10

la farmacia	Apotheke	Tengo que ir a ~ .

A 5.11

los dientes	Zähne	lavarse ~ / limpiarse ~

A 5.12

hace frío	es ist kalt	
hace sol / viento	es ist sonnig / windig	
hace buen tiempo	es ist schön	
hace mal tiempo	es ist schlechtes Wetter	
llueve /esta lloviendo	es regnet	

nieva / está nevando	es schneit	
sobre cero	über Null	
bajo cero	unter Null	
al sol	in der Sonne	
a la sombra	im Schatten	

G 5.6

un billete de ida y vuelta	Rückfahrkarte	

Unidad 6 Chicos con clase

chicos con clase	*etwa:* Klassejungs	

Todos los días el mismo ritual

el mismo / la misma	der-/ dieselbe	
todos los días el mismo ritual	jeden Tag das gleiche Spielchen	
los chavales	die Jungs	
entrar en	hineingehen, betreten	Yo en este bar no entro.
el instituto	Gymnasium	
entrar corriendo (*inf.:* correr)	hineinlaufen, rennen	
gritando (*inf.:* gritar)	schreiend	
la llegada	Ankunft	> llegar
el primer ciclo de la ESO	die erste Stufe der ESO	
ESO (Enseñanza Secundaria Obligatoria)	*etwa:* Haupt- und Mittelschule	
a la misma hora	zu derselben Uhrzeit	
por otra puerta	durch eine andere Tür	
los mayores	die Größeren, Älteren	≠ los pequeños
la entrada	Eingang, Eintritt	> entrar
la salida	Ausgang, Verlassen	> salir
los únicos momentos en que	die einzigen Augenblicke, in denen	
el alumno / la alumna	Schüler/in	los alumnos (die Schüler) *auch:* los estudiantes
lo mismo	dasselbe	= las mismas cosas
el resto	der Rest	
casi nunca	fast nie	~ tiene tiempo.
verse (veo, ves, ve …)	sich sehen	–¿Nos vemos mañana? –No, lo siento, no puedo.
nada en común	nichts gemeinsam	No tengo ~ con tus amigos, no me gusta estar con ellos.
separar	trennen, unterscheiden	
el horario	Stundenplan	
la edad	Alter	>¿Cuántos años tienes?
el recreo	Pause (*Schule*)	
el (recreo) de los mayores	die (Pause) der Größeren	

Malditos exámenes

malditos exámenes	verfluchte Prüfungen	
el examen / los exámenes	Prüfung, Examen	
los de segundo	die (Schüler) aus dem 2. Schuljahr	
las Matemáticas	Mathematik	
estar sentado/a	sitzen	sentarse (sich setzen)
en su sitio	auf seinem / ihrem Platz	
preparados para	fertig für	> ¡preparados, listos, ya! (auf die Plätze, fertig, los)
empezar (-ie-)	beginnen, anfangen	= comenzar
faltar a clase	dem Unterricht fernbleiben, fehlen	Nunca falto a clase.

no falta nadie	es fehlt niemand	= están todos
nervioso/a (estar)	aufgeregt, nervös	≠ estar tranquilo/a
jugar (juego, juegas, juega …)	spielen *(Sport)*	
el bolígrafo	Kugelschreiber	*ugs.:* el boli
el lápiz	Bleistift	> los lápices de colores
la goma de borrar	Radiergummi	
la calculadora	Taschenrechner	
¡calculadoras fuera!	Taschenrechner weg!	
ordenar	anordnen, befehlen	
meter en	stecken in	
les (*pron.*)	ihnen	
entregar	übergeben, aushändigen *hier:* austeilen	
la hoja con los problemas	Aufgabenblatt	
tres séptimos de	drei Siebtel von	
quedarse con	behalten	
suspender	durchfallen, nicht bestehen	Creo que va a ~ matemáticas.
tratar de	versuchen	Trata de hablar en español.
copiar	abschreiben	
el vecino	Nachbar	
las chuletas	*hier:* die Spickzettel	
llevar escondido/a	versteckt bei sich haben	
la manga	Ärmel	
un riesgo (ser)	Wagnis, Risiko	
pillar	erwischen	
si los pilla el profe	wenn der Lehrer sie erwischt	
les pone un cero	er gibt ihnen eine Sechs	
el cero	Null (in Spanien die schlechteste Note)	
por copiar	wegen Abschreibens	

Asignatura pendiente

la asignatura	(Unterrichts-)Fach	
asignatura pendiente	ein noch nicht abgelegtes (Unterrichts-)Fach	
el bar	die Bar	
la cumbre	*hier:* Gipfel(treffen)	
el repetidor	Wiederholer	
cumbre de repetidores	Gipfeltreffen der Wiederholer	
allí	dort	≠ aquí (hier)
encontrarse (-ue-)	sich treffen	–¿Nos encontramos mañana delante del cine? –Vale, bien.
todos ellos	sie alle	> todas ellas
el bachillerato	Abitur	
hacer el bachillerato	das Gymnasium besuchen	Estamos haciendo el bachillerato.
les quedan	sie haben noch nicht (bestanden)	
un par de	ein paar …	*auch:* un par de zapatos (ein Paar Schuhe)
examinarse de	eine Prüfung machen in …	
por la mañana	vormittags	> por la tarde, por la noche
asistir a clase	den Unterricht besuchen	
por la tarde	nachmittags	> por la mañana, por la noche
los deberes	Hausaufgaben	
para el día siguiente	für den nächsten Tag	
pagarse los vicios	die Bedürfnisse finanzieren	
el vicio	Laster; *hier:* Bedürfnisse	
la camarera	Kellnerin	> el camarero
repartir	verteilen	
el baloncesto	Basketball	jugar al baloncesto

(la) gana / tener ganas de algo. Lust (haben auf etw.)

El drama de cada junio

el drama de cada junio	das alljährliche Junitheater	
insoportable/- (ser / estar)	unerträglich, nicht auszuhalten	El calor es ~. El niño está hoy ~.
no le puede usted ni hablar	man darf ihn nicht ansprechen	
¡y todo por …!	und das alles wegen	
la prueba de acceso a la U.	Hochschulzugangsprüfung	
no sólo … sino	nicht nur, sondern auch	
volver (-ue-)	zurückkehren, wiederkommen	¿A qué hora vuelves?
la enfermedad	Krankheit	> enfermo/a
juvenil/-	jugendlich, Jugend-	
para los que	für diejenigen, die	para el / la / los / las que …
estos días	in diesen Tagen	
la llegada del verano	Sommeranfang	> llegar
el verano	Sommer	la primavera (Frühling), el otoño (Herbst), el invierno (Winter)
significar	bedeuten	
empollar	pauken, eifrig lernen	
la carrera	Studium	
un año más	noch ein Jahr, ein weiteres Jahr	una semana más

A 6.2

la fila	die Reihe	

A 6.3

navegar por Internet	surfen (im Internet)	

A 6.4

romper	zerbrechen, kaputtmachen	> roto/a (kaputt): el vaso está roto

A 6.5

en tejanos (los)	in Jeans	

A 6.7

el dibujo	Zeichnung	
corregir	korrigieren	
una línea recta	eine gerade Linie	
útil/~(ser)	nützlich	
el cuaderno	Heft	
la regla	Lineal	
el sacapuntas	Spitzer	**los** sacapuntas

A 6.8

¿Quién es el campeón?	Wer ist Sieger, Champion?	
el campeón	Sieger, Champion (*Sport*)	> la campeona
pasar la tarde nadando	den ganzen Nachmittag schwimmen	
nadar	schwimmen	
la piscina	Schwimmbad	En verano vamos a ~ .
discutir	sich streiten	Discuten por nada.
quién de ellos	wer von ihnen	
es el / la que mejor nada	er / sie schwimmt am besten	Son los que mejor nadan.
el largo / los largos	*hier:* Bahn (*Schwimmbecken*)	
ponerse de acuerdo	sich einigen /acordarse	Nunca nos ponemos de acuerdo.
atravesar (-ie-)	durchqueren	
más veces que	öfter als	
menos que	weniger als	
más que	mehr als	≠ más **de** 20; más **de** 50 …
no tantos como	nicht so viele wie	

aunque	obwohl	~ tiene tiempo, no estudia.
aguantar	aushalten, durchhalten	

A 6.13

durar	dauern	
¿qué niveles hay?	Welche Stufen gibt es?	
tutoría	Sprechstunde	
Reflexión Ética	Ethikunterricht	
Educación Física	Sportunterricht	

Unidad 7 Elena en Madrid

Los planes para el fin de semana

los planes	Pläne, Vorhaben	
estar de visita	zu Besuch sein	*aber:* Elena visita a su tía.
la tía	Tante	> el tío, los tíos (Onkel und Tante) Voy a casa de mis tíos.
le encanta	sie mag sehr gern	Me encanta Madrid.
hay tanto que ver	es gibt so viel zu sehen	
el edificio / los edificios	Gebäude	
amplio/a (ser)	weit, breit	
la avenida	Avenue, Promenade	
el restaurante	Restaurant	
en fin	also, kurzum	~ , no sé que decirte. > por fin (endlich): ¡Por fin llegas!
la terraza	Straßencafé, Terrasse	
el refresco	Erfrischungsgetränk	–¿Qué tomáis? –Yo, un refresco.
por dónde empezar	wo sie anfangen soll	
la lista	Liste	
ir de compras	einkaufen gehen	> comprar, hacer compras
(el) Rastro	*Flohmarkt in Madrid*	
desayunar	frühstücken	> el desayuno
churros	*span. Spritzgebäck*	
Plaza Mayor	*zentraler Platz in Madrid*	
las tapas	*etwa:* Appetithappen	> ir de tapas (von Bar zu Bar gehen, etwas trinken und Kleinigkeiten essen). Los sábados, mis amigos y yo vamos de tapas.
el Retiro	*Park im Zentrum von Madrid*	
el teatro	Theater	–¿Vamos mañana al teatro? –No, no tengo tiempo.
el concierto	Konzert	
el Prado	*Kunstmuseum in Madrid*	
Reina Sofía (=el museo ~)	*Museum für Moderne Kunst in Madrid*	

¿Qué comemos hoy?

regresar (a casa)	(nach Hause) zurückkehren	= volver a casa
la sobrina	Nichte	el sobrino; los sobrinos (Nichten und Neffen)
el corazón	Herz	
¡corazón!	*etwa:* meine Liebe	
¿qué hacemos de comer?	Was kochen wir?	
me apetece / nos apetece …	ich / wir habe/n Appetit auf …	
¿qué te apetece?	Was möchtest du? / Worauf hast du Appetit?	
cualquier cosa	irgend etwas, ganz gleich was	

nada	nichts	≠ todo
la carne	Fleisch	
nada de carne	nur kein Fleisch	
¿cómo que nada de carne?	Wieso denn kein Fleisch?	
me he hecho vegetariana	ich bin Vegetarierin geworden	
hacerse ...	zu etwas werden	¿Os habéis hecho ecologistas?
¿que te has hecho qué ...?	Was bist du geworden? *(zweifelnde Nachfrage)*	
Pero si siempre te ha gustado tanto la carne ...	Fleisch hat dir doch aber immer so geschmeckt ...	
sí, ya, pero ...	ja schon, aber ...	
el reportaje	Reportage	*F: le reportage*
además	außerdem	
el periódico	Zeitung	> el / la periodista
lo que ponen en los periódicos	was in den Zeitungen steht	
pues hija, no sé qué decirte	ich weiß nicht so recht, was ich dir sagen soll	
pues entonces	na dann, also dann	
¡qué sé yo!	was weiß ich, keine Ahnung	–¿Dónde están mis zapatos? –¡ ~ !
¿qué te parece si ...?	Was meinst du, wenn ...?	
algo a base de verduras	etwas mit Gemüse	
la(s) verdura(s)	Gemüse	
entonces	dann, also dann	
el mercado	Markt	
hacer la compra	einkaufen	> comprar, ir de compras, hacer las compras

Elena de compras

de compras	beim Einkaufen	
camino de	auf dem Weg zum	
el centro	Zentrum	
la tienda	Laden	¿Hay alguna tienda bonita por aquí?
la zapatería	Schuhgeschäft	
la librería	Buchhandlung	
las tiendas de discos	Schallplattenladen	
la boutique	Boutique	
la blusa	Bluse	
hola, buenas	*etwa:* Morgen, Tag (*Gruß, Kurzform*)	> buenos días, buenas tardes
el escaparate	Schaufenster	
rojo/a	rot	
como esa	wie die da (*im Schaufenster*)	
la que está en el escaparate	die im Schaufenster ist	Javier y Miguel son los que están en la tienda, y no Enrique.
la talla	Größe (*Kleider*)	
si es de tu talla	wenn es deine Größe ist	
traer (traigo, traes, trae ...)	(her-)bringen	
¿qué talla usas?	Welche Größe hast du / trägst du?	
pues sí	ja, doch...	
voy a ver	ich sehe mal nach	
enseñar	zeigen, lehren	
probarse (-ue-) algo	anprobieren	probar algo = probieren ¿Quieres probar la carne?
el probador	die (Ankleide-)Kabine	
pasar al probador	in die (Ankleide-)Kabine gehen	*aber:* pasar por (vorbeigehen)
pruébatela (*inf.:* probarse)	probiere sie an	Bueno, me la pruebo.
puesto/a	angezogen (*Kleidung*)	
te queda de maravilla	sie steht dir ausgezeichnet	A Ana la blusa le queda de maravilla.
de maravilla	wunderschön	
el color	Farbe	

te va muy bien	sie passt sehr gut zu dir	A Javier el rojo le va muy bien.
mirarse al espejo	in den Spiegel schauen	Mírate al espejo.
el espejo	Spiegel	
la etiqueta con el precio	Preisschild	
asustarse	erschrecken	
¿cuánto has dicho que cuesta?	Was kostet sie, hast du gesagt?	>¿Cuánto cuesta esta blusa? > cuesta …
vale … 55,90	sie kostet 55,90	
las rebajas	Schlussverkauf	
te la puedo dejar en	ich kann sie für .. abgeben	
la tarjeta	Karte, Kreditkarte	
la bolsa	*hier:* Plastiktüte	
poco más adelante	etwas weiter vorne	
por supuesto	natürlich, selbstverständlich	–¿Vas a ir a la fiesta? –Sí, ~ .

En el escaparate

la camiseta	T-Shirt	
los vaqueros / los tejanos	Jeans	
el vestido	Kleid	ponerse un vestido ¿Te pones hoy este vestido?
la falda	Rock	
el jersey	Pullover	¡Qué jersey más bonito llevas! *E: jersey* (¡falso amigo!)
el traje	Anzug	
la camisa	Hemd	
el pantalón / los pantalones	Hose(n)	

A 7.4

varias veces	mehrmals	> **la vez**, las **veces**
una vez	einmal	
alguna vez	irgendwann	

A 7.9

la película	Film	¿Has visto ~ ? > el film, los filmes
una carta	Brief	Me ha escrito ~ .
la verdad	Wahrheit	
el ordenador	PC	

A 7.10

la panadería	Bäckerei	
la pescadería	Fischgeschäft	
la papelería	Schreibwarenladen	
la frutería	Obst- und Gemüsegeschäft	

A 7.11

ni idea	keine Ahnung	–¿Sabes dónde vive Elena? –No, ~ .
venga, vamos	los, gehen wir	

A 7.14

algo ancho/a	etwas zu breit	
un poco estrecho/a	etwas zu eng	
largo/a	lang	≠ corto/a
te favorece	damit siehst du vorteilhaft aus, es steht dir	
¿en cuánto me la deja?	Für wie viel geben sie sie mir?	
amarillo/a (ser)	gelb	
azul/- (ser)	blau	> der Traumprinz: el príncipe ~ las zapatillas **azules**

blanco/a (ser)	weiß	
gris/- (ser)	grau	Ha comprado dos faldas grises.
marrón/- (ser)	braun	*nur bei Sachen,* > moreno/a *(Haar-, Augen- oder Hautfarbe)*
rosa/- (ser)	rosa	
verde/- (ser)	grün	

Unidad 8 Una experiencia inolvidable

El Camino de Santiago

el Camino de Santiago	der Jakobsweg	
la Edad Media	Mittelalter	
Santiago de Compostela	*Stadt und Pilgerort in Galicia*	
el centro de peregrinación	Pilgerstätte	
la ruta que seguían	die Route, der sie folgten	
los peregrinos	Pilger	
llamado/a	sogenannte/r	
el estilo arquitectónico	Baustil	
el Románico	Romanik	
el Gótico	Gotik	
las corrientes culturales	Kulturströmungen	
las guerras de la Reconquista	Rückeroberungskriege	
musulmanes	Muslime	
matamoros	„Maurentöter"	
se celebra el 25 de julio	wird am 25. Juli gefeiert	

¡Por fin en la meta!

la meta	Ziel	
¡por fin en la meta!	endlich am Ziel	
la Plaza del Obradoiro	*Platz vor der Kathedrale von Santiago*	
cansadísimo/a (estar)	sehr müde	= muy cansado/a
caminar	wandern, zu Fuß gehen	> el camino
la espalda	Rücken	
durísimo	sehr beschwerlich / hart	= muy duro/a
duro/a	hart	
al principio	anfangs, am Anfang	≠ al final
les costó (*inf.:* costar)	*hier:* es war schwierig für sie	
superar	überwinden	
la dificultad	Schwierigkeit	> difícil
la experiencia	Erfahrung	
inolvidable/~(ser)	unvergesslich	
contemplar	betrachten, anschauen	
la fachada	Fassade	
la catedral	Kathedrale	
acercarse a algo / alguien	auf etwas / auf jdn. zugehen	
de unos 20 años	etwa 20 Jahre alt, 20-jährig	Es un hombre de unos 40 años.
el micrófono	Mikrofon	
la cámara de televisión	Fernsehkamera	
hace un momento	gerade eben	
suizo/a (ser)	Schweizer/in, schweizerisch	–¿Martina, eres de Suiza? –Sí, soy suiza.
Berna	Bern	
el / la estudiante	Student/in	> el alumno/a
el periodismo	Journalistik	
¿os importa?	macht es euch etwas aus?	–¿Te importa ayudarme? –No, claro que no.

contestar	beantworten	*auch:* contestar **a una** pregunta
la pregunta	Frage	¿Le puedo hacer una pregunta?
no, en absoluto	nein, überhaupt nicht	

Silencio, se rueda

el silencio	Ruhe, Stille	
silencio, se rueda	Ruhe, bitte, Kamera läuft	
rodar (-ue-)	*hier:* (einen Film) drehen	
¿desde dónde?	von wo aus?	
Zúrich	Zürich	
Burgos	Stadt in Nordspanien	
desde	von … aus	~ Alemania hasta España
decidir (~ hacer algo)	beschließen	
creyente/- (ser)	gläubig (sein)	
la razón	Grund	Estas son las razones.
principal	Haupt-	
la razón principal	Hauptgrund	
más por razones culturales	eher aus kulturellen Gründen	
entrar ganas de	Lust bekommen auf	
ganas de (las)	Lust auf	–¿Tenéis ~ ir a España? –Sí, muchas.
la manera	Art und Weise	
estupendo/a (ser)	ausgezeichnet, toll, herrlich	
reflexionar sobre	nachdenken über	
alguno (algún *vor Subst.*)	(irgend)ein	≠ nigún, ninguno/a
al principio sí	am Anfang schon	
las botas	Stiefel	
nuevo/a	neu	≠ viejo/a
la ampolla	Blase	
el pie	Fuß	> la mano (Hand), *F: le pied*
las agujetas	Muskelkater	
el peso	Gewicht	> pesar; Esta mochila pesa mucho.
le salieron tantas ampollas	sie bekam so viele Blasen	
estar a punto de	beinah etwas tun / im Begriff sein zu	–¿A qué hora llega el tren? –Está a punto de llegar.
estuvo a punto de dejarlo	beinahe hätte sie aufgeben	
acostumbrarse (a)	sich gewöhnen an …	
todo fue (*inf.:* ir) **bien**	alles ging gut	–¿Qué tal el viaje? –Bien, ~ .
el albergue	Herberge, Unterkunft	~ juvenil (die Jugendherberge)
sencillo/a (ser)	einfach	
ninguno (ningún *vor Subst.*)	kein/e/es	≠ algún, alguno/a
bastante temprano	ziemlich früh	≠ bastante tarde
si no	sonst	
ocupado/a (estar)	belegt	¿Está ocupada esta silla? (= Ist dieser Stuhl frei?), *F: occupé/e*

Principales impresiones

la impresión	Eindruck	
principales impresiones	die wichtigsten Eindrücke	
¿cuál? / ¿cuáles?	welche/r/s?	
la pausa técnica	technisch bedingte Pause	
breve/- (ser)	kurz (*zeitlich*)	≠ larga
una de las cosas que más nos ha impresionado …	was uns am meisten beeindruckt hat …	
impresionar	beeindrucken	
el gran número de gente	die vielen Leute	= muchísima gente
de todas las edades	jeden Alters	

de todos los países	aus aller Herren Länder	
sobre todo	vor allem	A Elena le gusta ~ la verdura.
el cambio	Wechsel, Änderung	
el paisaje	Landschaft	*F: le paysage*
los cambios de paisaje	Veränderungen der Landschaft	
horrible/- (ser)	fürchterlich, schrecklich	
pasar un calor horrible	eine schreckliche Hitze erleben	≠ pasar un frío horrible
los campos	Felder	
seco/a / (estar)	trocken	
sequísimo/a (estar)	strohtrocken	
casi	fast	
no … ni	weder … noch	No ha comprado la blusa ni la falda.
el árbol	Baum	En Castilla hay pocos árboles.
el río	Fluss	
en todo el tiempo	die ganze Zeit	
la gota	Tropfen	
no llovió (*inf.:* llover) ni una gota	es hat nicht einen Tropfen geregnet	
en cambio	dagegen	Yo no tengo tiempo, tú , ~ , sí.
Galicia	Gali**c**ien *(Region in Nordwestspanien)*	≠ Gali**z**ien *(Gebiet in Polen)*
mojarse	nass werden	¿Te has mojado los pies?
unas cuantas veces	einige Male	
húmedo/a	feucht	≠ seco/a
ya veo que habláis …	*hier:* wie ich sehe, sprecht ihr …	
perfecto/a	perfekt, vollkommen	
el dialecto	Dialekt	
rápido/a	schnell	≠ lento/a
luego	dann, später	≠ después
en gallego	auf Galicisch	
amable/-e (ser)	freundlich	
conocer (-zc-)	kennen	–¿Conoces **a** Sabine? –No, no la conozco. –¿Conoces Madrid? – Sí, claro.
en todas partes	überall	*aber:* todos **los** chicos, todas **las** semanas, todo **el** día, …
ofrecer (-zc-)	anbieten	
la ayuda	Hilfe	> ayudar
¿cuánto tiempo?	wie lange?	
lamentablemente	leider	
ya sólo	nur noch	~ me quedan dos días de vacaciones.
¡que lo paséis bien!	alles Gute / viel Spaß	
gracias por haber contestado	vielen Dank, dass ihr … beantwortet habt	Gracias por ayudarme.

A 8.5

solucionar	lösen, sich erledigen	la solución

A 8.11

bajo el sol	in der Sonne	

A 8.12

la manzana	Apfel	
la uva	Weintraube	
la naranja	Orange	
el plátano	Banane	
la cereza	Kirsche	
la pera	Birne	
el limón	Zitrone	

Unidad 9 La generación punto com

la generación punto com	die Internet-Generation	

Los chicos de la red

la red	das Netz	= Internet
los chicos de la red	die Internetfreaks	
no tener ni idea de	keine Ahnung haben von	= no saber nada de
Franco	*span. Diktator von 1939–1975*	
en blanco y negro	in Schwarz-Weiß	≠ de color
imaginarse	sich vorstellen	
sin	ohne	≠ con
ciberespacio	Cyberspace	
el medio	das Medium	
el secreto	Geheimnis	Entre nosotros no hay secretos.
un medio por el que	ein Medium, in welchem …	
moverse (-ue-)	sich bewegen	Está sentado y no se mueve.
como pez en el agua	wie der Fisch im Wasser	
pertenecer (-zc-) a	gehören zu, angehören	Yo no pertenezco al grupo.
el prototipo	Musterbeispiel, Prototyp	
primer/-	erste/r/s	Son siempre los primeros en llegar.
el contacto	Kontakt	
a los trece años	mit 13 Jahren	= a la edad de 13 años
teclear	(ein)tippen	
el buscador de Internet	Suchmaschine	
favorito/a (ser)	Lieblings-…	¿Cuáles son tus programas favoritos?
18 recién cumplidos	gerade mal 18	
el alto ejecutivo	Führungskraft, Manager	Quiere llegar a ser un alto ejecutivo.
diseños web	Webseiten	
fundar	gründen	
propio/a (ser)	eigen	Yo tengo mis propias ideas.
la empresa	Unternehmen, Firma	Es el jefe de una gran empresa.
la página web	Webseite	
un buen negocio	ein gutes Geschäft	≠ mal negocio
la categoría de alumnos	die Art von Schülern	
él mismo	er selbst	= él personalmente
demasiado	zu viel	Yo creo que tú trabajas demasiado.
jamás	nie(mals)	= nunca
cursar estudios de	… studieren	
oficialmente	offiziell	
Informática	Informatik, EDV	
sin embargo	jedoch	
llegar a ser	werden	Ellas llegaron a ser grandes amigas.
el experto	der Fachmann	
el campo	*hier:* Bereich, Gebiet	
poner en marcha	*hier:* ins Netz stellen	
la ciencia	Wissenschaft	
la tecnología	Technologie	
la más visitada	die meistbesuchte	= muchos abren esa página
ninguno/a (ningún *vor Subst.*)	kein/e/es	≠ alguno/a
ninguno de ellos	keiner von ihnen	
alumno modelo (ser)	Musterschüler	
brillante/- (ser)	glänzend, ausgezeichnet, hervorragend	
entre	unter	Su negocio está ~ los mejores.
flojo/a (ser)	*hier:* (leistungs)schwach	≠ trabajador/a
practicar	üben	
el monitor	Bildschirm, Monitor	

consultar libros	in Büchern nachschlagen	Tengo que consultar el diccionario.
preferir (-ie- / -i-)	vorziehen, lieber tun / haben	¿Tú qué prefieres, leer o ver la tele?
el manual	Handbuch	= el libro
parecer un rollo	etwas langweilig / Quatsch finden	¡Qué aburrido! ¡Qué rollo!
son, pues, …	sie sind, also …	
el / la autodidacta	Autodidakt	
la característica	Merkmal	
el vicio	Laster	
en las horas libres	in der Freizeit	= en el tiempo libre
el atractivo	Anziehungskraft	
no pueden con el encanto	*hier:* haben nicht so viel Anziehungskraft wie	
el encanto	Zauber, Magie, Anziehungskraft	> encantar
el mundo virtual	virtuelle Welt	≠ el mundo real

A 9.2

el retrato robot	Steckbrief; *hier:* Hauptmerkmale	

A 9.5

nacer (-zc-)	geboren werden	Yo nací un domingo del año 94.
separarse	sich trennen	
permitir	erlauben, gestatten	¿Me permite, por favor?
casarse con	jdn. heiraten	¿Quieres casarte conmigo?
Las Cortes	*Name des span. Parlaments*	
futuro/a *(adj.)*	zukünftige/er/es	Esta es mi futura esposa.
Jefe del Estado	Staatsoberhaupt	
subir al trono	den Thron besteigen	
el discurso	die Rede	> echar un discurso
prometer	versprechen	Te prometo que vengo.
nombrar	ernennen	
el Jefe del Gobierno	Ministerpräsident	
la reforma política	politische Reform	
hacia	hin zu / nach	Vamos ~ el norte.
la democracia	Demokratie	
impedir (e –i)	verhindern	
el golpe de Estado	Putsch	> dar un golpe de Estado
salvar	retten	Sus amigos lo salvaron de la droga.

A 9.6

el éxito	Erfolg	Tu fiesta ha sido un éxito.
el marido	Ehemann	≠ la esposa / la mujer

A 9.8

celoso/a	eifersüchtig	¿Por qué te pones tan ~?
vigilar	bewachen	

A 9.15

el ordenador	PC	= la computadora *(LA)*
la pantalla	Bildschirm	
el teclado	Tastatur	
el ratón	Maus	
la impresora	Drucker	Yo tengo una impresora láser.
el escáner	Scanner	
la regrabadora de discos	CD-Brenner	
imprimir	ausdrucken	Tienes que ~ esto otra vez.
cliquear	(an)klicken	= hacer clic
conectar	einschalten	¿Conectamos el ordenador?
escanear	scannen	
grabar	*hier:* brennen	

A 9.16

dinero para sus gastos	*hier:* Taschengeld	
por lo menos	mindestens	Yo hago deporte ~ una vez a la semana.
una vez al mes	ein Mal im Monat	
ir de bares	einen Kneipenbummel machen	
el cine	Kino	Si quieres, vamos esta tarde al cine.
ir de excursión	einen Ausflug machen	
el gimnasio	Fitnesscenter	≠ Gymnasium (¡falso amigo!)
las revistas	Zeitschriften	
el periódico	Zeitung	Me gusta leer el periódico.
los anticonceptivos	Verhütungsmittel	
la moto	Motorrad	Tienes una moto muy guay, ¡eh!
la ropa de marca	Markenkleidung	
la vivienda propia	eigene Wohnung	≠ la vivienda alquilada
el compromiso social	soziales Engagement	
participar	mitmachen, sich beteiligen	
las decisiones	Entscheidungen	> decidir
las actividades	Tätigkeiten	
las organizaciones	Organisationen	
las asociaciones juveniles	Jugendverbände / Jugendgruppen	
relacionado/a con	die mit … zu tun haben	
el medio ambiente	Umwelt	> proteger ~
organizaciones sindicales	Gewerkschaften	

Unidad 10 Un año en Panamá

la entrevista	Interview	¿Nos vais a hacer una entrevista?
el intercambio	(Schüler / Studenten-)Austausch	
la frontera con …	Grenze zu …	Pasaron ~ Costa Rica.
Volcán	*Ort in Panama*	
la provincia	Provinz	España tiene 50 provincias.
solamente	nur	= sólo
en muy poco tiempo	in ganz kurzer Zeit, sehr schnell	= muy rápidamente / muy rápido
a través de	durch	= por medio de
encargarse de	sich kümmern um, übernehmen	Yo me encargo de llamar a los otros.
mandar	schicken	= enviar
antes de irme	bevor ich ging / fuhr	≠ después de salir para
una foto mía	ein Foto von mir	¿Te gustaría tener ~?
recibir	aufnehmen, empfangen	Aquí recibimos a todos con cariño.
típico/a (ser)	typisch	
para mí sola	für mich allein	
compartir	teilen	Mi hermana y yo compartimos la habitación.
el brazo	Arm	> abrazar
con los brazos abiertos	mit offenen Armen	= con mucho cariño
con quien mejor me entendía	mit dem ich mich am besten verstand	
tratar	behandeln	¿Qué tal te trataron en Panamá?
una más de la familia	ein weiteres Familienmitglied	= como una hija
sentirse (-ie-, -i-)	sich fühlen, empfinden	Yo aquí me siento como en casa.
pronunciar	aussprechen	¿Cómo se pronuncia Miguel?
difícil/- (ser)	schwierig	≠ fácil, *F: difficil/e*
la hache	der Buchstabe "H"	¿Se escribe con hache?
Australia	Australien	
Francia	Frankreich	
Noruega	Norwegen	

Groenlandia	Grönland	
Estados Unidos	Vereinigte Staaten	
sentir morriña (la)	Heimweh haben	Todos sentimos morriña fuera de casa.
la aventura	Abenteuer	
normal/- (ser)	normal	
tamales de maíz	gefüllte Maisblätter	
arroz (el) con frijoles	Reis mit Bohnen	
el arroz	Reis	Hoy hacemos huevos con arroz blanco.
el pollo	Hähnchen	¿Te gusta ~ al ajillo?
naturalmente	natürlich, selbstverständlich	
el zumo de frutas	Fruchtsaft	Yo voy a tomar un zumo de naranja.
rico/a (estar)	lecker	= sabe bien / me gusta mucho
Inglaterra	England	
apuntarse para	sich eintragen	Si quieres ir a los Estados Unidos, tienes que apuntarte en esta lista.
la solicitud	Antrag, Bewerbung	
la plaza	*hier:* freie Stelle, Studien- / Ausbildungsplatz	
Sudamérica	Südamerika	
la posibilidad	Möglichkeit	¿Existe alguna posibilidad de ir a otro país? *F: la possibilité*
así fue cómo fui a …	so kam es, dass ich nach … fuhr	= por eso fui a
decidirse	sich entschließen, beschließen	Tienes que decidirte pronto.
tener prisa	es eilig haben	No tengo prisa.
explicar	erklären	Yo le expliqué todo. *F: expliquer*
clases de geografía	Geografieunterricht	
ir a misa	zur Kirche gehen	
la excursión	Ausflug	¿Adónde vamos de excursión mañana?
una de las que más me gustó fue	einer, der mir am besten gefiel, war	
el Puente de las Américas	*Brücke über den Panamakanal*	
el Canal de Panamá	Panamakanal	
impresionante/- (ser)	eindrucksvoll	= sensacional; *F: impressionnant/e*
pasar al curso 12	in die 12. Klasse kommen	
los antiguos compañeros	die alten Freunde	
en sí	an sich	= en realidad
extraño/a (ser)	fremd, komisch, seltsam	≠ familiar / conocido
seguir en contacto con …	weiterhin in Kontakt sein mit …	Nosotros seguimos en contacto.
mandar paquetes	Pakete schicken	= enviar
el regalo de Navidad	Weihnachtsgeschenk	
la gente de allá	die Leute (von) dort	
adquirir	erwerben, gewinnen, bekommen	Si viajas, adquieres mucha experiencia.
confianza en si mismo/a	Selbstvertrauen	Es que tú no tienes confianza en ti misma.

A 10.6

Colón	Kolumbus	
la guerra de la independencia	Unabhängigkeitskrieg	
aceptar	annehmen	Vale, acepto tu opinión. *F: accepter, E: to accept*
el referéndum	Volksabstimmung	
Premio Nobel de la Paz	Friedensnobelpreis(träger/in)	
tener lugar	stattfinden	La reunión tuvo lugar el sábado pasado.
el accidente	Unfall	Los fines de semana ocurren muchos accidentes.
grave/- (ser)	schlimm, schwer	≠ leve/-
el poeta	Dichter	> la poetisa
la Guerra Civil	Bürgerkrieg	

A 10.7

el cocinero	Koch	> la cocinera
poner un hotel	ein Hotel eröffnen	

A 10.8

indiferente/- (ser)	gleichgültig	= no le interesa nada; *F: indifférent/e*
triste/- (estar)	traurig	≠ alegre/-
optimista/- (ser)	optimistisch	≠ pesimista/-
alegre/- (ser / estar)	fröhlich, heiter	≠ triste/-
pesimista/- (ser)	pessimistisch	≠ optimista/-; *F: pessimiste*
tímido/a (ser)	schüchtern	≠ atrevido/a
egoísta/- (ser)	egoistisch	≠ altruista/-

A 10.12

érase una vez	es war einmal	Érase una vez una niña que ...
la cesta	Korb	> ~ de la compra
el bosque	Wald	
el lobo	Wolf	El lobo se comió a la abuela.
susurrar al oído	ins Ohr flüstern	
enfermo/a (estar)	krank	Paco y Manolo están hoy enfermos.
ir corriendo	laufen	Fueron corriendo a casa.
saltar por la ventana	durch das Fenster springen	
la ventana	Fenster	Abre la ventana, por favor, hace calor.
comerse a (alguien)	auffressen	
registrar la casa	das Haus durchsuchen	
la póliza de seguros	Versicherungspolice	
la tumbona	Liegestuhl	Está sentada en la tumbona.
la hamaca	Hängematte	
y colorín, colorado ...	*Schlussformel bei Märchen*	Y colorín colorado, este cuento se ha acabado.

A 10.13

la plantación de bananos	Bananenplantage	
divertirse (-ie- / -i-)	sich amüsieren, sich vergnügen	¡Que te diviertas!
la relación	Beziehung	
ser novios	befreundet / verlobt sein	Somos novios desde el día de la fiesta.
un empleo	Anstellung, Arbeit	Estamos buscando empleo, pero es difícil encontrar uno.

Unidad 11 Hay cosas que se pueden cambiar

Aquí no vive ninguna Claudia

desde que tengo uso de razón	seitdem ich denken kann	
la razón	Vernunft	
identificarse con	sich identifizieren mit	Yo no me identifico con mi nombre.
si	ob	¿Sabes tú si Animari está en casa?
todo el mundo	jeder, alle	*F: tout le monde*
cabezota/- (ser)	dickköpfig, starrsinnig	
me puso como ella	sie nannte mich wie sie selbst	
poner un nombre	einen Namen geben	¿Qué nombre le ponemos?
un millón de veces	unzählige Male	
sonreír (-ie- / -i-)	lächeln	> la sonrisa / > reír
dar la misma respuesta	die gleiche Antwort geben	
intentar	versuchen	= tratar de
fijarse en	beachten, genau ansehen	Estoy deprimida, nadie se fija en mí.
cuando un chico se fijaba en mí	wenn ein Junge ein Auge auf mich warf	
conocido/a	bekannt	

yo le soltaba	ich entgegnete ihm, ich sagte ihm	
ocurrírsele algo a alguien	jdm. fällt etwas ein	Ahora mismo no se me ocurre nada.
el primer nombre que se me ocurría	der erstbeste Name, der mir einfiel	
volver a + *inf.*	etw. noch einmal / wieder tun	Nunca volvimos a vernos.
dar lo mismo	unwichtig, egal sein	= es igual
no sólo … sino que	nicht nur … sondern	No sólo estudia mucho, sino que también hace mucho deporte.
pedir (-i-)	bitten um, verlangen	
sorprendentemente	überraschenderweise	
colgar (-ue-)	auflegen (*Telefon*)	Cada vez que llamo, ella me cuelga.
equivocarse de número	eine falsche Nummer wählen	Creo que te has equivocado de número.
al tercer timbrazo	beim dritten Klingeln	
ya me había olido que	ich hatte es schon geahnt	= ya me imaginaba yo que …
me asomé al pasillo	ich streckte den Kopf in den Flur	
asomarse a	sich hinauslehnen	
acordarse de (-ue-)	sich erinnern, an etw. denken	¿No te acuerdas de mí? ¡Soy Paco!
acuérdate de que	denk daran, dass	= no te olvides de que …
sonar (-ue-)	klingeln, klingen (Instrument)	Esta guitarra suena bien.
repetir (-i-)	wiederholen	Por favor, repite otra vez.
lacónico/a	wortkarg, lakonisch	
soler + *inf.*	etw. normalerweise tun, zu tun pflegen	
como solía gritarlo	wie sie es zu rufen pflegte	= siempre lo gritaba así
con toda la fuerza	mit voller Lautstärke	= muy alto
permitir	erlauben, gestatten	¿Me permite un momento?
los pulmones	Lunge	
pasar el teléfono	den Telefonhörer reichen	Anda, pásame el teléfono.
seguir + *gerundio*	etw. weiter / weiterhin tun	Nosotros seguimos siendo amigos.
sin reaccionar a	ohne zu achten auf	= no reaccionó
la mirada	Blick	
envenedado/a	vergiftet, giftig	
dirigir una mirada a alguien	den Blick auf jdn. richten	= mirar hacia alguien
con los años	im Lauf der Jahre, mit der Zeit	= con el tiempo
hacerse a la idea	sich an einen Gedanken / eine Vorstellung gewöhnen	Yo ya me he hecho a la idea de que nunca voy a ser rico.
asqueroso/a (ser)	scheußlich, abscheulich	= muy feo
al ladito del auricular	*hier:* direkt in den Höre	= muy cerca del teléfono
venir a buscar a casa	zu Hause abholen	¿A qué horas vienes a buscarme?
A. por aquí, A. por allá	A. hier, A. da	
la vergüenza	Scham, Schande	¡Ay, Dios, qué vergüenza!
yo muerta de vergüenza	ich schämte mich zu Tode	
hacer algo aposta	etw. mit Absicht tun	Yo no lo he hecho aposta.
demostrar (-ue-)	beweisen	Esta foto te demuestra que estás equivocado. *E: to demonstrate*
equivocado/a (estar)	sich irren, im Irrtum sein	No, estás muy ~ .
enterrar (-ie-)	beerdigen, bestatten	
hace dos meses	vor zwei Monaten	
una vez que	kaum, dass; nachdem sie …	= después de
el Registro Civil	Standesamt	
solicitar	beantragen	Voy a ~ un puesto de trabajo.

Animari y el nuevo DNI

el DNI (Documento Nacional de Identidad)	Personalausweis	*ugs.:* el carné de identidad
la cola	*hier:* Warteschlange	
ponerse en la cola	sich anstellen (Schlange stehen)	Oye, ponte en la cola como todos.
el turno	Reihe(nfolge)	¿Cuándo os toca el turno?
tocarle el turno a alguien	jd. ist an der Reihe	–¿A quién le toca? –Me toca a mí.

el funcionario	Beamter	
de mediana edad	mittleren Alters	
indicar	hinweisen, zeigen auf	= no muy joven ni muy mayor
la silla	Stuhl	> el sillón
siéntese (*inf.:* sentarse)	setzen Sie sich	≠ levántese
¿por qué razón?	aus welchem Grund?	
quizá(s)	vielleicht	= tal vez / a lo mejor
allá usted	wie Sie wollen	A bueno, eso es cosa suya.
tenga (*inf.:* tener)	hier, bitte	= tome
rellenar	ausfüllen	
tráigalo (*inf.:* traer)	bringen Sie es … mit	
la firma	Unterschrift	En este documento falta ~ .
mayor de edad (ser)	volljährig	¿Tú eres ya mayor de edad?
¡vaya!	ach so!, so, so	¡Vaya, ya han cerrado la puerta!
parecer joven	jung aussehen	≠ parecen viejos
en ese caso	in diesem Fall	= si es así
hacer falta	notwendig sein	¿Qué documentos hacen falta?
la partida de nacimiento	Geburtsurkunde	
la caja	Kasse	
las tasas	Gebühr	
venga (*inf.:* venir)	kommen Sie	≠ vaya
directamente	direkt	
desde hace dos semanas	seit zwei Wochen	
lo (único) malo es que	das (einzig) Schlimme daran ist, dass	
entre tanto	inzwischen	Su hijo es ~ un hombrecito.

A 11.13

el bolso	Tasche	A esa señora le han robado ~.
los guantes	Handschuhe	
las gafas de sol	Sonnenbrille	¿Por qué no te pones ~?

A 11.17

una cita	Treffen, Verabredung	Tenemos ~ con el director.
sacar el billete	Fahrkarte lösen	Hay que sacar los billetes para mañana.
un papelito	Zettel	
olvidar	vergessen	≠ recordar
prestar	leihen	≠ pedir prestado

A 11.18

la salud	Gesundheit	≠ la enfermedad
la libertad	Freiheit	
las relaciones afectivas	Liebesbeziehungen	
libre/-	frei	
el tiempo libre	Freizeit	= las horas libres
casado/a	verheiratet	Están casados desde mayo.
soltero/a	ledig	Las dos chicas están solteras.
viudo/a	verwitwet	A los 54 años se quedó viudo.
convivir con	zusammenleben mit	
las tareas del hogar	Hausarbeit	

A 11.20

apagar	ausschalten, ausmachen	≠ encender
salvo que	außer wenn	
atender (-ie-) el teléfono	ans Telefon gehen	Por favor, atiende el teléfono un momento, que tengo que salir.
rallar	reiben	
las toallas	die Handtücher	~ están sucias.
mojado/a	nass	≠ seco/a

hacer caminar	hin und her gehen lassen	
en camisón	im Nachthemd	¿Cómo vas a salir ~?
las zapatillas	*hier:* Hausschuhe	> zapatillas de deporte
a terceros	vor anderen	= a otras personas

Unidad 12 América en bici

incansable/- (ser)	unermüdlich	= sin pausa
el pedaleo	Treten (in die Pedale)	
pedalear	Rad fahren, in die Pedale treten	> los pedales
Tierra del Fuego	Feuerland	
de punta a punta	von einem Ende zum andern	> de un extremo al otro
se viaja más cerca del otro	man ist einander näher beim Reisen	
se siente uno	man fühlt sich	= te sientes
la naturaleza	Natur	Tenenemos que respetar ~.
ofrecer (-zc-)	(an)bieten	¿No les ofreces nada de beber?
salir	*hier:* abfahren	≠ llegar
la ruta	Reiseroute	= el camino
seguir (-i-) una ruta	einer Route folgen	
a qué velocidad (la)	mit welcher Geschwindigkeit	= cuántos kilómetros a la hora
elegir (-i-)	(aus)wählen	Eligieron una ruta muy interesante.
recorrer	durchqueren, durchfahren	= hacer un viaje por ...

México

atravesar (-ie-)	durchqueren	El Amazonas atraviesa Brasil.
las llanuras	(Tief-)Ebenen	≠ las montañas
Baja California	Region in Mexiko	
las rectas	die Geraden	
el / los cactus	Kaktus	
enorme/- (ser)	riesig, enorm, ungeheuer	= muy grande, gigantesco
la altura	Höhe	En Perú existe la enfermedad de la altura.
de un extremo a otro	von einem Ende zum andern	> de punta a punta
desértico/a	Wüsten-	
no tiene nada que ver con	hat nichts zu tun mit	= no es igual / no se parece
la vegetación	Vegetation	= los árboles y las plantas
abundante/- (ser)	üppig	= mucho/a
más próximos unos de otros	einander näher	= más cerca
abierto/a	offen	≠ cerrado/a
dejar atrás	hinter sich lassen	Después de dos días de camino dejamos atrás California y entramos en tierras mexicanas.
inmenso/a (ser)	riesengroß, immens	= muy grande, *F: immense*
contaminado/a (estar)	verpestet, verschmutzt	
Ciudad de México	Mexiko City	
dirigirse a la costa	in Richtung Küste fahren	= caminar hacia la costa
la Costa del Caribe	Karibikküste	
el Estado de Veracruz	der Bundesstaat Veracruz (*Mexiko*)	
la carretera	Landstraße	Vamos por carretera, no por autopista.
conducir a (-zc-)	*hier:* führen nach	Esto no conduce a nada. ¿Adónde conduce este camino?
los Altos de Chiapas	die Berge von Chiapas	
ir zigzagueando	in Serpentinen	
la pendiente	Abhang, Steigung	
la selva	Urwald	Hay que salvar ~ amazónica.
presente/- (estar)	anwesend / da sein	

la lluvia siempre presente	der häufige Regen	
obligar a	zwingen zu	Me han obligado a venir.
parar	anhalten	= hacer una pausa
más de la cuenta	mehr als üblich	= más de lo deseado
San Cristóbal de las Casas	*Stadt im Bundesstaat Chiapas*	
sin duda	zweifellos	= con toda seguridad
bello/a (ser)	schön, hübsch	= bonito, lindo
una de las ciudades más bellas	eine der schönsten Städte	
colonial/-	aus der Kolonialzeit	
que aún conserva	die noch hat	= todavía tiene
de estilo barroco	Barockstil	

Guatemala

llevarse una sorpresa	eine Überraschung erleben	¡Qué sorpresa!
al vernos llegar	als sie uns ankommen sahen	= Cuando nos veían llegar.
correr	laufen, *hier*: (weg)laufen	¿Por qué corren esos chicos?
asustado/a (estar)	erschrocken	Nosotras, realmente, estamos un poco asustadas.
gringos	*abfällige Bez. für Nordamerikaner*	
tranquilamente	ruhig	≠ sin estrés
el casco	Sturzhelm	~ es la vida. Para andar en moto debes ponerte ~, ¡siempre!
la cabeza	Kopf	
perder (-ie-) el miedo	die Angst verlieren	¿Habéis perdido ya el miedo?
lentamente	langsam	= poco a poco / despacito
el chicle	Kaugummi	
enterarse de	erfahren, mitbekommen	Me he enterado de que ya no fumas.
sentir (-ie-, -i-) miedo ante	Angst haben vor	¿Tú sientes miedo? ¿Sí o no?
la consecuencia	Folge	¿Has pensado en las consecuencias? *F: la conséquence*
la guerra civil	Bürgerkrieg	
hubo (*inf.:* haber)	stattfinden	= tuvo lugar
confundir con	verwechseln mit	Creo que me confundes con otra.
el soldado	Soldat	

Palenque

representativo/a (ser)	typisch für	
la cultura maya	Mayakultur	
la pirámide	Pyramide	
hacer comprender	verstehen lassen	
nos hicieron comprender	sie ließen uns verstehen / begreifen	
el nivel cultural	das kulturelle Niveau	
alcanzar	erreichen	
el pueblo	*hier:* Volk, Stamm	Están muy orgullosos de su pueblo.
misteriosamente	auf geheimnisvolle Weise	
desaparecer (zc-)	verschwinden	
producirse (-zc-)	geschehen, sich ereignen	= ocurrir
el ocaso	Untergang	

El Salvador

el dolor	Schmerz, Leid	Ahí siento un dolor muy fuerte. *F:la douleur*
la tristeza	Traurigkeit	≠ la alegría, *F: la tristesse*
el ojo	Auge	Tienen los ojos grandes. ¡Ojo!
el terremoto	Erdbeben	= temblor de tierra
murieron (*inf.:* morir)	es starben	
cientos de	Hunderte von	= muchos
la persona	Mensch, Person	Todos somos personas. *F: la personne*

dejar sin casa	obdachlos machen	
miles de	Tausende von	
a pesar de	trotz	Salieron en bici ~ la lluvia.
la ayuda internacional	die internationale Hilfe	
las condiciones de vida	die Lebensbedingungen	Aquí ~ son muy duras.
los salvadoreños	die Einwohner von El Salvador	

Panamá

al llegar a	bei der Ankunft in / als wir in … ankamen	= cuando llegamos a
el contraste	Kontrast, Unterschied	= la diferencia
el carnaval	Karneval	
la tradición es	es ist Tradition, Sitte	= es costumbre
echar cubos de agua	Eimer Wasser schütten	
los transeúntes	die Passanten	
recibir con gusto	*hier:* jdm. etwas willkommen sein	= nos gustan
servir para	*hier:* dabei helfen	= ayudar a
combatir	bekämpfen / mildern	
bochornoso/a	schwül	
la meta intermedia	Zwischenstopp, Zwischenziel	Fue el primero en llegar a la meta.
junto con	zusammen mit, neben	
las cataratas de Iguazú	Wasserfälle von Iguazu (*Argentinien*)	
convertirse (-ie-, -i-) en	werden zu	El viaje se convirtió en una aventura.
mítico/a (ser)	legendär	
en el momento de	in dem Augenblick als	= cuando
cruzar	überqueren, über … gehen	No crucen ustedes ahora la calle, hay mucho tráfico.
el semicontinente	Teil eines Kontinents	
la emoción	Gefühl, Empfindung	¿No sienten ustedes una gran emoción?

A 12.3

pincharse (una rueda)	die Luft verlieren / platt werden (Reifen)	
la rueda	Rad, Reifen	Las dos ruedas son nuevas.
los frenos	Bremsen	> frenar
el cambio (de marchas)	Gangschaltung	¿Cuántas marchas tiene tu bici?
la cadena	Kette	Se le salió la cadena.
el manillar	Lenkstange	
el sillín	Sattel	Tienes que subir un poco el sillín.
el pedal	Pedal	
el neumático	Reifen	
la bomba de aire	Luftpumpe	¿Me prestas la bomba un momento?

A 12.11

los papagayos	Papageien	Ay, hijo, hablas más que un papagayo.

Lista alfabética

Das alphabetische Register enthält sowohl den aktiven als auch den passiven Wortschatz von Band 1.
Die Ziffer nach dem Eintrag gibt die Unidad an, in der das Wort bzw. der Ausdruck zum ersten Mal erscheint.
Vokabeln, die zunächst fakultativ sind und erst in einer späteren Unidad zum Lernwortschatz gehören, sind mit beiden Fundstellen angegeben, z. B. agua, el 3 / **4**.
Halbfett gedruckte Vokabeln / Ausdrücke / Ziffern: aktives Vokabular.
Normal gedruckte Vokabeln / Ausdrücke / Ziffern: passives Vokabular.
Die hier angegebene deutsche Entsprechung bezieht sich auf den jeweiligen Kontext im Buch.
Eigennamen und geographische Bezeichnungen, die im Register Nombres y lugares (S. 151) erläutert werden, sind hier nicht mehr aufgeführt.

A

a base de verduras 7	mit Gemüse
a casa 4	nach Hause
a final de curso 3	am Schuljahresende
a finales de 1	Ende …
a la derecha A 4.11	rechts
a la espalda 8	auf dem Rücken
a la izquierda 4	links
a la mesa 5	an den Tisch
a la misma hora 6	zur gleichen Zeit
a la sombra A 5.12	im Schatten
a las (+ *Uhrzeit*) **5**	um + *Uhrzeit*
a lo mejor 1	vielleicht
a los trece años 9	mit 13 Jahren
a mano 3	Handarbeit
a más de 3	über … hoch
¿a mí qué? 5	was geht mich das an?
a pesar de 12	trotz
a pie, ir A 3.14	zu Fuß gehen
a propósito 5	übrigens
a punto de (estar) 8	beinah, im Begriff sein zu
¿a qué hora? 3	um wie viel Uhr?
¿a qué velocidad? 12	wie schnell?, bei welchem Tempo?
¿a quién? 3	wen? / wem?
a rayas 7	gestreift
a terceros A 11.20	anderen, dritten
a través de 10	durch
a unos … 4	etwa um (*Höhe / Entfernung*)
a veces 3	manchmal
abierto/a 10	offen
abril A 3.10	April
abrir 4	öffnen, aufmachen
abuelita, la 10	Großmutter, Omi
abuelos, los 2	Großeltern
abundante (ser) 12	reichlich, üppig
aburrido/a 2	langweilig
acabar de + *inf.* **6**	gerade etw. getan haben
accidente, el A 10.6	Unfall
aceptar A 10.6	annehmen
acercarse a 8	sich nähern
acompañado/a de 2	in Begleitung von
acompañar 2 / ~ a **5**	begleiten
acordarse de (-ue-) 11	sich erinnern, daran denken
acostarse (-ue-) A 7.3	sich hinlegen, zu Bett gehen

acostumbrarse (a) 8	sich gewöhnen an
acueducto, el 2	Aquädukt
además 3	außerdem
adquirir (-ie-) 10	erwerben, bekommen
aeropuerto, el 4	Flughafen
agenda, la A 3.10	Terminkalender
agosto 1	August
agua mineral, el 5	Mineralwasser
agua, el 3 / **4**	Wasser
aguantar A 6.8	aushalten
aguas (sobre las ~) 3	auf dem Wasser
agujetas, las 8	Muskelkater
¿ah, no? 5	ach nein?
ah, bueno 3	ach so
ah, sí 4	aha
ahí 11	da
ahora 5	jetzt
ahora mismo 5	sofort, jetzt gleich
ahorrar 3	sparen
aire, el 3	Luft
al (a + el) **3**	(*Dat. / Akk.*) dem / den
al día siguiente 6	am nächsten Tag
al fondo 1	im Hintergrund
al ladito del auricular 11	ganz nah am Hörer
al lado de 5	bei, neben
al llegar a 12	als sie in … ankamen
al mes A 9.16	im Monat
al oído A 10.12	ins Ohr, ans Ohr
al principio 8	am Anfang
al sol A 5.12	in der Sonne
al tercer timbrazo 11	beim dritten Klingeln
al vernos llegar 12	als sie uns kommen sahen
albergue, el 8	Jugendherberge
alcanzar 12	erreichen
alcornoque, el 2	Korkeiche
alegrarse de A 3.13	sich freuen über
alegre/- (ser) A 10.8	fröhlich
alemán/-ana 2	deutsch/e
Alemania 2	Deutschland
algo 4	etwas
alguien 4	jemand
algún 8 / **G 9.4**	irgendein
alguna vez A 7.4	irgendwann
algunos/as 4	einige, manche

allá 10	dort
allá usted 11	wie Sie wollen
allí 6	dort
alpaca, la 3	Alpaka
alrededores, los 3	Umgebung
alto/a (ser) 1	hoch, groß(gewachsen)
alto ejecutivo, el 9	Manager
alto nivel cultural, el 12	hohes kulturelles Niveau
Altos de Chiapas 12	*Berge in Chiapas*
altura, la 3 / 12	Höhe
alumno, el 6	Schüler
alumno modelo, el 9	Musterschüler
amable/- (ser) 8	freundlich
amarillo/a (ser) A 7.14	gelb
ambiente, el 2	Stimmung
amiga, la 2	Freundin
amigo, el 1	Freund
amor (mi ~) 3	mein Schatz
amplio/a 7	geräumig, weiträumig
ampollas, las 8	Blasen
ancho/a A 7.11	breit
¡anda! 5	komm, los!
andaluz/a G 1.2 / **2**	andalusisch
andando (ir ~) A 3.14	zu Fuß (gehen)
anfiteatro, el 2	Amphitheater
año, el 3	das Jahr
año de intercambio, el 10	Austauschjahr
ante 12	vor (angesichts)
antes de 10	vor, bevor
anticonceptivo, el A 9.16	Verhütungsmittel
antigua capital, la 3	ehemalige Hauptstadt
antiguo imperio, el 3	ehemaliges Reich
antiguo compañero, el 10	ehemaliger Mitschüler
antipático/a (ser) A 5.9	unsympathisch
apagar A 11.20	ausschalten
apetecer (¿qué te ~ ?) 7	mögen
aposta (hacer ~) 11	absichtlich
apreciado (ser) 2	geschätzt
aprender 4	lernen
aprobar (-ue-) 6	(Prüfung) bestehen
apuntarse 10	sich eintragen
aquí 5	hier
árbol, el 2 / 8	Baum
armario, el 5	Schrank
arquitectónico 8	architektonisch
arquitectura, la 3	Architektur
arreglar 5	reparieren
arroz, el 10	Reis
artesanía, la 3	Kunsthandwerk
ascensor, el 4	Fahrstuhl
así 3 / 5	so, auf diese Weise
así fue cómo 10	so kam es, dass …
asignatura, la 6	(Unterrichts)Fach
asistir a clase 6	den Unterricht besuchen
asociaciones juveniles, las A 9.16	Jugendverbände
asomarse a 11	sich hinauslehnen
asqueroso/a (ser) 11	scheußlich, ekelhaft
asustarse 7	erschrecken
asustado/a 12	erschrocken
atender el teléfono A 11.20	ans Telefon gehen
atractivo, el 9	Anziehungskraft, Zauber
atravesar (-ie-) A 6.8 / **12**	durchqueren, über … gehen
aún 12	noch
aunque A 6.8	obwohl
auricular, el 11	(Telefon- / Kopf)Hörer
autobús, el A 3.14	Bus
autodidacta, el 9	Autodidakt
autopista, la A 5.8	Autobahn
avenidas, las 7	Promenaden, Einkaufstraßen
aventura, la 10	Abenteuer
avión, el A 3.14	Flugzeug
aymará 3	Sprache in Perú + Bolivien
ayuda, la 8 / **12**	Hilfe
ayudar 3	helfen
azul, – (ser) A 7.14	blau

B

bachillerato, el 6	Gymnasium, Abitur
bailar 2	tanzen
Baja California 12	*Region im Norden Mexikos*
bajar 4	aussteigen
bajo cero A 5.12	unter Null
bajo el sol A 8.11	in der Sonne
baloncesto, el 6	Basketball
bananos, los A 10.13	Bananen
baño, el 5	Badezimmer
bar, el 6	Kneipe
barato/a A 5.9	billig
barrio, el 3	Stadtviertel
barroco/a (estilo ~) 12	barock
bastante 5	ziemlich … / ~ viel
beber 5	trinken
bello/a (ser) 12	hübsch, schön
Berna 8	Bern
beso, el 2	Kuss
biblioteca, la 3	Bibliothek
bicicleta, la A 3.14	Fahrrad
bicicleta de carrera A 12.3	Rennrad
bien 2	gut
bien, vale 7	gut, in Ordnung
bienvenido/a a 4	willkommen
billete, el G 5.6	Fahrkarte, Flugticket
billete de vuelta, el G 5.6	Rückflugticket
blanco/a (ser) A 7.14	weiß
blusa, la 7	Bluse
bochornoso (~ calor) 12	schwül
boletos, los 2	(Lotterie)Los
bolígrafo, el 6	Kugelschreiber
bolsa de deporte, la 5	Sporttasche
bolso, el A 11.13	Handtasche
bomba de aire, la A 12.3	Luftpumpe
bonito/a (ser) A 2.4	schön

bosque, el A 10.12	Wald
botas, las 8	Stiefel
boutique, la 7	Boutique
brazo, el 10	Arm
brazos abiertos, los (con ~) 10	mit offenen Armen
brillante/- (notas ~s) 9	glänzend
buen negocio 9	gutes Geschäft
buen tiempo A 5.12	schönes Wetter
buenas (hola ~) 7	hallo, guten Tag
bueno 1	na ja, eigentlich
bueno, pues entonces 7	nun, dann …
buscador de Internet, el 9	Suchmaschine
buscar 3	suchen
buscar 11	*hier:* abholen

C

cabeza, la 12	Kopf
cabezota 11	dickköpfig
cactus, el / los 12	Kaktus / Kakteen
cada 5	jede/r/s
cadena, la 5	Stereoanlage
cadena, la A 12.13	Fahrradkette
caja, la 11	die Kasse
calculadora, la 6	Taschenrechner
calidad, la 2	Qualität
calle, la 3 / 4	Straße
calor, el (hace ~) 5	Hitze (es ist heiß)
cama, la 5	Bett
cámara de televisión, la 8	Fernsehkamera
camarera, la 6	Kellnerin, Bedienung
cambiar (de canal) **5**	umschalten
cambiar (de nombre) **11**	den Namen ändern
cambiar 12	(sich) ändern, wechseln
cambio, el 8	Wechsel
cambio de marchas A 12.3	Gangschaltung
caminar 8	gehen, wandern
camino, el 8	Weg
camino de 7	auf dem Weg nach
camiseta, la 7	T-Shirt
camisón A 11.20	Nachthemd
campeón, el A 6.8	Champion, Sieger
campo, el 9	*hier:* Bereich, Fach
campo, el 3	Land, ländliches Gebiet
campos, los 8	Felder
canal, el (TV) 5	Fernsehprogramm
canal, el 10	Kanal
canción, la 1	Lied, Schlager
cansado/a (estar) 3	müde
cansadísimo/a 8	fix und fertig, erschöpft
cantar 2	singen
capital, la 2	Hauptstadt
carácter, el A 10.7	Charakter, Wesen
característica, la 9	Eigenschaft, Merkmal
carnaval, el 12	Karneval
carne, la 3 / 7	Fleisch
carné de identidad, el 11	Personalausweis
caro/a (ser) 2 / 5	teuer
carrera, la 6	Studium
carretera, la 12	Landstraße, Fernstraße
carta, la A 7.9	Brief
casa (en ~ de) 2	bei … (zu Hause)
casa, la 4	Haus
casado/a A 11.18	verheiratet
casarse con A 9.5	jdn. heiraten
casas pobres, las 3	ärmliche Häuser, Slums
casco, el 12	Sturzhelm
casi 5	fast
castellano, el 3	Spanisch
cataratas, las 12	Wasserfälle
catedral, la 4 / 8	Kathedrale, Dom
categoría, la 9	Kategorie
católico/a 4	katholisch
cedé, el (CD) 2	CD
celebrarse 8	(Fest) begehen, stattfinden
celoso A 9.8	eifersüchtig
cenar 5	zu Abend essen
centro, el 7	Zentrum, Stadtmitte
centro de la cultura, el 3	kulturelles Zentrum
centro de peregrinación, el 8	Pilgerstätte
centro religoso, el 2	religiöses Zentrum
cerca de A 3.3	nah bei, in der Nähe von
cerdo ibérico, el 2	iberisches Schwein
cereza, la A 8.12	Kirsche
cero, el 6	Null (schlechteste Note)
cerrar (-ie-) 5	schließen
cerveza, la 5	Bier
cesta, la A 10.12	Korb
chao E 2	tschüss
charlar 2	plaudern, sich unterhalten
chaval, el 2	Bursche, Junge
chavales, los 6	Kinder, Schulkinder
chica, la 2	Mädchen
chicle, el 12	Kaugummi
chicos, los 2	Jungs, Burschen
chileno/a 3	chilenisch, aus Chile
chorizo, el 5	Paprikawurst
chuleta, la 6	Spickzettel
churros, los 7	Spritzgebäck
ciberespacio, el 9	Cyberspace
ciclo, el 6	Zyklus, Stufe
ciencia y tecnología 9	Wissenschaft und Technologie
cientos de 12	hunderte von
cigüeña, la 1	Storch
cinco y media, las 3	halb sechs
cine, el A 9.16	Kino
cita, la A 11.17	Treffen, Verabredung, Termin
ciudad colonial, la 12	Stadt aus der Kolonialzeit
ciudad, la 1	Stadt
claro que sí 2	aber klar, aber natürlich
claro 5	natürlich, klar
clase, la 3	Unterricht
clases (dar ~) 3	unterrichten
clima, el 5	Klima

cliquear A 9.15	(an)klicken
coche, el A 3.14	Auto, Wagen
cocina, la 5	Küche
cocinero, el A 10.7	Koch
coger (el autobús) 4	nehmen
cola, la 11	Warteschlange
colegio, el 2	Schule
colgar (-ue-) 11	auflegen (*Tel.*)
Colonia 2	Köln
colonial 12	kolonial
color, el 7	Farbe
colores (de ~ vivos) 3	bunt
colorín, colorado A 10.12	*Schluss bei Märchen*
combatir 12	(be)kämpfen
comenzar (-ie-) 5	beginnen
comer 4	essen
comerse a alguien A 10.12	jdn. fressen
comida, la 5	Essen
comienzo, el A 3.10	Beginn
como / ¿cómo? 2	wie / wie?
como 12	da, weil
como pez en el agua 9	wie ein Fisch im Wasser
¿cómo que nada? 7	wieso nichts?
¿cómo se dice en ...? 5	wie heißt es auf ...?
compartir con 10	(mit jdm.) teilen
comprar 2	kaufen
compras, las 7	Einkäufe
comprender 4	verstehen
compromiso, el A 9.16	Engagement
con 1	mit
con ella 5	mit ihr
con gas A 4.12	mit Kohlensäure
con gusto 12	gern
con los años 11	im Laufe der Jahre
con toda la fuerza 11	mit voller (Laut)Stärke
concierto rock, el A 3.10 / 7	Rock-Konzert
concurso, el 5	Quizsendung
condiciones de vida, las 3/ **12**	Lebensverhältnisse
conducir a (-zc-) a 12	(irgendwohin) führen
conectar A 9.15	einschalten
confianza en mí mismo/a, la 10	Selbstsicherheit
confundir con 12	verwechseln mit
conocer (-zc-) 3 / **8**	kennen, kennenlernen
conocido/a 11	bekannt
conquistador, el 1	Eroberer
consecuencia 12	Folge von
conservar 12	erhalten
Constitución A 3.10	Verfassung
construido/a 4	erbaut, gebaut
consultar libros 9	in Büchern nachschlagen
contacto (en ~ con) 9	in Konktakt mit
contaminado/a 12	verschmutzt, verpestet
contar (-ue-) 10	zählen
contemplar 8	betrachten, anschauen
contento/a (estar) 3	zufrieden
contestar (a) 8	(be)antworten
contigo 10	mit dir
contraste, el 12	Kontrast, Unterschied
conversación, la 3	Unterhaltung
convertirse en 12	werden zu
convivir con A 11.18	mit jdm. zusammen leben
copiar 6	abschreiben
corazón, el 7	Herz
corcho, el 2	Kork
corregir (-i-) A 6.7	korrigieren
correr 12	laufen, rennen
correspondiente 11	entsprechend
corriendo (entrar ~) 6	(hinein) laufen
corriente cultural, la 8	kulturelle Strömung
corteza, la 2	Rinde
corto/a A 7.14	kurz
cosa, la 4	Ding, Sache
Costa del Caribe 12	Karibikküste
costar (-ue-) 7	kosten
costar superar 8	mit Mühe überwinden
costumbre, la 5	Sitte, Brauch
creer (~ que) 5	glauben, meinen
creo que sí 5	ich glaube ja
creyente 8	gläubig
criarse 2	gezüchtet werden
cristianos, los 4	Christen
cruzar 12	überqueren, über ... gehen
cuaderno, el A 6.7	Heft
¿cuál? / ¿cuáles? 8	welche/r/s?
cualquier cosa 7	irgendetwas
cuando 4	wenn, als
¿cuándo? A 2.2	wann?
¿cuánto/a? A 3.15	wie viel?
¿cuánto tiempo? 8	wie lange?
¿cuántos años (tienes)? G 4.1	wie alt (bist du)?
cuarto derecha 4	vierter Stock rechts
cubo de agua, el 12	Eimer Wasser
cuidar 3	pflegen, aufpassen auf
cultura inca, la 3	Inkakultur
cultura maya, la 12	Mayakultur
cultural/- 8	Kultur-
cumbre, la 6	Gipfel(treffen)
cumpleaños, el 2	Geburtstag
cumplirse A 10.4	in Erfüllung gehen
cursar estudios de 9	studieren
curso, el 3	Schuljahr, Klasse
curso de español 4	Spanischkurs

D

dame 5	gib mir
dar 3	geben
dar clase 3	unterrichten
dar lo mismo 11	egal sein
dar una vuelta 5	eine Runde drehen
de 1	von, aus
de ... a A 4.5	von ... bis
de acuerdo 3	einverstanden

de aquí 2 | von hier
de colores vivos 3 | bunt
de compras 7 | beim Einkaufen
¿de dónde? A 2.2 | von wo?, woher?
de enorme altura 12 | enorm hoch
de estilo barroco 12 | in barockem Stil
de familia rica 3 | aus wohlhabender Familie
de fuera 1 | auswärtig, von außen
de mal humor A 11.8 | schlechtgelaunt
de maravilla 7 | wunderbar, perfekt
de mediana edad 11 | mittleren Alters
de nada 2 | nichts zu danken, keine Ursache
de noche 5 | nachts, in der Nacht
de punta a punta 12 | von einem Ende zum anderen
¿de qué parte de …? 2 | von wo?, aus welcher Region?
de todas las edades 8 | jeden Alters
de un extremo a otro 12 | von einem Ende zum anderen
de unos 20 años 8 | etwa 20-jährig
¿de verdad? 5 | wirklich?
de visita 7 | auf Besuch
deberes, los 6 | Hausaufgaben
decidir 8 / ~se a 10 | entscheiden
decir 5 | sagen
decir que sí 10 | ja sagen, zustimmen
decisión, la A 9.16 | Entscheidung
dejar (~ solo/a) 5 | allein (lassen)
dejar atrás 12 | hinter sich lassen
dejar sin casa 12 | obdachlos machen
dejar (algo) 8 | aufgeben
del (de+el) **1** | des, der *(Genitiv)*
delante de 4 | vor *(örtlich)*
demasiado 9 | zu … / zuviel
democracia, la A 9.5 | Demokratie
demostrar (-ue-) 11 | beweisen
deporte, el 5 | Sport
deporte favorito, el A 9.14 | Lieblingssport
derecha (a la ~) 4 | rechts
desaparecer (-zc-) 12 | verschwinden
desayunar A 5.2/7 | frühstücken
descansar 5 | sich ausruhen
desde 11 | seit
desde 4 | von … aus (örtlich)
¿desde dónde? 8 | von wo … aus?
desde el fondo 5 | aus dem Hintergrund
desde hace 11 | seit
desde que 10 | seit(dem)
desear 2 | wünschen
desértico (ser) 12 | Wüsten-
despacio 4 | langsam
despertarse (-ie-) G 5.6 | aufwachen
después 2 | dann, nachher, später
después de A 3.5 | nach
día, el A 3.10 | Tag
día de la madre, el A 3.10 | Muttertag
día siguiente (para el ~) 6 | für den nächsten Tag
dialecto, el 8 | Dialekt
diapositiva, la 3 | Dia
diario, el 4 | Tagebuch
dibujo, el A 6.7 | Zeichnung
diciembre A 3.10 | Dezember
dientes, los A 5.11 | Zähne
diferencia, la 3 | Unterschied
diferente/- (ser) 2 | unterschiedlich, anders
difícil (ser) 10 | schwierig, schwer
dificultad, la 8 | Schwierigkeit
diga (*tel.*) **A 4.2** | ja, hallo! *(Tel.)*
dinero, el 3 | Geld
dinero para sus gastos A 9.16 | Taschengeld
directamente 11 | direkt
dirigir la mirada 11 | den Blick auf jdn. richten
dirigirse a 12 | *hier:* in Richtung … weiterfahren
disculpa, pero … A 7.8 | entschuldige, aber
discurso, el A 9.5 | Rede
discutir sobre A 6.8 | über etwas streiten
diseño web, el 9 | Webseite
divertirse A 10.13 | sich amüsieren
divorciado/a A 11.18 | geschieden
DNI, el (Documento Nacional de Identidad) 11 | Personalausweis
documento, el 11 | Dokument
dolor, el 12 | Schmerz, Leid
domingo A 3.10 | Sonntag
¿dónde? A 2.2 | wo?
dormir (-ue-, -u-) 3 / **12** | schlafen
dos 3 | zwei
doscientos 4 | zweihundert
drama, el 6 | Drama, Tragödie
ducha, la 5 | Dusche
ducharse 5 | duschen
durante 1 | während (+ *Substantiv*)
durar A 6.13 | dauern, Zeit brauchen
duro/a (ser) 3 / 8 | hart
durísimo/a 8 | steinhart

E

echar cubos de agua 12 | Eimer Wasser schütten
edad, la 6 | Alter
Edad Media 8 | Mittelalter
edificio, el 2 / 7 | Gebäude
Educación Física A 6.13 | Sport, Turnen
Educación Media 3 | Gymnasium
efectivamente A 5.6 | tatsächlich, in der Tat
egoísta A 10.8 | egoistisch, Egoist
¡eh! 2 | Ausrufung
ejecutivo, el (alto ~) 9 | Manager
ejemplo, el 3 | Beispiel
el (*Artikel m.*) **1** | der
él (*Pron.*) **G 1.3** | er
el más alto 3 | der höchstgelegene
el mío A 3.10 | meiner / meines
él mismo 9 | er selbst
el mismo ritual 6 | das gleiche Ritual
el otro 12 | der andere

el tuyo A 3.10	deiner / deines
elegir (-i-) 12	wählen, auswählen
élite (colegios de ~) 3	Elite
ella (*Pron.*) **G 1.3**	sie *(Sg.)*
ellas /ellos (*Pron.*) **G1.3**	sie *(Pl.)*
emigración, la 2	Abwanderung
emociones, las 12	Gefühle
empezar (-ie-) 6	beginnen, anfangen
empleo, el A 10.13	Einstellung, Beschäftigung
empollar 6	pauken
empresa, la 9	Betrieb, Unternehmen
empujar 5	drücken, schieben
en 1	in, auf
en absoluto (no, ~) 8	überhaupt nicht
en alemán 5	auf Deutsch
en blanco y negro 9	schwarz-weiß
en bus (*Am.*) **10**	mit dem Bus
en cada país 5	in jedem Land
en caja 11	an der Kasse
en cambio 8	dagegen
en camisón A 11.20	im Nachthemd
en común 6	zusammen, gemeinsam
en casa de 2	bei … (zu Hause)
en clase 3	im Unterricht
¿en cuánto? A 7.11	in wieviel?
en el centro de 4	im Zentrum
en el momento de 12	beim …, als …
en el siglo … 4	im … Jahrhundert
en el suelo A 5.5	auf dem Boden
en ese caso 11	in diesem Fall
en español 5	auf Spanisch
en este campo 9	in diesem Bereich / Fach
en fin 7	also, kurzum
en los ojos de 12	in ihren Augen
en mi casa 5	bei mir zu Hause
en muy poco tiempo 10	in sehr kurzer Zeit, sehr schnell
en otro mundo 12	in einer anderen Welt
en que … 6 / en el que … 12	in welchem
¿en qué curso? 10	in welcher Klasse?
¿en qué parte de? 10	wo genau?
en seguida 5	gleich, sofort
en sí 10	an sich, eigentlich
en tejanos A 6.5	in Jeans
en vez de 4	statt, an Stelle von
enamorado/a de A 11.10	verliebt in
encantar (le encanta) 7	sehr mögen
encanto, el 9	Zauber, Anziehung
encargarse de 10	übernehmen, erledigen
encender (-ie-) G 5.6	einschalten, anzünden
encima de A 5.5	auf (*örtlich*)
encontrarse (-ue-) 6	sich treffen
enero 3	Januar
enfadado/a (estar) A 11.3	beleidigt, ärgerlich
enfermedad, la 6	Krankheit
enfermo/a (estar) A 10.12	krank
enfrente de 5	gegenüber
enorme/- 12	enorm, riesig
enseñar 7	zeigen, lehren
entender 3 / (-ie-) 5	verstehen
entenderse bien 10	sich vertragen, sich gut verstehen
enterarse de 12	erfahren
enterrar (-ie-) 11	beerdigen
entonces 3	dann, also dann
entrada, la 6	Eintritt, Eingang
entrar en 6	hineingehen, eintreten
entrar ganas de 8	Lust bekommen auf
entre 3 / 9	zwischen, unter (uns)
entre tanto 11	inzwischen
entregar 6	aushändigen
entrenamiento, el 5	Training
entrenar 5	trainieren
entrevista, la 10	Interview
entusiasmado/a 3	begeistert sein
envenenado/a 11	vergiftet
enviar 4	schicken, senden
equipaje, el A 12.6	Gepäck
equipo de fútbol, el 5	Fußballmannschaft, ~club
equipo de música, el 5	Stereoanlage
equivocarse A 4.2 / **11**	sich täuschen, sich verwählen
equivocado/a (estar) 11	im Irrtum sein
érase una vez A 10.12	es war einmal
es que 3 / 5	es ist nämlich so, dass
escanear A 9.15	scannen
escáner, el A 9.15	Scanner
escaparate, el 7	Schaufenster
escondido 6	versteckt, verborgen
escribir 3 / 4	schreiben
escuchar 3	hören, horchen
escuela de idiomas, la 4	Sprachschule
ese / esa 7	diese/r da/dort
eso es normal 10	das ist normal
espalda, la 8	Rücken
español G 1.2 / 2	spanisch
espejo, el 7	Spiegel
esperar 3	warten
estar 3	sein, sich befinden
estar + *gerundio* **4**	gerade etwas tun
está lloviendo A 5.12	es regnet
está nevando A 5.12	es schneit
esta otra 5	diese andere
esta tarde 3	heute Nachmittag
¿está ya ….? 5	ist … schon fertig?
estación, la 4	Bahnhof
Estados Unidos, los 3	USA
estar a punto de 8	kurz davor sein, im Begriff sein zu …
este / esta 1	diese/r
este, el 4	Osten
estilo, el 8	Stil
esto 1	das
estos días 6	in diesen Tagen
estrecho/a A 7.14	eng
estudiante, el 8	Student
estudiar 2	lernen, studieren
estudios, los A 11.18	Studium

estupendo/a 8	ausgezeichnet, prima
etiqueta, la 7	Etikett
euro, el / los euros 6	Euro
examen, el A 3.10 / 6	Prüfung, Examen
examinarse 6	eine Prüfung ablegen
excelente/- (ser) 1	ausgezeichnet
excursión, la 10	Ausflug
éxito, el A 9.6	Erfolg
experiencia, la 8	Erfahrung
experto, el 9	Experte, Fachmann
explicar 10	erklären, erläutern
extraer 2	gewinnen
extraño/a (sentirse ~) 10	fremd
extranjero/a 1	ausländisch
extranjero, el 1	Ausländer
extranjero, el 4	Ausland
extremo, el (de un ~ a otro) 12	von einem Ende zum anderen

F

fachada, la 8	Fassade
fácil (ser) 11	leicht
faltar a clase 6	die Schule schwänzen, fehlen
faltar (no ~ nadie) 6	fehlen
familia, la 3 / 4	Familie
famoso/a (ser) 1	berühmt, bekannt
farmacia, la A 5.10	Apotheke
favorece (te ~) A 7.14	es steht dir gut
favorito/a (ser) 9	Lieblings-
febrero A 3.10	Februar
fecha, la A 10.9	Datum
¡felicidades! 2	alles Gute
feliz / felices (ser) 2	glücklich
feliz cumpleaños 2	alles Gute zum Geburtstag
fenomenal 2	fantastisch, hervorragend
feo/a (ser) A 5.9	hässlich
fiesta, la 1	Fest
fijarse en 11	jdn. beachten, anschauen
fila, la A 6.2	Reihe
final, el (~ de curso) 3	(Schuljahres)Ende
fin de semana, el A 3.3	Wochenende
firma, la 11	Unterschrift
firmar A 9.5	unterschreiben
flojo/a (ser) 9	leistungsswach
flor, la 4	Blume
flotar 3	schwimmen, schweben
fondo (desde el ~) 5	Hintergrund
formar 3	bilden
formulario, el 11	Formular, Vordruck
foto, la 10	Foto, Lichtbild
Francia 10	Frankreich
freno, el A 12.3	Bremse
frío/a 3 / (hacer~) 5	kalt
frijoles, los 10	Bohnen
frontera, la 3 /10	Grenze
frutas, las 10	Früchte / Obst
frutería, la A 7.10	Obstladen, Gemüseladen
fuente de ingresos 3	Einahmequelle
fuera 6	außen
fuerte/- 3	stark, kräftig
fuerza, la 11	(Laut)stärke
funcionario, el 11	Beamte
fundar 9	gründen
fútbol, el 5	Fußball
futuro, el ... A 9.5	Zukunft

G

gafas de sol, las A 11.13	Sonnenbrille
gallego/a 8	aus Galicien, galicisch
ganar 3	verdienen
ganas de (entrar ~) 8	Lust auf (etw. bekommen)
gas (con ~) A 5.2	mit Kohlensäuse
gastos, los A 9.16	Ausgaben
generación, la 9	Generation
generoso/a (ser) 3	großzügig
gente, la 1	Leute
Geografía 10	Geographie
gimnasio, el A 9.16	Fitnesscenter
girar a A 4.12	abbiegen
golpe de Estado, el A 9.5	Putsch, Staatsstreich
goma de borrar, la 6	Radiergummi
gota (de agua), la 8	Tropfen
Gótico, el 8	Gotik
grabar A 9.15	aufnehmen, (CD) brennen
gracias (por) 2	danke (für)
gran experto 9	großer Experte
gran número de 8	große Zahl, viele
grande / gran 3	groß
grande A 5.11	erwachsen
gravísimo A 10.6	sehr schlimm
griego A 2.9	griechisch
gringos, los 12	US-Amerikaner
gris, – A 7.14	grau
gritar 6	schreien
Groenlandia 10	Grönland
grupo, el 3	Gruppe
guagua, la 3	Kleinkind, Baby (LA)
guantes, los A 11.13	Handschuhe
¡guapo! 5	*hier:* mein Lieber
guerra, la 8	Krieg
guerra civil, la A 10.6	Bürgerkrieg
guitarra, la 1	Gitarre
gustar 2	gefallen, mögen

H

habitación, la 5	Zimmer
hablar 2	sprechen, reden
hace 11	vor (*zeitlich*)
hace falta (no ~) 11	(nicht) nötig
hacer 4	tun, machen

hacer comprender 12	verstehen lassen
hacer de comer 7	zu essen machen
hacerse a la idea 11	sich darauf einstellen
hacerse amigos/as 5	Freunde werden
hacerse (vegetariana) 7	werden
hache, la 10	das H
hacia A 9.5	nach (*Richtung*)
hamaca, la A 10.12	Hängematte
hambre (tener ~) 4	Hunger (haben)
hasta 3	bis
hasta luego E 2	bis gleich, tschüss
hasta mañana E 2	bis Morgen
hasta pronto A 3.13	bis bald, bis dann
hasta que 10	bis (+ *Verb*)
hay 1	es gibt
hay que 5	man muss
hecho/a a mano 3	handgemacht
hermana, la 3	Schwester
hermano, el 3	Bruder
hija, la A 2.10	Tochter
hijo, el A 2.10	Sohn, Kind
historia, la 3	Geschichte
hoja de papel, la 6	Blatt Papier
hola 2	hallo
hola, buenas 7	hallo, guten Tag
hombre, el 1	Mensch, Mann
hora, la 6	Stunde, Uhrzeit
horario, el A 4.5 / 6	Stundenplan, Tagesablauf
horas libres, las 9	freie Stunde, Freizeit
horrible/- (ser) 8	schrecklich
hotel, el A 10.7	Hotel
hoy 3	heute
hubo 12	es gab
húmedo/a 8	feucht
humor (de mal ~) A 11.8	schlecht gelaunt

I

ibérico/a 2	iberisch
idea, la 3	Idee, Gedanke
identidad, la 11	Identität
identificarse con 11	sich identifizieren mit
idioma, el A 3.13	Fremdsprache
iglesia, la 1	Kirche
imaginarse 9	sich vorstellen
impedir A 9.5	verhindern
imperio, el 3	Reich, Imperium
importante/- 2 / A 3.8	wichtig
importar (no importa) 5	es macht nichts
importar (¿os importa?) 8	macht es euch etwas aus?
impresionante/- 3 / **10**	beeindruckend
impresionar 8	beeindrucken
impresiones, las 8	Eindrücke, Erlebnisse
impresora, la A 9.15	Drucker
imprimir A 9.15	(aus)drucken
inca (imperio ~) 3	Inka
incansable/- (ser) 12	unermüdlich
independencia, la A 10.6	Unabhängigkeit
indicar 11	hinweisen
indiferente/- (ser) A 10.8	gleichgültig
indígenas, los 3	Eingeborene
industria, la 2	Industrie
información, la 3	Auskunft
informarse sobre 3	sich über … erkundigen
Informática, la 9	Informatik
Inglaterra 10	England
inglés 10	englisch
ingresos, los 3	Einkünfte, Einkommen
inmenso/a (ser) 12	immens, enorm groß
inolvidable/- (ser) 8	unvergesslich
insoportable/- 6	unerträglich
instituto, el 6	Gymnasium
intentar 11	versuchen
intercambio, el 10	Austausch
interesante (ser) 3 / **5**	interessant
intermedio/a (la meta ~) 12	Zwischen-(Station)
internacional/- 12	international
invitado/a (estar) 3	eingeladen
invitar (a) 2	einladen
ir 3	gehen, fahren
ir a + *inf.* **3**	nahe Zukunft
ir a + *Substantiv* **3**	irgendwohin gehen / fahren
ir a misa 10	in die Kirche gehen
ir a pie A 3.14	zu Fuß gehen
ir andando A 3.14 / G 3.6	zu Fuß gehen
ir corriendo A 10.12	laufen
ir de compras 7	einkaufen gehen
ir de excursión A 9.16	einen Ausflug machen
ir de tapas 7	Kneipenbummel machen
irse 5	(fort)gehen
isla, la 3	Insel
islas de juncos, las 3	Schilfinseln
italiano A 2.9	italienisch

J

jamás 9	nie, niemals
jamón, el 2 / **5**	Schinken
jersey, el 7	Pullover
jo, tía 5	Mensch, du!
joven/- (ser) 1	jung
jóvenes, los 3	Jungs, junge Leute
jueves A 3.10	Donnerstag
jugar (-ue-) 3	spielen (*Sport*)
julio A 3.10	Juli
juncos, los 3	Schilf
junio A 3.10	Juni
junto con 12	zusammen mit
juntos 3	zusammen, gemeinsam
juvenil/- 6	jugendlich, Jugend-

K

kilo, el A 8.12	Kilo

kilómetro 3 / 8	Kilometer
~ cuadrado (km²) 3	Quadratkilometer

L

la / las 1	die (*Artikel, f. Sg. / Pl.*)
la / las 5	sie (*Personalpron.*)
la más visitada 9	die meist besuchte
la que 7	welche
la región más fría 10	die kälteste Region
lacónico/a 11	lakonisch, kurz
lago, el 3	See
lamentablemente 8	leider
lana, la 3	Wolle
lápiz, el 6	Bleistift
largo/a (ser) 3 / **A 7.14**	lang
largos (hacer ~) A 6.8	Längsbahnen
latinoamericano/a 10	lateinamerikanisch
le / les *(indir. Objekt)* **6**	ihnen
le gusta 7	es gefällt ihm / ihr, er / sie mag
le juro que … A 7.8	ich schwöre ihnen …
leche, la 4	Milch
leer 3 / **4**	lesen
lejos (estar) 4	weit (entfernt)
lengua original, la 3	Originalsprache
lentamente 12	langsam
levantarse 5	aufstehen
libertad, la A 11.18	Freiheit
libre/- 9	frei
librería, la 7	Buchhandlung
libro, el 3	Buch
limón, el A 8.12	Zitrone
lindo/a 3	hübsch, schön (LA)
línea recta A 6.7	gerade Linie
lista, la 7	Liste
llamado/a 8	genannt, sogenannte/r
llamar 10	nennen
llamar por teléfono 10	anrufen
llamarse 2	heißen
llamas, las 3	Lamas
llanura, la 12	Ebene
llave, la 5	Schlüssel
llegada, la 6	Ankunft
llegar 2 / ~ a 4	ankommen
llegar a ser 9	werden
lleno/a (estar) 3	voll, gefüllt
llevar escondido/a 6	versteckt bei sich haben
llevar ropa 3	Kleidung tragen, anhaben
llevar puesto/a 7	anhaben, mit … angezogen sein
llevarse una sorpresa 12	eine Überraschung erleben
lloviendo (está) A 5.12	es regnet
llueve (llover) A 5.12	es regnet
lluvia, la 8	Regen
lo 5	ihn / es (*Pronomen*)
lo malo es que 11	schlimm daran ist nur, dass …
lo mismo 6	das gleiche, dasselbe
lo primero que 11	das erste, was …
lo que 5	was
lo siento A 7.8	es tut mir leid
lo único malo 11	das einzige Schlimme
lobo, el A 10.12	Wolf
lograr 3	erreichen, schaffen
los 1	sie (*Artikel m. Pl.*)
los 5	sie (*Pronomen m. Pl.*)
los más flojos 9	die Schwächsten
los otros 1	die anderen
los Quintero 4	Familie Quintero
luego 3	dann, später
lugar, el 3	Ort
lunes A 3.10	Montag

M

madre, la A 2.10	Mutter
mágico/a (ser) 3	magisch
maíz, el 10	Mais
majo/a (ser) A 5.2	nett, sympatisch
mal estudiante 9	schlechter Schüler
mal tiempo (hace ~) A 5.12	schlechtes Wetter
maldito/a 6	verflucht, vedammt
mamá, la 3	Mutter, Mama
mañana 3	morgen
mandar 10	schicken
mando, el 5	Fernbedienung
manera de, la 8	Art und Weise, Möglichkeit
manga, la 6	Ärmel
manillar, el A 12.13	Lenkstange
mano, la (en la ~) 2	Hand
mano (hecho a ~) 3	handgemacht
manual, el 9	Handbuch
manzana, la A 8.12	Apfel
maravilla (de ~) 7	wunderbar
marido, el A 9.6	Ehemann
marrón/- A 7.14	braun (*bei Sachen*)
martes A 3.10	Dienstag
marzo A 3.10	März
más … que A 6.8 / G 6.5	mehr … als
más 1	mehr
más de G 6.5	mehr als (+ *Zahlen*)
más de la cuenta 12	mehr als nötig
más o menos 2	mehr oder weniger
más que A 6.8	mehr als
más veces A 6.8	öfters
Matemáticas 3	Mathematik
mayo A 3.10	Mai
mayor A 2.10	älter (*Personen*), größer (*Sachen*)
mayor de edad 11	volljährig
mayorcito/a (ser) 3	alt genug
mayores, los 5	die Älteren
me 2	mir / mich
mediana edad (de ~) 11	mittleres Alter
medio ambiente, el A 9.16	Umwelt
medio kilo de A 8.12	halbes Kilo
medio, el 9	Medium

mejor/- (ser) 4 / G 6.5	besser
menos que A 6.8	weniger … als
menos mal A 12.6	Gott sei dank, ein Glück, dass …
mensaje, el 4	Botschaft, Mitteilung
mercado, el 3 / **A 8.12**	Markt
mes, el A 3.10	Monat
mesa, la 5	Tisch
meta, la 8	Ziel
meterse en la ducha 5	unter die Dusche gehen
meter en 6	einstecken
metro (ir en ~) A 7.3	U-Bahn
metros (a ~ de altura) 3	Meter
mí (para ~) 2	mir / mich (*nach Präp.*)
mi / mis 2	mein/e – meine
micrófono, el 8	Mikrofon
miedo, el 12	Angst
mientras 2	während (+ *Verb*)
miércoles A 3.10	Mittwoch
mil 3	Tausend
mil veces A 4.12	tausendmal
miles de 12	Tausende von
millón (un ~) 11	Million
mío (el ~) A 3.10	meiner
mío / mía 11	meiner / meine
mirar 2	schauen
mirada, la 11	Blick
mirarse al espejo 7	in den Spiegel schauen
misa (ir a ~) 10	heilige Messe
mismo/a 6	selbst
misterio, el 3	Geheimnis
misteriosamente 12	auf wunderbare Weise
mítico/a (ser) 12	mythisch
mochila, la 4	Rucksack
modelo, el 9	Modell
moderno/a (ser) 1	modern
mojado/a A 11.20	nass, durchnäßt
mojarse 8	nass werden
momentito (un ~) 7	(ein) Augenblick!
momento (un ~) 5	ein Moment
monasterio, el 2	Kloster
monitor, el 9	Bildschirm
montañas, las 3	Berge, Gebirge
monumentos, los A 3.3	Sehenswürdigkeiten
moreno/a 2	dunkelhaarig, -häutig
morir (-ue-, -u-) 12	sterben
morriña, la 10	Heimweh
moto, la A 3.14	Motorrad
moverse (-ue-) por 9	sich durch … bewegen
móvil, el 4	Handy
mucha vida 7	viel Stimmung, viel los
muchas gracias 2	vielen Dank
muchas veces 10	oftmals
mucho/a 1	viel
muchos otros 3	viele andere
muerto/a de vergüenza 11	tot vor Scham
mujer, la 3	Frau
mundo, el 3	Welt
mundo virtual, el 9	virtuelle Welt
Múnich 4	München
música, la 1	Musik
músicos, los 1	Musiker
musulmán, el 8	Moslem
muy 1	sehr

N

nacer A 9.5	geboren werden
nacimiento, el A 10.9	Geburt
nada 6	nichts
nadar A 6.8	schwimmen
nadie 6	niemand
naranja, la A 8.12	Orange
natural/- (frontera ~) 3	natürlich, Natur-
naturaleza, la 12	Natur
naturalmente 10	natürlich
navegable/- (ser) 3	schiffbar
navegar por Intenet A 6.3	im Internet surfen
Navidad A 3.10	Weihnachten
necesitar 3	benötigen, brauchen
negocio, el 9	Geschäft
negro/a (ser) (pan ~) 5	schwarz
nervioso/a (estar) 4	aufgeregt, nervös
neumático, el A 12.3	Reifen, Mantel
nevando (está ~) A 5.12	es schneit
nevar (-ie-) A 5.12	schneien
ni 8	(weder …) noch
ni idea A 7.11	keine Ahnung
nido, el 1	Nest
nieva (nevar) A 5.12	es schneit
niña, la 3	kleines Mädchen
niñera, la 3	Babysitterin
ningún 8 / **G 9.4**	keiner
nivel cultural, el 12	kulturelles Niveau
nivel, el A 6.13	Niveau, Pegel
no 1	nein, nicht
no … ni 8	weder … noch
no es verdad 5	es stimmt nicht
no importa A 4.2 / **5**	es macht nichts
no sé 3	ich weiß es nicht
no sé qué decirte 7	ich weiß nicht, was ich sagen soll
no sólo … sino **6**	nicht nur … sondern auch
no sólo … sino que **11**	nicht nur … sondern (+ Verb)
no tanto(s) como A 6.8	nicht so viel(e) … wie
no tener nada que ver con 12	nichts zu tun haben mit
no tener ni idea de 9	keine Ahnung haben
no, en absoluto 8	überhaupt nicht, keinesfalls
¡no, qué va! 10	ach was!, nein, weit gefehlt
¿no? 2	nicht?, nicht wahr?
noche, la 5	Nacht
nombrar A 9.5	ernennen
nombre, el 10	Name
normal/- (ser) 10	normal
norte, en el A 3.13 / 10	Norden

norteamericano/a 12	US-Amerikaner
Noruega 10	Norwegen
nos G 5.1	uns
nos vemos E 2	tschüss (LA)
nota, la 3	Note
novia, la E 2	(feste) Freundin
noviembre A 3.10	November
nuestro / a G 2.5	unser/e
nuevo/a 8	neu
número, el 3	Nummer, Zahl
nunca 3 / 5	nie

O

o 2	oder, Buchstabe o
o así 5	oder so
obligar a 12	zwingen zu
obligatorio/a 6	Pflicht-
ocasionalmente A 11.18	gelegentlich
ocaso, el 12	Untergang
octubre A 3.10	Oktober
ocupado/a (estar) 8	besetzt, belegt
ocurrírsele algo a algn. 11	jdm. etwas einfallen
oeste, el 1	Westen
oficialmente 9	offiziell
ofrecer (-zc-) 8 / 12	anbieten, bieten
oído, el A 10.12	Gehör, Ohr
oír 4	hören
ojos, los 12	Augen
ojos como platos A 12.4	große Augen (machen)
olerse algo 11	etwas vermuten, ~ riechen
olvidar A 11.17	vergessen
ombligo del mundo, el 3	Nabel der Welt
ópera, la A 5.9	Oper
optimista/- (ser) A 10.8	optimistisch, Optimist
ordenador, el A 7.9 / 9	PC
organización, la A 9.16 / 10	Organisation
organizado/a A 5.11	organisiert
organizar 3	organisieren, veranstalten
original/- (ser) 3	original
orquesta, la 1	Orchester
os G 5.1	euch
otra vez 4	noch einmal
otro/a 1	ein/e andere/r
oxígeno, el 3	Sauerstoff
oye 2	hör zu, hör mal!

P

padre, el A 2.10	Vater
padres, los 4	Eltern
pagar 3 / pagarse 6	zahlen, sich finanzieren
página web 9	Webseite
país, el 2	Land
paisaje, el 8	Landschaft
palabra, la 5	Wort, Vokabel
pan, el 5	Brot
panadería, la A 7.10	Bäckerei
pantalla, la A 9.15	Bildschirm
pantalón, el 7	Hose
papagayo, el A 12.11	Papagei
papas, las 3	Kartoffeln (LA)
papás, los *(ugs.)* 3	die Eltern
papelería, la A 7.10	Schreibwarengeschäft
papelito, un A 11.17	Zettel
paquete, el 10	Paket
paquetito, el 2	Päckchen
par (un ~ de) 6	einige, ein paar
para 2	für
para 3	um zu
para los que 6	für diejenigen, die
parado/a (estar) 3	stehengeblieben *(Uhr)*
parar 12	halten, Halt machen
parecer (¿qué te ~) 5	wie findest du …?
parecer 11	aussehen
pareja, la A 11.18	Paar
parte, la (¿de qué ~ ?) 2	aus welchem Teil …?
partes (en todas ~) 3	überall
participar en A 9.16	teilnehmen, mitmachen
particulares (clases ~) 3	Nachhilfestunden
partida de nacimiento, la 11	Geburtsurkunde
partido, el (~ de fútbol) 5	Fußballspiel
pasado de moda A 5.9	altmodisch, aus der Mode
pasar 2	verbringen
pasar 4	hereinkommen
pasar 5	über … gehen
pasar a (~ al probador) 7	in die (Ankleide-)kabine gehen
pasar al curso … 10	in die … Klasse kommen
pasar calor 8	schwitzen, heiß sein
pasar el teléfono 11	den Telefonhörer reichen
pasar por 3	bei jdm. vorbeigehen
pasarlo bien 8	sich amüsieren, es schön haben
pasillo, el 5	Gang, Flur
pata negra 2	Schinkensorte
patio, el 4	Innenhof
patria, la 2	Heimat, Vaterland
patrona, la 2	Schutzpatronin
paz, la A 10.6	Frieden
pedal, el A 12.3	Pedal
pedalear 12	in die Pedale treten
pedaleo, el 12	Treten (in die Pedale)
pedir (-i-) 11	bitten, verlangen
película, la A 7.9	Film
pendiente, la 12	Hang, Steigung
pensar (en) (-ie-) 5	denken
peor G 6.5	schlechter
pequeño/a (ser) 1	klein/e
pera, la A 8.12	Birne
perder (-ie-) 12	verlieren
¡perdón! 4	Entschuldigung!
perdonar 4	verzeihen
peregrino, el 8	Pilger
perfecto/a (ser) 8	perfekt, vollkommen
periódico, el 7	Zeitung

periodismo, el 8	Journalismus
permitir A 9.5 / 11	erlauben
pero 2	aber
pero es que 5	es ist aber so, dass
¡pero hijo! 5	Aber Junge!
pero si te ha gustado tanto … 7	du mochtest doch früher so gerne …
persona, la 12	Person, Mensch
pertenecer a 9	gehören
peruano/a 3	peruanisch
pesado/a 5	Nervensäge, lästig
pesca, la 3	Fischerei
pescadería, la A 7.10	Fischgeschäft
pesimista/- (ser) A 10.8	pessimistisch, Pessimist
peso, el 8	Gewicht, Last
pez,el 9	Fisch
pie, el 8	Fuß
pillar 6	erwischen, ertappen
pincharse A 12.3	einen Platten haben
pirámide, la 12	Pyramide
piscina, la A 6.8	Schwimmbecken
piso, el 5	Wohnung, Etage
pizza, la 6	Pizza
planes, los 7	Pläne, Vorhaben
plano, el 4	Stadtplan
plantación, la A 10.13	Plantage
plátano, el A 8.12	Bananen
plato, el A 5.2	Gang (*Essen*), Teller
plaza, la 1 / 10	Platz, Stelle
pobre/- (ser) 3	arm
pobre en oxígeno 3	arm an Sauerstoff
poco/a 2	wenig
poco (un ~) 4	ein wenig
poco después 2	wenig später, kurz darauf
poco más adelante 7	etwas weiter vorne
poder (-ue-) 5	können, dürfen
poeta, el A 10.6	Poet, Dichter
polaco/a A 2.9	polnisch
político/a 2	politisch
póliza de seguros A 10.12	Versicherungspolice
pollo, el 10	Hähnchen
poner (~ en la TV) 4	bringen, zeigen
poner diapositivas 3	Dias zeigen
poner en marcha 9	in Gang setzen, gründen
poner un cero 6	eine 6 geben (*Schulnote*)
poner un hotel A 10.7	ein Hotel aufmachen
poner un nombre 11	nennen, einen Namen geben
ponerse de acuerdo A 6.8	sich einigen
ponerse en la cola 11	sich anstellen
poquito/a (un ~ de) 3	ein wenig von
por 2	wegen, durch
por aquí … por allá **11**	da … dort
por causa de A 11.9	wegen
por delante de A 4.11	vorbei an …
por ejemplo 2	zum Beispiel
por el centro 5	durch das Zentrum
por el telefonillo 4	durch die Sprechanlage
por eso 3	darum
por favor 3	bitte
por fin 4	endlich
por la mañana 6	am Vormittag, vormittags
por la noche 7	am späten Abend, nachts
por la tarde 6	am Nachmittag, nachmittags
por lo menos A 9.16	mindestens
por otra puerta 6	durch eine andere Tür
¿por qué razón? 11	aus welchem Grund?
¿por qué? A 2.2	warum?
por supuesto 7	aber sicher, selbstverständlich
porque 4	weil, da
portero, el 5	Torwart
portugués / -esa A 2.9	portugiesisch
posibilidad, la 10	Möglichkeit
practicar 9	üben
precio, el 7	Preis
precioso/a (ser) 5	wunderschön, sehr schön
preferir (-ie-, -i-) 9	vorziehen, lieber haben
pregunta, la 3	Frage
preguntar a 4	jdn. fragen
Premio Nobel A 10.6	Nobelpreis(träger/in)
preocupación, la 3	Sorge
preocupado/a (estar) 3	besorgt
preparado/a para 6	bereit für, fertig für
preparar 3	vorbereiten
presentación, la 2	Vorstellung
presentar (~ a algn.) 2	jdn. vorstellen
presentar 3	vorstellen
presente/- (estar) 3 / 12	anwesend sein, da sein
prestar A 11.17	leihen
primer ciclo 6	Grundstufe
primero/a 4	erste/r/s
primo, el / prima, la 2	Cousin, Cousinne
principal,- 8	Haupt-
probador, el 7	(Ankleide-)kabine
probarse (-ue-) algo 7	anprobieren
problema, el 4	Problem
producirse (-zc-) 12	zustandekommen, sich ereignen
producto del campo, el 3	Erzeugnis der Landwirtschaft
profesión, la A 10.7	Beruf
profesora, la 3	Lehrerin
programa, el 5	Programm
prometer A 9.5	versprechen
pronto 5	bald
pronunciar 10	aussprechen
propio/a (ser) 9	eigen
prototipo, el 9	Prototyp
provincia, la 10	Provinz
próximo/a 12	nah
proyecto, el A 9.17	Projekt
prueba de acceso, la 6	Aufnahmeprüfung
pueblo, el 1	Dorf, Ortschaft
pueblo, el 12	*hier:* Volk, Stamm
puente, el 2 / **4**	Brücke
puerta, la 4	Tür, Tor
pues 2	denn

pues ahora 5 — also jetzt
pues entonces 7 — dann, also dann
pues hija 7 — also Kind!
pues nada 4 — also dann
pues sí 7 — ja, doch
puesto/a 7 — angezogen
pulmones, los 11 — Lunge
punta, la 12 — Ende
puntual/- (ser) A 10.10 — pünktlich

Q

que 5 — denn
que 5 — dass
que 3 / 4 — der / die / das (*Relativpron.*)
¿qué? 2 — was?
¡qué aburrido! 2 — wie langweilig!
¡qué bien! 4 — wie schön!
¿qué hora es? 3 — wie viel Uhr ist es?
que lo paséis bien 8 — viel Spaß
¡qué palabras! 5 — was für Wörter!
¡qué sé yo! 7 — was weiß ich!
¿qué tal? 2 — wie geht's?, wie war's?
¿qué tal me queda? A 7.11 — wie steht es mir?
¿qué te parece? 5 — wie findest du?
¡qué va! 2 — ach was!, ach woher!
quechua 3 — Quetschua
quedar (~ asignaturas) 6 — noch nicht abgelegt haben (~ Fächer)
quedar (de maravilla) 7 — jdm. (wunderbar) stehen
quedarse con 6 — behalten
querer (-ie-) 4 — wollen, lieben
queso, el 5 — Käse
¿quién? A 2.2 — wer?
quién de ellos A 6.8 — wer von ihnen?
quizás 3 / 11 — vielleicht

R

rallado/a (queso ~) A 11.20 — gerieben (~er Käse)
rápido (*Adv.*) **8** — schnell
raro/a (ser) 5 — seltsam
rato (un ~) 5 — eine Weile
ratón, el A 9.15 — Maus
razón, la 8 — Grund
reaccionar 11 — reagieren
realidad (en ~) 1 — eigentlich, in Wirklichkeit
rebajas, las 7 — Winter- Sommerschlussverkauf
recibir 10 — bekommen, erhalten
recibir con gusto 12 — gerne annehmen
recién cumplidos 9 — gerade … geworden (Alter)
recorrer 12 — entlangfahren
recreo, el 6 — Pause (*Schule*)
recto/a (línea ~) 6 — gerade
recta, la 12 — gerade Straße, Zielgerade
recuerdos de … A 3.3 — Grüße von, ~ aus
red, la 9 — Netz
referéndum, el A 10.6 — Volksentscheid
Reflexión Ética A 6.13 — Ethik
reflexionar (sobre) 8 — nachdenken
reforma, la A 9.5 — Reform
regalo, el 2 — Geschenk
región, la 1 — Region
registrar la casa A 10.12 — durchsuchen
Registro Civil 11 — Standesamt
regla, la A 6.7 — Lineal
regrabadora de discos, la A 9.15 — CD-Brenner
regresar 3 / **~ a 7** — zurückkehren
regular 2 — es geht so, mittelmäßig
relación, la A 10.13 — Verhältnis, Beziehung
relaciones afectivas A 11.18 — Liebesbeziehungen
religioso (centro ~) 2 — religiöses Zentrum
rellenar 11 — ausfüllen
refresco, el 7 — Erfrischungsgetränk
reloj, el 3 — die Uhr
repartir 6 — austeilen
repetidor, el 6 — Wiederholer
repetir (-i-) 11 — wiederholen
reportaje, el 7 — Bericht, Reportage
representativo/a 12 — representativ
respuesta, la 9 — Antwort
restaurante, el 7 — Restaurant
resto, el 6 — Rest
retrato robot, el A 9.2 — Steckbrief
revista, la 4 — Zeitschrift
rico (ser) 3 — reich
rico/a (estar) 10 — lecker
riesgo, el 6 — Risiko
Rin, el 2 — der Rhein
río, el 8 — Fluss
ritual, el 6 — Ritual, Spielchen
rodar (-ue-) 8 — drehen (Film)
rojo/a (ser) 7 — rot
rollo (parece un ~) 9 — langweilig
Románico, el 8 — Romanik
romano/a 2 — römisch
romper A 6.4 — zerbrechen, kaputt machen
ropa, la 3 / **5** — Kleidung
ropa de marca, la A 9.16 — Markenkleidung
rosa/- A 7.14 — rosa
rubio/a (ser) 1 — blond
rueda, la A 12.3 — Rad
ruinas, las 2 — Ruinen
rumano/a A 2.9 — rumänisch
ruta, la 8 / **12** — Route

S

sábado, el A 3.10 — Samstag
saber 3 — wissen
sacar 4 — herausholen
sacapuntas, el A 6.7 — Bleistiftspitzer
sacar el billete A 11.17 — Fahrkarte lösen
sacar malas notas 3 — schlechte Noten schreiben

salida, la 6	Ausgang, Unterrichtsschluss
salir 4 / (~ de) 5	(hin)ausgehen
salir 12	abfahren
salir por la noche 7	ausgehen
salón, el 5	Wohnzimmer
saltar por A 10.12	durch … (hinein)springen
salud, la A 11.18	Gesundheit
saludar 4	grüßen, begrüßen
salvadoreño/a 12	aus El Salvador
salvar A 9.5	retten
salvo que A 11.20	außer, es sei denn
san / santo A 3.10	heilig
se 2 / **12**	man
se 3	sich
se cría 2	wird gezüchtet
se extrae 2	wird gewonnen
seco/a 8	trocken
secreto, el 9	Geheimnis
sed (tener ~) 4	Durst
seguir + *gerundio* **11**	nach wie vor etwas tun
seguir todo recto A 4.11	geradeaus weitergehen
seguir una ruta 8 / **12**	eine Route entlang gehen / fahren
segundo/a A 4.1	zweite/r
seguramente 5	sicherlich
selva, la 12	Urwald
semáforo, el A 4.11	Ampel
semana, la 3	Woche
semicontinente, el 12	Teil eines Kontinents
sencillo/a (ser) 8	einfach
señor, el 1	Herr
señora, la 4	Frau
sentado/a (estar) 6	sitzen
sentarse (-ie-) en 5	sich setzen
sentir(se) (-ie-, -i-) 10	fühlen
separados (estar) 4	getrennt sein, ~ leben
separar 6	trennen
separarse de A 9.5	sich trennen von
septiembre A 3.10	September
sequísimo/a 8	dürr, strohtrocken
ser 1	sein
serie, la 4	Serie
servir (-i-) para 12	dienen zu
si 3	falls
sí 2	ja, jawohl
si 11	ob
si no A 5.11 / 8	sonst
si no 6	wenn nicht
sí ya, pero … 7	ja schon, aber…
sí, claro 3	ja klar
siempre 3	immer
siglo, el 4	Jahrhundert
significar 3 / 6	bedeuten
siguiente/- 6	folgend, nächst
silencio, el 8	Ruhe, Stille
silla, la 11	Stuhl
sillín, el A 12.3	Sattel
simpático/a (ser) A 5.9	nett, sympathisch
sin 9	ohne
sin duda 12	sicherlich, ohne Zweifel
sin embargo 9	trotzdem
sindical/- 9.16	gewerkschaftlich
sino 6	sondern
sino que 11	sondern (+ *Verb*)
sitio (en su ~) 6	(auf ihrem) Platz
situación social, la 3	soziale Verhältnisse
situación económica, la A 11.18	wirtschaftliche Verhältnisse
situación familiar, la A 10.9	Familienverhältnisse
sobre 3	über (*Präposition*)
sobre cero A 5.12	über Null
sobre todo 8	vor allem, insbesondere
sobrina/o, la / el 7	Nichte / Neffe
social/- 3	sozial
sofá, el 5	Couch, Sofa
sol, el (hace ~) A 5.12	Sonne, es ist sonnig
solamente 10	nur
soldado, el 12	Soldat
soler (-ue-) 11	pflegen zu, meist tun
solicitar 11	beantragen
solicitud, la 10	Antrag, Bewerbung
sólo 3	nur
solo/a 4	allein
soltar (= decir*)* 11	loslassen (=sagen)
soltero/a A 11.18	ledig
solucionar A 8.5	lösen (Probleme)
sombra (a la ~) A 5.12	Schatten
sonar (-ue-) 11	klingen
sonreír (-i-) 11	lächeln
sorprendentemente 11	überraschenderweise
sorpresa, la (llevarse una ~) 12	überrascht sein
su / sus 2	sein/e, ihr/e
subir 4	(hinauf)steigen
subir al trono A 9.5	den Thron besteigen
Sudamérica 10	Südamerika
suelo, en el A 5.5	auf dem Boden
sueño, el 10	Traum
suerte, la 4	Glück
Suiza 8	Schweiz
suizo/a (ser) 8	Schweizer/in, schweizerisch
súper 2	super, fantastisch
superar 8	überwinden
suspender 6	durchfallen
susurrar al oído A 10.12	(ins Ohr) flüstern
suyo/a 11	seine/r/s, iher/e/s

T

tabaco, el A 9.16	Tabak
talla, la 7	Größe (*Kleidung*)
tamal de maíz, el 10	Maispastete
también 1	auch
tampoco 2	auch nicht
tan … como G 6.5	so … wie
¿tan pronto? 5	so früh?

tanto 3	so sehr, so viel
tanto/a … como G 6.5	so viel … wie
tapas, las 7	Tapas
tarde 3	spät
tarde, la (por ~) 3	am Nachmittag, nachmittags
tareas del hogar A 11.18	Arbeiten im Haushalt
tarjeta, la 7	(Scheck)Karte
tasas, las 11	Gebühren
te 2	dir / dich
té, el 5	(schwarzer) Tee
¿te gusta? 5	gefällt es dir?, magst du es?
te va muy bien 7	es steht dir gut
teatro, el 2 / 7	Theater
teclado, el A 9.15	Tastatur
teclear 9	eintippen
tejanos, los A 6.5 / 7	Jeans
tele, la 4	Fernsehen
Telecinco 5	Fernsehsender
telefonillo, el 4	Sprechanlage
teléfono, el 5	Telefon
televisión, la 9	Fernsehen
tema, el 7	Thema
temperamento, el A 10.9	Temperament
temprano (*Adv.*) **8**	früh
tener 4	haben, besitzen
tener lugar A 10.6	stattfinden, sein
tener prisa 10	es eilig haben
tener que 4	müssen
tener uso de razón 11	selbstständig denken, sich erinnern können
tenga usted 11	hier bitte, da haben Sie es
tercera, la A 4.11	die dritte (Straße)
terminar 3	beenden
terraza, la 7	Terrasse, Straßencafé
terremoto, el 12	Erdbeben
ti (para ti) 2	dir / dich (*nach Präp.*)
tía, la 7	Tante
tiempo, el A 5.12	*hier:* Wetter
tiempo, el 5	*hier:* Zeit
tiempo libre, el A 11.18	Freizeit
tienda, la 7	Laden, Geschäft
timbrazo, el 11	das Klingeln
timbre, el 4	Klingel
tímido/a (ser) A 10.8	schüchtern
típico/a (ser) 2 / 10	typisch
tirar 5	hinschmeißen
toallas, las A 11.20	Handtücher
tocar (música) 2	(ein Instrument) spielen
tocar el timbre 4	klingeln
tocar el turno 11	dran kommen
todavía 3	noch
todavía no 3	noch nicht
todo el / toda la 4	der ganze / die ganze
todo el mundo 11	alle Welt, jeder
todo el tiempo 8	die ganze Zeit
todo recto A 4.11	ganz geradeaus
todos/as 2	alle
tomar 2	*hier:* trinken
tomar 5	*hier:* nehmen
tómbola, la 2	Tombola
torre, la 1	Turm
tortilla, la 5	Omelett
trabajar 3	arbeiten
trabajo, el A 11.18	Arbeit
tradición, la 12	Tradition
traer 7	herbringen
tráigalo 11	bringen Sie es!
traje, el 7	Anzug
tranquilamente 12	seelenruhig, gemütlich
transeúntes, los 12	Fußgänger, Passanten
tratar de 6	versuchen
tratar 10	behandeln
tren (en ~) 3	Zug
tres séptimos 6	drei Siebtel
triste/- A 10.8	traurig
tristeza, la 12	Traurigkeit
trono, el A 9.5	Thron
tu / tus 2	dein/e
tú 2	du
tú sola 10	du allein
tumbona, la A 10.12	Liegestuhl
turco/a A 2.9	türkisch
turismo, el 4	Tourismus
turista, el/la 3	Tourist
turno (tocar el ~) 11	(an der) Reihe sein
tutoría, la A 6.13	Sprechstunde

U

último/a (~ año) 3	letzte/r/s
un 1	ein (*unbest. Artikel m.*)
un par de 6	ein paar
una 1	eine (*unbest. Artikel f.*)
una vez A 7.4	einmal
una vez al mes A 9.16	einmal im Monat
una vez que … 11	nachdem (+ *Verb*)
unas cuantas veces 8	einige Male
único/a 3 / 6	einzig
unir 12	verbinden
universidad, la 6	Universität
uno 3	eins
uno 12	man (*bei reflexiven Verben*)
usar (¿qué talla usas?) 7	tragen
usted / ustedes 3	Sie (*3. Pers. Sg. / Pl.*)
útil (ser) A 6.7	nützlich
uva, la A 8.12	Weintraube

V

vacaciones, las 2	Ferien, Urlaub
valer 7	kosten, Wert sein
valle, el 3	Tal
vamos a ver G 3.6	schauen wir mal
varias veces A 7.4	mehrmals, einige Male

vaso, el 4	Glas
¡vaya! 11	ach so! so, so!
vecino, el 6	Nachbar
vegetación, la 12	Vegetation
vegetariano/a (ser) 7	Vegetarier/in
velocidad, la 12	Geschwindigkeit, Tempo
vender 3	verkaufen
¡venga! 2	*hier:* na klar
venga 4	*hier:* schon gut (= bitte *nach Dank*)
venir 8	herkommen
ventana, la A 10.12	Fenster
ver 4	sehen
verse 6	sich sehen
verano, el 4	Sommer
verdad, la A 7.9	Wahrheit
verdad (¿de ~ ?) 5	wirklich?
verde/- (ser) A 7.14	grün
verdura(s), la(s) 7	Gemüse
vergüenza, la 11	Schande, Scham
vestido, el 7	Kleid
vez, la 4 / veces, las 6	Mal, Male
viaje cultural, el 3	Bildungsreise
viaje de estudios, el 3	Studienreise
vida, la 3	Leben
viento, el (hacer ~) A 5.12	Wind, windig sein
viernes, el A 3.10	Freitag
vigilar A 9.8	beschatten
vicio, el 6 / 9	Laster
visita (de ~) 7	Besuch (auf ~)
visitar 3	besuchen
visto (ver) 7	gesehen
viudo/a A 11.18	Witwer
vivienda propia A 9.16	eigene Wohnung
vivir 3 / **4**	leben, wohnen
volcán, el 10	Vulkan
volver (-ue-) 6	zurückkehren
volver a + *infin.* **11**	etw. nochmals-, wieder tun
vosotros/as 2	ihr
voy a ver 7	ich schaue mal nach
voz, la 4	Stimme
vuelta (dar una ~) 5	eine Runde drehen

Y

y 1	und
¿y a mí qué? 5	und was geht mich das an?
¡y listo! 11	und Schluss! und fertig!
y todo por 6	und all das wegen
ya 3	schon
ya no 7	nicht mehr
ya sé 4	(ich) weiß schon
ya sólo 8	nur noch
yanquis, los A 10.13	US-Amerikaner
yo 2	ich

Z

zapatería, la 7	Schuhgeschäft
zapatillas, las 5	Turn-, Sportschuhe
zapatillas, las A 11.20	Hausschuhe
zapatos, los 7	Schuhe
zigzagueando (ir ~) 12	in Serpentinen verlaufen
zona, la 2	Zone, Gebiet
zumo de …, el **4**	-Saft

Conjugación de los verbos

Als Modell für den entsprechenden Konjugationstyp steht **hablar** für die **1. Konjugation, comer** für die **2. Konjugation** und **vivir** für die **3. Konjugation.**
Von den Verben, die **Diphthongierung** oder **Lautverschiebung** aufweisen, wird je ein Beispiel angeführt.
Besonderheiten der unregelmäßigen Verben werden halbfett hervorgehoben.

	presente	indefinido	imperfecto	participio	gerundio
1ª conjugación					
hablar sprechen	hablo habl**as** habl**a** habl**amos** habl**áis** habl**an**	habl**é** habl**aste** habl**ó** habl**amos** habl**asteis** habl**aron**	habl**aba** habl**abas** habl**aba** habl**ábamos** habl**abais** habl**aban**	habl**ado**	habl**ando**
2ª conjugación					
comer essen	com**o** com**es** com**e** com**emos** com**éis** com**en**	com**í** com**iste** com**ió** com**imos** com**isteis** com**ieron**	com**ía** com**ías** com**ía** com**íamos** com**íais** com**ían**	com**ido**	com**iendo**
3ª conjugación					
vivir leben, wohnen	viv**o** viv**es** viv**e** viv**imos** viv**ís** viv**en**	viv**í** viv**iste** viv**ió** viv**imos** viv**isteis** viv**ieron**	viv**ía** viv**ías** viv**ía** viv**íamos** viv**íais** viv**ían**	viv**ido**	viv**iendo**

Lista alfabética de los verbos irregulares y de irregularidad común

	presente	indefinido	imperfecto	participio	gerundio
coger nehmen, greifen	cojo coges coge cogemos cogéis cogen	cogí cogiste cogió cogimos cogisteis cogieron	cogía cogías cogía cogíamos cogíais cogían	cogido	cogiendo

	presente	indefinido	imperfecto	participio	gerundio
comenzar (z–c) (e–ie) beginnen	com**ie**nzo com**ie**nzas com**ie**nza comenzamos comenzáis com**ie**nzan	comen**c**é comenzaste comenzó comenzamos comenzasteis comenzaron	comenzaba comenzabas comenzaba comenzábamos comenzabais comenzaban	comenzado	comenzando
conducir (-zc-) (-duje) fahren	condu**zc**o conduces conduce conducimos conducís conducen	con**duje** con**dujiste** con**dujo** con**dujimos** con**dujisteis** con**dujeron**	conducía conducías conducía conducíamos conducíais conducían	conducido	conduciendo
conocer (-zc-) kennen, kennen- lernen	cono**zc**o conoces conoce conocemos conocéis conocen	conocí conociste conoció conocimos conocisteis conocieron	conocía conocías conocía conocíamos conocíais conocían	conocido	conociendo
construir bauen	constru**y**o constru**y**es constru**y**e construimos construís constru**y**en	construí construiste constru**y**ó construimos construisteis constru**y**eron	construía construías construía construíamos construíais construían	construido	constru**y**endo
contar (-ue-) zählen, erzählen	c**ue**nto c**ue**ntas c**ue**nta contamos contáis c**ue**ntan	conté contaste contó contamos contasteis contaron	contaba contabas contaba contábamos contabais contaban	contado	contando
creer (-y-) glauben	creo crees cree creemos creéis creen	creí creíste cre**y**ó creímos creísteis cre**y**eron	creía creías creía creíamos creíais creían	creído	cre**y**endo
cruzar (z-c) überqueren	cruzo cruzas cruza cruzamos cruzáis cruzan	cru**c**é cruzaste cruzó cruzamos cruzasteis cruzaron	cruzaba cruzabas cruzaba cruzábamos cruzabais cruzaban	cruzado	cruzando

	presente	indefinido	imperfecto	participio	gerundio
dar	**doy**	**di**	daba	dado	dando
(irreg.)	das	**diste**	dabas		
geben	da	**dio/dió**	daba		
	damos	**dimos**	dábamos		
	dais	**disteis**	dabais		
	dan	**dieron**	daban		
decir	**digo**	**dije**	decía	**dicho**	diciendo
(irreg.)	**dices**	**dijiste**	decías		
sagen	**dice**	**dijo**	decía		
	decimos	**dijimos**	decíamos		
	decís	**dijisteis**	decíais		
	dicen	**dijeron**	decían		
divertirse	me div**ie**rto	me divertí	me divertía	divertido	div**i**rtiéndose
(e–ie–i)	te div**ie**rtes	te divertiste	te divertías		
sich	se div**ie**rte	se div**i**rtió	se divertía		
amüsieren	nos divertimos	nos divertimos	nos divertíamos		
	os divertís	os divertisteis	os divertíais		
	se div**ie**rten	se div**i**rtieron	se divertían		
dormir	d**ue**rmo	dormí	dormía	dormido	d**u**rmiendo
(o–ue–u)	d**ue**rmes	dormiste	dormías		
schlafen	d**ue**rme	d**u**rmió	dormía		
	dormimos	dormimos	dormíamos		
	dormís	dormisteis	dormíais		
	d**ue**rmen	d**u**rmieron	dormían		
empezar	emp**ie**zo	empe**c**é	empezaba	empezado	empezando
(z–c)	emp**ie**zas	empezaste	empezabas		
(e–ie)	emp**ie**za	empezó	empezaba		
beginnen	empezamos	empezamos	empezábamos		
	empezáis	empezasteis	empezabais		
	emp**ie**zan	empezaron	empezaban		
entender	ent**ie**ndo	entendí	entendía	entendido	entendiendo
(e–ie)	ent**ie**ndes	entendiste	entendías		
verstehen	ent**ie**nde	entendió	entendía		
	entendemos	entendimos	entendíamos		
	entendéis	entendisteis	entendíais		
	ent**ie**nden	entendieron	entendían		
enviar	env**í**o	envié	enviaba	enviado	enviando
senden,	env**í**as	enviaste	enviabas		
schicken	env**í**a	envió	enviaba		
	enviamos	enviamos	enviábamos		
	enviáis	enviasteis	enviabais		
	env**í**an	enviaron	enviaban		

	presente	indefinido	imperfecto	participio	gerundio
estar	**estoy**	**estuve**	estaba	estado	estando
(irreg.)	**estás**	**estuviste**	estabas		
sein	**está**	**estuvo**	estaba		
	estamos	**estuvimos**	estábamos		
	estáis	**estuvisteis**	estabais		
	están	**estuvieron**	estaban		
haber	**he**	---	había	habido	habiendo
(irreg.)	**has**	---	habías		
haben	**ha**	**hubo**	había		
(Hilfsv.)	**hemos**	---	habíamos		
	habéis	---	habíais		
	han	---	habían		
hacer	**hago**	**hice**	hacía	**hecho**	haciendo
(irreg.)	haces	**hiciste**	hacías		
tun,	hace	**hizo**	hacía		
machen	hacemos	**hicimos**	hacíamos		
	hacéis	**hicisteis**	hacíais		
	hacen	**hicieron**	hacían		
ir	**voy**	**fui**	iba	ido	**y**endo
(irreg.)	**vas**	**fuiste**	ibas		
gehen	**va**	**fue**	iba		
	vamos	**fuimos**	íbamos		
	vais	**fuisteis**	ibais		
	van	**fueron**	iban		
jugar	j**ue**go	jug**u**é	jugaba	jugado	jugando
(u–ue)	j**ue**gas	jugaste	jugabas		
(g–gu)	j**ue**ga	jugó	jugaba		
spielen	jugamos	jugamos	jugábamos		
	jugáis	jugasteis	jugabais		
	j**ue**gan	jugaron	jugaban		
llegar	llego	lleg**u**é	llegaba	llegado	llegando
ankommen	llegas	llegaste	llegabas		
	llega	llegó	llegaba		
	llegamos	llegamos	llegábamos		
	llegáis	llegasteis	llegabais		
	llegan	llegaron	llegaban		
llover					
(o–ue)	ll**ue**ve	llovió	llovía	llovido	lloviendo
regnen					

	presente	indefinido	imperfecto	participio	gerundio
oír (-y-) hören	oigo oyes oye oímos oís oyen	oí oíste oyó oímos oísteis oyeron	oía oías oía oíamos oíais oían	oído	oyendo
ofrecer (-zc-) (an)bieten	ofrezco ofreces ofrece ofrecemos ofrecéis ofrecen	ofrecí ofreciste ofreció ofrecimos ofrecisteis ofrecieron	ofrecía ofrecías ofrecía ofrecíamos ofrecíais ofrecían	ofrecido	ofreciendo
pedir (e–i) bitten, bestellen	pido pides pide pedimos pedís piden	pedí pediste pidió pedimos pedisteis pidieron	pedía pedías pedía pedíamos pedíais pedían	pedido	pidiendo
pensar (e–ie) denken	pienso piensas piensa pensamos pensáis piensan	pensé pensaste pensó pensamos pensasteis pensaron	pensaba pensabas pensaba pensábamos pensabais pensaban	pensado	pensando
poder (o–ue) (irreg.) können	puedo puedes puede podemos podéis pueden	**pude** **pudiste** **pudo** **pudimos** **pudisteis** **pudieron**	podía podías podía podíamos podíais podían	podido	pudiendo
poner (-g-) (irreg.) setzen, legen, stellen	pongo pones pone ponemos ponéis ponen	**puse** **pusiste** **puso** **pusimos** **pusisteis** **pusieron**	ponía ponías ponía poníamos poníais ponían	**puesto**	poniendo
preferir (e-ie) vorziehen, lieber tun	prefiero prefieres prefiere preferimos preferís prefieren	preferí preferiste prefirió preferimos preferisteis prefirieron	prefería preferías prefería preferíamos preferíais preferían	preferido	prefiriendo

	presente	indefinido	imperfecto	participio	gerundio
probar	pr**ue**bo	probé	probaba	probado	probando
(o–ue)	pr**ue**bas	probaste	probabas		
probieren,	pr**ue**ba	probó	probaba		
anprobieren,	probamos	probamos	probábamos		
versuchen	probáis	probasteis	probabais		
	pr**ue**ban	probaron	probaban		
querer	qu**ie**ro	**quise**	quería	querido	queriendo
(e–ie)	qu**ie**res	**quisiste**	querías		
(irreg.)	qu**ie**re	**quiso**	quería		
wollen,	queremos	**quisimos**	queríamos		
lieben	queréis	**quisisteis**	queríais		
	qu**ie**ren	**quisieron**	querían		
reírse	me r**í**o	me reí	me reía	reído	r**i**éndose
(e–i)	te r**í**es	te reíste	te reías		
lachen	se r**í**e	se r**i**ó / se r**i**o	se reía		
	nos reímos	nos reímos	nos reíamos		
	os reís	os reísteis	os reíais		
	se r**í**en	se r**i**eron	se reían		
saber	**sé**	**supe**	sabía	sabido	sabiendo
(irreg.)	sabes	**supiste**	sabías		
wissen,	sabe	**supo**	sabía		
können	sabemos	**supimos**	sabíamos		
	sabéis	**supisteis**	sabíais		
	saben	**supieron**	sabían		
seguir	s**ig**o	seguí	seguía	seguido	s**i**guiendo
(gu–g)	s**i**gues	seguiste	seguías		
(e–i)	s**i**gue	s**i**guió	seguía		
folgen,	seguimos	seguimos	seguíamos		
weiter-	seguís	seguisteis	seguíais		
machen	s**i**guen	s**i**guieron	seguían		
sentir	s**ie**nto	sentí	sentía	sentido	s**i**ntiendo
(e–ie–i)	s**ie**ntes	sentiste	sentías		
fühlen,	s**ie**nte	s**i**ntió	sentía		
bedauern	sentimos	sentimos	sentíamos		
	sentís	sentisteis	sentíais		
	s**ie**nten	s**i**ntieron	sentían		
ser	**soy**	**fui**	**era**	sido	siendo
(irrg.)	**eres**	**fuiste**	**eras**		
sein /	**es**	**fue**	**era**		
statt-	**somos**	**fuimos**	**éramos**		
finden	**sois**	**fuisteis**	**erais**		
	son	**fueron**	**eran**		

	presente	indefinido	imperfecto	participio	gerundio
tener	ten**g**o	**tuve**	tenía	tenido	teniendo
(irreg.)	t**ie**nes	**tuviste**	tenías		
haben,	t**ie**ne	**tuvo**	tenía		
besitzen	tenemos	**tuvimos**	teníamos		
	tenéis	**tuvisteis**	teníais		
	t**ie**nen	**tuvieron**	tenían		
tocar	toco	to**qu**é	tocaba	tocado	tocando
(c–qu)	tocas	tocaste	tocabas		
berühren,	toca	tocó	tocaba		
anfassen,	tocamos	tocamos	tocábamos		
spielen	tocáis	tocasteis	tocabais		
(Instrum.)	tocan	tocaron	tocaban		
traer	**traigo**	**traje**	traía	traído	tra**y**endo
(-g-)	traes	**trajiste**	traías		
(Indef.	trae	**trajo**	traía		
irreg.)	traemos	**trajimos**	traíamos		
bringen	traéis	**trajisteis**	traíais		
	traen	**trajeron**	traían		
venir	ven**g**o	**vine**	venía	venido	v**i**niendo
(-g-)	v**ie**nes	**viniste**	venías		
(e–ie)	v**ie**ne	**vino**	venía		
(irreg.)	venimos	**vinimos**	veníamos		
kommen	venís	**vinisteis**	veníais		
	v**ie**nen	**vinieron**	venían		
ver	v**e**o	vi	v**e**ía	**visto**	v**i**endo
sehen	ves	viste	v**e**ías		
	ve	vio/vió	v**e**ía		
	vemos	vimos	v**e**íamos		
	veis	visteis	v**e**íais		
	ven	vieron	v**e**ían		
volver	v**ue**lvo	volví	volvía	**vuelto**	volviendo
(o–ue)	v**ue**lves	volviste	volvías		
zurück-	v**ue**lve	volvió	volvía		
kommen	volvemos	volvimos	volvíamos		
	volvéis	volvisteis	volvíais		
	v**ue**lven	volvieron	volvían		

Índice gramatical

Bildnachweis

Archiv für Kunst und Geschichte, Berlin: S. 108 u. re. (Lessing)
Alfa-Omega, Barcelona: S. 24 (Bénazet)
Castaldi, Ch., Santa Monica: S. 108 Mi. 2. von re.
Dörfler, H., Erlangen: S. 114, S. 115
dpa, Frankfurt: S. 105, S. 108 Mi. li., Mi. re., S. 140 u., S. 147
dpa, Hamburg: S. 117
El País, Madrid: S. 103 o. (Serano), S. 138 o. li. (Díaz / Cárcamo), S. 141 u. re. (Díaz / Cárcamo)
IFA, Frankfurt: S. 10 Mi. re., S. 18 u. li. (Pott), u. re. (Thiele), S. 31 u. li., S. 32 u. re. (Aigner), S. 33 o. li. (Hasenkopf), S. 69 u. li., S. 78 o. re. (Harris), u. re. (Welsh), S. 79 o. (Welsh), Mi. (Arakaki),
Imagine, Hamburg: S. 121
Lecturas, Barcelona: S. 133 (Gómez)
Mauritius, Mittenwald: S. 10 Mi. li. (Coll), S. 14 o. re. (Grasser), S. 30 o. (Vidler), S. 31 u. re. (Vidler), S. 33 o. re. (Tres), S. 45 u. li. (Hollweck), u. re. (Thonig), S. 78 u. li., S. 90 o. li., S. 91 o. li., S. 95, S. 103 u. (Gilsdorf)
Nordqvist Productions, Lund: S. 11 Mi. li, u. re, S. 14 Mi. li, Mi. re., S. 53, S. 68 / 69o., u. li., S. 69 Mi. re., S. 85, S. 87
Pérez, P., Erlangen: S. 90 u. li., S. 91 u.
Picture Press, Hamburg: S. 108 o. li., o. 2. von re., Mi. 2. von li., S. 138 u. (Lehman), S. 139 o. li. (Butchofsky-Houser), u. re. (Mays), S. 141Mi. li. (Lehman), S. 145 (Lang)
Reuters, Berlin: S. 127, S. 140 Mi., 148
Rasp, H., Erlangen: S. 19 o. li., u. re., S. 32 o. li., S. 40, S. 44 o., u. li., u. re., S. 45 o. li. o. re. S. 140 o., 144
Silvestris, Kastel: S. 10 u. li. (Kehrer), S. 11 o. (Hecker), S. 14 u. re. (Kehrer), S. 18 o. re. (Kehrer), S. 31 o. li. (Franz), S. 32 o. re. (Kozeny), S. 90 u. re. (Galan), S. 139 Mi. li.
Süß, K., Erlangen: S. 10 o., S. 14 u. li., u. Mi., S. 19 o. re., S. 68 Mi., S. 79 u., S. 91 o. re., S. 99

Karten

El País Semanal, Madrid: S.64, S. 139 (Bernard Datcharry)
Didier, Paris: S. 145

Illustrationen

Joaquín Salvador Lavado (Quino): *10 años con Mafalda.* Editorial Lumen, Barcelona. S. 63, 112, 131
Joaquín Salvador Lavado (Quino): S. 118, 120
Maitena: *Mujeres Alteradas.* El Nacional, Caracas S. 134

Textnachweis

Pedro Guerra: *Herminia.* Text: Cuerra Mansito, Pedro Manuel, © Golosinas Music, Arabella Musikverlag GmbH (BMG UFA Musikverlage), München
El País Semanal, Madrid: S. 68 / 69 (Imaculada de la Fuente), S. 124 (Angeles González-Sinde), S. 133 (Rosa Montero), S. 138 – 141(Miguel Ángel Díaz / Natalia Cárcamo)
Mercedes Sosa: *Todo cambia.* Text: Numhauser, Julio © 1. Editional Musical Korn Intersong, Hanseatic Musikverlag GmbH, Hamburg, 2. Tropical Music GmbH, Marburg
Jarabe de Palo: *Grita.* Text: Pau, Dones Cirera, © Warner Chappell Music Spain S. A., NEUE WELT MUSIKVERLAG GmbH, München

Iberoamérica